Benjamin Paul Iddings
Jenseits des Zorns

Benjamin Paul Iddings

Jenseits des Zorns

Roman

MENANDER Verlag

Bibliografische Information der Deutschen Bibliothek:
Die Deutsche Bibliothek verzeichnet diese Publikation in der
Deutschen Nationalbibliografie; detaillierte bibliografische Daten sind im Internet über
http://dnb.ddb.de abrufbar.

ISBN 978-3-944584-03-4
E-Book: ISBN 978-3-944584-28-7
www.menander-verlag.de
Druck: BoD GmbH, Norderstedt

Für
Günter
Renate
Ingeborg
Bernd
Gabriele

Vorwort

Ein Gespenst geht um in der westlichen Welt: der Islamismus. Die einen sehen ihn als göttliche Verheißung und das ewige Glück schlechthin. Die Anderen fürchten sich vor Gewalt, vor grausamen Gesetzen, vor Überschwemmung mit einer Religion, die uns wesensfremd ist. Nur wenige sind in der Lage und bereit, aus dem einen wie dem anderen abzuleiten, was der Islam wirklich ist: eine Religion, die wie jede andere auch, Verheißung wie Bestrafung, Liebe wie Repression, Versprechen wie Drohung postuliert. Und dadurch über Jahrtausende hinweg Millionen von Gläubige in ihren Bann gezogen hat.

Die Diskussion über die unterschiedlichen Religionen treffen sich stets in einer einzigen Frage: welche ist die einzig richtige? Solange es Glauben gibt, wird diese Frage nicht beantwortet werden können. Und dennoch entzünden sich an ihr seit Jahrhunderten Streit und Kriege.

Die Auseinandersetzungen werden dort besonders deutlich und schmerzhaft, wo sich unterschiedliche religiöse Vorstellungen mischen, wo Gläubige aus fremden

Religionen in die eigene, vertraute Glaubenswelt eindringen. Die Konflikte, die daraus bis hinein in das familiäre Umfeld entstehen, können dramatisch sein.

Der Autor entwickelt ein solches Szenario in diesem Buch. Es ist an Spannung und an Dramatik kaum zu übertreffen, weil es den unmittelbaren Lebensbereich berührt. Seine klare, teils auch drastische Sprache erhöht die Eindrücklichkeit und Lebensnähe.

Es gibt viele Beispiele dafür, dass sich Autoren, die sich dieses Themas annehmen, erheblichen Repressalien ausgesetzt sind. Es ist daher verständlich, wenn sie unter Pseudonym schreiben. Vielleicht wird es eines Tages so sein, dass das Verhältnis zwischen den Religionen so entkrampft ist, dass das nicht mehr nötig ist. Ohne Toleranz von allen Gläubigen wird das jedoch ein (frommer?) Wunsch bleiben. Dieses Buch ist ein Warnruf.

Prof. Dietrich Ratzke

Einführung des Verfassers

„Warum habt ihr damals den Hitler an die Macht kommen lassen?

Warum habt ihr nicht aufbegehrt, als man begann Mitbürger zu drangsalieren, nur weil sie Juden waren?

Warum habt ihr da mitgemacht?"

Das waren einige der provokanten Fragen, die ich als junger Mann meinem Vater stellte und auf die ich von ihm nie eine Antwort erhielt. Heute bin ich selbst Vater und Großvater und weiß natürlich, dass weder meine Eltern nationalsozialistische Fundamentalisten[1]-, noch die Masse der Deutschen radikale[2] Nazis waren. Die Allermeisten passten sich allerdings sehr schnell an die neuen, totalitären Regeln an und nicht wenige versuchten in dieser Zeit ihr bisheriges, kleinbürgerliches Leben im Privaten weiter aufrecht zu erhalten. Bei Nazi-Aktionen gegen Juden und Regimekritiker sah man dann eben weg und redete sich entschuldigend ein, dass ja nicht alle Na-

[1] Fundamentalismus = entschlossenes Festhalten an den Grundlagen einer Vorstellung (Gedanken, Einfall) oder eines Glaubens

[2] radikal = deutlich, gründlich, umfassend, - bezogen auf die Politik = eine Bestrebung, die Gesellschaft umfassend, also an der Wurzel zu verändern

zis „so“ seien. Es gäbe ja schließlich auch welche, die anders – nicht so radikal – die irgendwie menschlicher wären. Viele sahen damals solange weg, bis die Nazi-Verbrecher schließlich fest im Sattel saßen, sechs Millionen Juden ins Gas schickten und die Welt in einen mörderischen Krieg stürzten.

Und heute? Was passiert heute?

Heute werden wir (ob wir wollen oder nicht) mit einem weltweit zunehmend militant[3] auftretendem Islam konfrontiert. Es mag dem einen oder anderen nicht gefallen, doch Tatsache ist, dass zwar nicht jeder Muslim ein Terrorist ist, aber leider zurzeit fast jeder Terrorist ein Muslim ist. Demnach gibt es sie also, die friedlichen Muslime. Ja, es gibt sie und sie leben insbesondere in unseren westlichen Ländern. Sie sind allerdings nicht friedlich, weil sie streng nach dem Koran leben, sondern eher, weil sie es nicht tun! Tatsächlich ist heute der größte Teil der in den 1960er und 1970er Jahren zugewanderten Muslime durch die westliche Lebensweise und ihre Werte so weit integriert, dass der Koran häufig entweder gar nicht gelesen- oder zumindest nur teilweise befolgt wird. Bei diesen durchaus friedfertigen und zivilisierten Muslimen beobachtet man oft einen, von ihrer Heiligen Schrift losgelösten, spirituellen „Privat-Islam“, der sich mit unseren Gesetzen und unserer Kultur im allgemeinen gut verträgt, mit dem Koran allerdings nur noch sehr wenig zu tun hat.

---

[3] militant = eine Ideologie, einen Gedanken aggressiv vertretend

Mit diesen Muslimen wollen unsere Politiker reden. Sie holt man in die Parteien und Organisationen. Ihnen gibt man Posten als Integrationsbeauftragte, Polizisten und Lehrer. Mit ihnen (so glaubt man) kann die Integration der Muslime in unsere Gesellschaft gelingen.

Die Argumentation dieser scheinbar integrationswilligen Muslime, dass der Koran doch nicht nur gewalttätig-, sondern auch friedlich interpretiert werden könne, beweist eigentlich nur, dass sie ihn nicht kennen – nicht verstanden haben, oder ganz einfach Taqiyya [4] machen.

Fest steht jedenfalls, dass die Hauptaussagen und Kernforderungen des Koran grundsätzlich nicht interpretiert werden dürfen. Durch Selbsterklärung, sowie auch nach herrschender islamtheologischer Lehre, gilt der Koran als das originalgetreu zuletzt gesprochene Wort Allahs[5]. Sein Wort verbietet sich selbst jede Form der Interpretation und/oder Änderung. So sind die koranischen Aufforderungen an „die wahren Gläubigen" zur Gewaltanwendung jedenfalls genauso gemeint, wie Mohammed sie seinerzeit ausgerufen- und auch selbst praktiziert haben soll.

Mit diesem Buch greife ich keinen Glauben an und beleidige keine Religion, aber ich kritisiere sie. In meinem Roman geht es mir auch nicht darum, mit dem Finger auf eine bestimmte Gruppe von Menschen zu

---

[4] Taqiyya ist im Islam die Erlaubnis, bei Zwang rituelle Pflichten zu missachten und den eigenen Glauben zu verheimlichen. Taqiyya erlaubt auch offensiv zu lügen, um dem „Ungläubigen" zu verschleiern, welche wahre Bedeutung in Dingen, Riten und Zielen liegt, die seiner Unterwerfung dienen. Taqiyya ist ein Kampfmittel, das sich gegen den Feind – den „Ungläubigen" im „Haus des Krieges" (*dar al-harb*) richtet – vgl. hierzu Suren 3, Vers 28 und Sure 16, Vers 106.

[5] vgl. hierzu z.B. Sure 75, Vers 17ff

zeigen oder irgendwelche Personen zu beleidigen. Es geht mir darum aufzuzeigen, was eine so restriktive und menschenverachtende Religion, wie der Islam, auch in unserer Gesellschaft mit dem Einzelnen machen kann. Ich glaube, dass die sich hinter dem Begriff „Toleranz“ versteckenden Beschwichtiger und Abwiegler mindestens genauso gefährlich sind, wie die militanten Scharfmacher auf beiden Seiten.

Benjamin Paul Iddings

Hinweis zu den Fußnoten

Um dem Leser lästiges Blättern zu ersparen, habe ich notwendige Erklärungen und Hinweise nicht als Endnoten am Ende des Romans zusammengefasst, sondern als Fußnote auf der entsprechenden Seite vermerkt. Sie sind nicht „oberlehrerhaft“ gemeint, sondern sollen evtl. benötigte Infos sofort verfügbar machen.

Alle nicht gesondert mit Quellen-Angaben versehenen Fußnoten entstammen der Internet-Enzyklopädie Wikipedia.

Der große Scheich

„Siehe, Allah hat von den Gläubigen ihr Leben und ihr Gut für das Paradies erkauft. Sie sollen kämpfen in Allahs Weg und töten und getötet werden."

Der Mann, der den Korantext aus der Sure 9 auf dem Display seines iPhones wieder und wieder las, saß gedankenversunken auf dem seitlichen Treppenaufgang einer mobilen Freilichtbühne und nickte nach einer Weile zustimmend. Er lächelte zufrieden. Heute Abend würde es hier in der Innenstadt des kleinen Heidestädchens Lönshausen beim Public Viewing des Fußball-Länderspiels Deutschland gegen England eine gewaltige Explosion geben. Einen Riesen-Bums, der ihm, Scheich Abdullah Azmi Walid, wie sich Klaus Nelm, geborener Weynreich seit einiger Zeit nannte, einen Platz in den Geschichtsbüchern sichern würde. Kein Zweifel – heute würden auf einen Schlag sehr, sehr viele der Ungläubigen getötet werden. Dieser Allah würde seine Freude daran haben, denn die Aktion hatte sicherlich das Format des berühmten 11. Septembers – ja, vielleicht gelang es ihm ja sogar, die Sache mit den Twin Towers heute Abend in den Schatten zu stellen. Dabei würde der bekannte, große

Lönshausener Triumphbogen – ein Siegessymbol der Christen aus vergangenen Zeiten zu Ehren der örtlichen Teilnehmer an den Kreuzzügen – ebenso von Allahs Erdboden getilgt. Schließlich hatte doch der Bundespräsident neulich in einer festlichen Ansprache gesagt, dass der Islam in Deutschland angekommen sei und „dazu" gehöre. So schien es ihm tatsächlich höchste Zeit zu sein, dass solche Stacheln im Herzen der deutschen Muslime, wie zum Beispiel ein christlicher Triumphbogen, endgültig entfernt würden.

Gleiches galt für das alte Stadttor. Der wuchtige, turmartige Bau stand in den Überresten der alten, historischen Lönshausener Stadtmauer, die die Fußgängerzone des Innenstadtbereiches im Süden begrenzte. Durch dieses Tor waren damals die undisziplinierten Horden des ersten Kreuzzuges in Richtung Heiliges Land gezogen[6]. Mit ihm verband Scheich Abdullah allerdings auch eine sehr persönliche, eine private Erinnerung aus der Zeit, in der er sich noch Klaus Weynreich nannte. Im Torbogen dieses Bauwerkes hatte er Irene, seine spätere Ehefrau, das erste Mal leidenschaftlich geküsst. Ein kurzes Lächeln huschte über sein Gesicht, doch es war müßig, jetzt noch darüber nachzudenken. Schließlich war alles vorbereitet. Das Stadttor würde definitiv in wenigen Stunden zusammen mit dem Triumphbogen von einigen hundert Litern hochexplosiver Flüssigkeit einfach weggepustet werden. Und zwar mit einem wirklich gewalti-

[6] Der erste Kreuzzug war ein christlicher Kriegszug zur Rückeroberung Palästinas, das unter islamische Herrschaft geraten war, zu dem Papst Urban II. im Jahre 1095 aufrief. Er begann im darauf folgenden Jahr und endete 1099 mit der Einnahme Jerusalems durch ein Kreuzritterheer.

gen Bums! Er würde die Lönshausener Innenstadt in etwas verwandeln, gegen das Dantes Inferno wie ein kindlicher Abenteuerspielplatz wirken würde.

Die örtlichen Behörden rechneten mit an die zehntausend Menschen, die hier auf die sogenannte Fan-Meile zwischen Rathausplatz und Stadttor kommen würden. Angesichts der bevorstehenden Neuwahl des Oberbürgermeisters, hatten sich für die erste Halbzeit auch Doktor Lothar Neumüller, Kandidat der CDU und sein Chef, der niedersächsische Ministerpräsident Benjamin Gordon angekündigt. Die beiden wollten die Gelegenheit nutzen und Volksnähe zeigen. Es war geplant, dass sie in der Halbzeitpause ein paar Worte an die Menschen richten würden.

Auch diese beiden Kuffār[7] würde Abdullah in wenigen Stunden, zusammen mit ihrem Triumphbogen, dem Stadttor, hunderten dieser ungläubigen Bastarde und seinen eigenen, sentimentalen Erinnerungen in die Hölle befördern. Abdullah zuckte merklich zusammen, als ihm das „Allahu akbar" entfuhr und er befürchten musste, dass es irgendjemand mitbekommen haben könnte.

Seit zwei Jahren lieferte seine Firma ‚Soundrevolution' nun schon zu solchen, oder ähnlichen Anlässen die mobilen Bühnen, die riesigen Videoscreens und die dazugehörige Veranstaltungstechnik. Die Hauptbühne stand dieses Mal direkt auf dem Lessingplatz, vor dem Tri-

---

[7] **Kufr** (arabisch „Unglaube") bezeichnet im Islam die Ablehnung des Glaubens an Allah, die Leugnung der Prophetie Mohammeds und des Koran als Gottes Offenbarung. Ein solcher „Ungläubiger" ist ein Kāfir (Plural: *kuffār* und *kāfirūn*). Folglich werden auch die Anhänger anderer monotheistischer Religionen – Juden und Christen – als *kāfir/kuffār* bezeichnet.

umphbogen. Rechts daneben hatte Klaus die hundertfünfzig Quadratmeter große VIP-Lounge aufbauen lassen. Unmittelbar hinter der Bühne hatten seine Leute eine der drei riesigen Videowände aufgestellt. Eine weitere befand sich hier am alten Stadttor, neben der etwas kleineren Bühne und der dritte Screen stand ungefähr in der Mitte, zwischen Triumphbogen und Stadttor, in unmittelbarer Nähe der Stadtkirche. Was niemand ahnte: Die Rohre aller Traversen, an denen die Videoscreens befestigt wurden, aber auch dic, bei Bühnen und VIP-Lounge, waren mit diesem wirklich hochexplosivem Flüssigsprengstoff gefüllt. Zusätzlich hatte er zwei kleinere Versorgungs- und Lagerraumzelte aufbauen lassen; eins direkt am Fuß des Triumphbogens und eins an der linken Außenmauer des alten Stadttores. In beiden Zelten lagerten mehrere große Metall-Bierfässer, die allerdings keinen Gerstensaft enthielten, sondern als hocheffektive Hohlladungen präpariert waren. Sie waren so an den Gebäudewänden aufgestapelt, dass sie als sogenannte Schneidladung wirken mussten und ausreichen würden, die Statik der Bauwerke entscheidend zu schwächen, um sie zum Einsturz zu bringen. Alles war so vorbereitet, dass durch einen einzigen Handyanruf das gesamte Inferno ausgelöst werden konnte.

Es hatte monatelang gedauert, bis er die erforderliche Menge Wasserstoffperoxid unauffällig, bei Industriereinigungsfirmen in ganz Europa, zusammengekauft hatte. Die Lieferungen gingen immer an unterschiedliche Adressen – mal direkt zur Firma, mal zu ihm nach Hause, mal zu Andy, einem deutschen Konvertiten[8], der die Aktion angeregt hatte. Klaus holte die Fässer und Kanister dann immer tagsüber, wenn es am wenigsten auffiel, mit einem Lieferwagen ab und brachte die brisanten Ladungen zu seinem Firmengelände. Dort lagerte er die Chemikalien nach und nach in einem alten, ungenutzten Heizölkeller ein. Um ganz sicher zu sein, dass ihm tatsächlich niemand hinterher schnüffelte, wartete er nach jeder Lieferung mindestens acht Wochen ab, in denen er ganz normal seinen Geschäften nachging. Da ihm auch nach Anlieferung der letzten Kanister in dieser Sicherheits-Wartezeit niemand verdächtige Fragen stellte und ihm auch sonst nichts Ungewöhnliches auffiel, machte er sich schließlich an die Arbeit. Aus den unterschiedlichen chemischen Ingredienzien in seinem Heizungskeller stellte Klaus einen absolut tödlichen Sprengstoff-Cocktail her. Diese Arbeiten zogen sich über mehrere Wochen hin, denn natürlich erledigte er seine mörderischen Vorbereitungen immer erst nach Arbeitsende, wenn die Mitarbeiter bereits Feierabend gemacht hatten. Zuerst wurde immer der täglich anfallende, übliche Verwaltungskram weggearbeitet. Anschließend machte er, wie jeden Tag, eine Außenrunde über das Firmengelände, bei der er den Verschluss aller Türen und des Haupttores überprüfte. Danach konnte er ziemlich sicher sein, dass sich niemand mehr auf dem Firmengelände aufhielt, der ihn zufällig bei seinem todbringenden Bombenbau überraschen könnte. Nach diesen Kontrollgängen begab er sich in der Regel

[8] Konvertit = jemand, der zu einem anderen Glauben überwechselt/übergewechselt ist.

zurück ins Bürogebäude und verschloss die Eingangstür von innen. Bevor er dann für die nächsten Stunden im besagten Heizungskeller verschwand, schaltete er noch das Licht in seinem Büro an. Hinter den zugezogenen Vorhängen des erleuchteten Fensters vermuteten zufällig vorbeikommende Passanten meist einen fleißigen Unternehmer, der noch bis spät in die Nacht hinein arbeitete.

So dauerte es fast sechs Wochen, bis endlich alle Hohlräume in den extra neu angeschafften Gerüststangen und Traversen mit dem tödlichen Cocktail befüllt und mit einem sehr aufwendigen, aber dafür auch sehr zuverlässigen Zündmechanismus präpariert waren. Als die Arbeiter dann gestern früh erstmals das neue Equipment verluden, um es hier in der Stadt aufzubauen, hatten sie sich bei ihm beschwert. Wie er denn bloß solch einen Mist anschaffen könne, der so viel schwerer war als das die alte Ausrüstung. Das Gelumpe, wie sie es nannten, sei sein Geld nicht wert. Er beendete ihre Diskussion mit der Bemerkung:

„Es reicht, Leute! Die Sachen entsprechen den neuesten Sicherheitsbestimmungen, für die ich nicht verantwortlich bin. Dass sie schwerer sind, bildet ihr euch doch nur ein, weil ihr noch nicht richtig wach seid. Aber vielleicht hat sie ja auch jemand mit irgendwas befüllt, um euch zu ärgern, was? Ich denke, wenn ihr nachts nicht so viel rumbumsen würdet, hättet ihr morgens auch genügend Kraft für die Arbeit, ihr alten Weicheier!“

Diese derbe Sprache verstanden die Männer. Solche Sprüche kannten sie von ihm und ganz bewusst hatte er, auch nach seiner Konvertierung zum Islam, an diesem rauen, aber herzlichen Umgangston mit ihnen nichts verändert. Auch hatte er weder sein Äußeres, noch Verhalten und Sprache den gängigen Umgangsformen und Vorgaben des Islam angepasst. So wusste, außer seinen muslimischen Glaubensbrüdern, niemand etwas von seiner Verwandlung zum Mudschahid[9]. Und seine Arbeiter – Männer die ihm vertrauten und sich bisher immer auf ihn verlassen konnten – diese Männer wirkten heute unwissentlich an den Vorbereitungen zu ihrer eigenen Vernichtung mit. Seltsamerweise amüsierte sich Klaus darüber und irgendwie freute er sich sogar auf diesen Abend. Er würde die Explosionen während der Halbzeitpause des Länderspiels Deutschland gegen England auslösen. Ja, er würde etwas tun! Nicht nur zu Hause rumsitzen und gelegentlich freitags in die Moschee gehen. Dazu stand doch auch irgendwas im heiligen Koran. Klaus scrollte in seinem Taschen-PC die Seiten weiter. Ah, da war es ja! Vers 97:

„Und nicht sind diejenigen Gläubigen, welche daheim ohne Bedrängnis sitzen, gleich denen, die in Allahs Weg streiten mit Gut und Blut. Allah hat die, welche mit Gut und Blut streiten, im Rang über die, welche daheim sitzen, erhöht. Allen hat Allah das Gute versprochen; aber den Eifernden hat er vor den daheim Sitzenden hohen Lohn verheißen.“

Na also! Wenn er kein Eiferer war, wer dann? Früher hatte er bei solchen Veranstaltungen noch gern selbst

[9] **Mudschahid** („derjenige, der Heiligen Kampf betreibt“, pl. *Mudschaheddin*) ist von „Dschihad“ abgeleitet und bezeichnet allgemein jemanden, der sich um die Verbreitung oder Verteidigung des Islam bemüht.

mitgefeiert. Man sah dort immer viele Frauen und Mädchen, die sich sehr offenherzig zeigten. Besonders im Sommer, wenn es warm war und die Feuerwehr Wasser zur Abkühlung in die Menschenmassen spritzte, klebten die nassen T-Shirts an ihren Körpern. Bei denen, die keinen BH trugen, konnte man dann die Nippel deutlich sehen. Das war schon cool. Wenn dann noch dazu ein Tor für Deutschland fiel, dass man solch ein Mädchen im allgemeinen Torjubel umarmen und an sich drücken konnte, um ihre Brüste auf dem eigenen Körper zu spüren – das war meistens das allerbeste am gesamten Fußballspiel.

Nach seiner Konvertierung zum Islam war das allerdings anders geworden. Als Muslim hatte er diese Leute als Ungläubige[10] zu betrachten. Sie waren Feinde des Islam und somit automatisch auch seine Feinde. Die neuen Glaubensbrüder hatten ihm immer und immer wieder eingeschärft, dass die Ungläubigen in unzähligen Koranversen als ‚die abscheulichsten Wesen in Allahs Schöpfung' dargestellt werden. So nahm er diese Menschen heute tatsächlich mit anderen Augen wahr, denn der Koran entwürdigte-, dämonisierte- und terrorisierte diese Leute nicht nur, sondern er bedrohte diese von Allah in die Irre geleiteten eindeutig mit dem Tode. So hatte dieses durch und durch sittenlose und verdorbene Gesindel denn auch nichts anderes als den Tod verdient. Sie wollten von Allah und seiner Religion, dem Islam nichts wis-

[10] **Ungläubige** - Der Islam betrachtet sich als „überlegene Religion" und befielt den Muslimen, den Ungläubigen gegenüber „herablassend und hart" zu sein. Lies dazu die „Fatwa" (Islamische Rechtsauskunft), wie der Islam die Ungläubigen ansieht (siehe Seite 312).

sen und beschäftigten sich ausschließlich mit sich selbst: Feiern, saufen, vögeln! Besonders diese unzüchtigen Weiber waren doch oft nur selbstverliebte Huren, die es meistens am vorgeschriebenen Respekt gegenüber den Männern fehlen ließen. In der Vergangenheit war Klaus selbst oft genug von einigen dieser Ungläubigen herablassend und respektlos behandelt worden. Nicht selten hatten sie ihn seine kleinbürgerliche Herkunft spüren lassen. Immer wieder machten sie ihm klar, dass er nicht zu ihnen gehörte. Er hatte nicht studiert – er konnte sich nicht so gewählt ausdrücken – er kam aus einer einfachen Arbeiterfamilie… Doch heute war der Tag der Rache gekommen. Allahs Rache! Schon morgen früh würde er nach Damaskus fliegen, um sich dort als Held feiern zu lassen. Millionen muslemischer Brüder in aller Welt würden in Zukunft seinen Namen auswendig wissen: Mudschahid Scheich Abdullah Azmi Walid! Sie würden ihn fortan als einen ihrer größten Glaubenskrieger verehren. Und falls er bei der Aktion tatsächlich – wie auch immer – ums Leben kommen sollte, so hoffte er, dass tatsächlich etwas dran war, an dem Versprechen mit dem Paradies der Muslime. Wenn wirklich alles stimmte, was sie ihm so erzählt hatten, wäre es dort ja durchaus nicht übel. Wie, um sich selbst noch einmal zu vergewissern, kramte er in der Innentasche seiner Jacke nach einem Zettel, auf dem er sich neulich eine Passage aus der Predigt eines Imams[11] aus Gaza notiert hatte. Da war er ja

---

[11] **Imam** ist ein arabischer Begriff mit sehr unterschiedlichen Bedeutungen. Im Koran hat er die Bedeutung von „Vorsteher, Vorbild, Richtschnur, Anführer". In der klassisch-islamischen Staatstheorie bezeichnet er das religiös-politische Oberhaupt der islamischen Gemeinschaft in Nachfolge des Propheten Mohammad. Daneben wird auch der Vorbeter beim Ritualgebet Imam genannt. Schließ-

schon! Klaus las:

„Oh, Brüder im Glauben, wir empfinden keinen Verlust. Der Märtyrer, wenn er Allah – gepriesen und erhaben ist er – trifft, erreicht Vergebung mit dem ersten Tropfen Blut. Er wird errettet von den Qualen des Grabes und sieht seinen Platz im Paradies. Er wird vom großen Schrecken - dem Jüngsten Gericht - errettet. Er erhält zweiundsiebzig schwarzäugige Frauen, siebzig seiner Familie kommen durch ihn in den Himmel, er wird gekrönt mit der Krone des Ruhmes, dessen Edelstein besser als die ganze Welt ist und besser als all das, was darinnen ist.“ [12]

Na bitte! Das klang doch ganz gut. Und weit über eine Milliarde Muslims konnten sich doch unmöglich einfach irren. Es war für ihn schlecht vorstellbar, dass so viele Menschen kollektiv einem Hirngespinst hinterher rennen sollten. Nein, nein – sein Vorhaben war ganz offensichtlich vom Heiligen Koran abgedeckt und obwohl er innerlich heftige Zweifel hegte, dass es irgendeinen Gott geben könnte, der seine Jünger für Mord und Totschlag, in einem imaginären Paradies mit Vögeln und Saufen belohnt, versuchte er sich mit dem bizarren Gedanken zu beruhigen, dass er das Richtige tat und dass sein Lohn bei Allah dafür groß sein würde.

---

lich wird der Begriff als Ehrentitel für herausragende muslimische Gelehrte und Persönlichkeiten verwendet.

[12] Auszug aus der Predigt Sheich Isma'il Aal Ghadwan, die er in der Sheik 'Ijlin Moschee in Gaza hielt (Quelle: Fernsehübertragung der palästinensischen Autonomiebehörde am 17.8.2001)

Ausgerechnet der!

Als Klaus 1953 im niedersächsischen Heidestädtchen Lönshausen geboren wurde, war er das vierte Kind seiner Eltern, die 1945 vor den anrückenden Russen aus Striegau geflohen waren. Sein älterer Bruder Georg war damals bereits acht Jahre alt und die beiden Schwestern Elisabeth und Editha waren fünf und drei.

Das erste Mal seit dem verlorenen Krieg reiste mit Konrad Adenauer in diesen Tagen ein deutscher Bundeskanzler zum ehemaligen Kriegsgegner in die USA. Der Bundestag verabschiedete damals das deutsch-israelische Widergutmachungsabkommen – als ob man die Ermordung von mindestens sechs Millionen Juden jemals wieder gut machen könnte. Außerdem erhoben sich zu dieser Zeit die Menschen im benachbarten Arbeiter- und Bauernstaat DDR, wie sich die sowjetisch besetzte Zone seit 1949 nannte. Ihr Aufbegehren wurde allerdings sehr schnell und brutal durch die Panzer ihrer sowjetischen Freunde plattgewalzt. Als dann bereits zwei Monate später der Genosse Stalin seinen ersten erfolgreichen Wasserstoffbombentest durchführte, sprachen in Lönshausen viele davon, dass es erneut Krieg geben würde.

In dieser unruhigen und gespannten Atmosphäre lebten die Weynreichs als sechsköpfige Flüchtlingsfamilie in einer finsteren und feuchten Kellerwohnung auf dem Bauhof von Vater Karls Chef. Die meisten Einheimischen mochten die zugewanderten Vertriebenen aus dem Osten nicht besonders, denn es war nach dem Krieg nicht leicht gewesen, für sie in Lönshausen zusätzlichen Wohnraum zu schaffen. Infolge der Kriegseinwirkungen waren damals immerhin 243 Wohnhäuser total zerstört und 94 schwer beschädigt worden.

Bereits im Oktober 1945 hatte man der Stadtverwaltung mitgeteilt, dass sie mit der Aufnahme von etwa 1800 Flüchtlingen und Vertriebenen zu rechnen habe. Karl war dann im November 1945 mit seiner hochschwangeren Frau und 325 weiteren Personen im ersten Flüchtlingstreck am Lönshausener Bahnhof eingetroffen und hatte recht schnell über einen Bekannten Arbeit als LKW-Fahrer gefunden. Zu dieser Zeit befanden sich bereits 532 Evakuierte in Lönshausen. Das waren Menschen, die in den großen Städten Westdeutschlands durch Bombenangriffe ihre Wohnung verloren- und nun in Lönshausen Unterkunft gesucht- und gefunden hatten. Hinzu waren im Laufe des Sommers die sogenannten B-Soldaten gekommen, die infolge der Besetzung ihrer Heimat durch Russen und Polen nicht nach Hause zurückkehren konnten. Im Februar 1946 zählte man in Lönshausen noch immer 265 von ihnen, überwiegend tüchtige Menschen, die meist bei den Landwirten in der

Umgebung untergekommen waren.

So schlug sich Karl in diesen Jahren mehr schlecht als recht durch und versuchte in der folgenden Zeit für seine Familie eine Zukunftsperspektive zu schaffen. Eigentlich hatte das Leben den armen Kerl so richtig beschissen:

Es hieß, dass seine Familie vor dem Krieg in der schlesischen Kleinstadt Striegau hoch angesehen war. Der Großvater, den Klaus nur aus Erzählungen kannte, war einst als beamteter Justizsekretär ein angesehener Mann und gehörte zur gehobenen Gesellschaftsschicht der Stadt. Als damals, am 13. Februar 1945, die Rote Armee Striegau eroberte, kam es nach Beendigung der Kampfhandlungen zu zahlreichen Plünderungen und Gewaltakten gegen die Bevölkerung, in deren Verlauf auch der Großvater erschossen wurde. Walter war sein Name gewesen; Opa Walter. Es hieß, dass er eine starke Persönlichkeit war, der die Weichen für eine solide Zukunft seiner fünf Jungs rechtzeitig gestellt hatte. Nicht nur, dass er im Laufe der Jahre für jeden von ihnen ein Haus in Striegau erworben hatte, nein, er hatte auch für alle fünf die Ausbildung geplant und vorbereitet: Der Älteste sollte als Arzt erfolgreich sein, einer als Lehrer, der Dritte als Konditormeister, der Vierte als Rechtsanwalt und Karl, Klaus Vater, der sollte in Striegau einen Autohandel mit Werkstatt aufbauen. Opa Walter glaubte damals ziemlich fest an eine große Zukunft des Automobils und deshalb schickte er Sohn Karl in eine Kfz-Mechaniker-Lehre. Diese Pläne wurden durch den Krieg jedoch einigermaßen durcheinander gebracht. Seine

Jungs mussten nämlich allesamt in die Großdeutsche Armee eintreten. Sie sollten dort einem Wahnsinnigen bei der Eroberung von Lebensraum im Osten für die deutschen Herrenmenschen zur Hand gehen. Karl wurde als „Kfz-Fritze" in der Nazi-Armee Schirrmeister und schaffte es tatsächlich, den Krieg zu überleben. Der Traum von einer Karriere als Kfz-Unternehmer in Striegau war allerdings spätestens 1945 zerplatzt, denn als Flüchtling, mit einer Vergangenheit als Berufssoldat in der Naziarmee, konnte man in der neuen Bundesrepublik nicht unbedingt punkten.

Klaus Vater Karl selbst war, buchstäblich im allerletzten Moment, auf dem kleinen Dampfschiff ‚Pickhuben' der Hamburger Reederei Gehrckens in den Westen entkommen und schlug sich in den Harz durch. Die Familie hatte vereinbart, dass man sich in Blankenburg treffen wollte, um dann gemeinsam zu sehen, wie es weitergehen würde. Dort wurden Karl und seine schwangere Frau dann einem Flüchtlingstreck zugeteilt, der die Menschen per Bahn in eine Kleinstadt namens Lönshausen brachte, die nur wenige Kilometer südwestlich der Hansestadt Hamburg lag. Während der alliierten Operation Gomorrha[13] hatte es auch in Lönshausen zahlreiche Bombentreffer gegeben und viele Häuser wurden vernichtet, oder brannten aus.

[13] **Operation Gomorrha** war der militärische Codename für eine Serie von Luftangriffen, die vom Bomber Command der Royal Air Force und der Eighth Air Force der USAAF im Zweiten Weltkrieg vom 25. Juli bis 3. August 1943 auf Hamburg ausgeführt wurden. Es waren die bis dahin schwersten Angriffe in der Geschichte des Luftkrieges. Befohlen wurden diese Angriffe von Luftmarschall Arthur Harris, dem Oberbefehlshaber des Britischen Bomber Command, rechtlich basierend auf der Area Bombing Directive, 14. Feb. 1942 - Ziel des „moral bombing".

Dann, nur wenige Wochen vor Kriegsende, zerstörte ein weiterer Luftangriff den Südflügel- und einen beträchtlichen Teil der Gleisanlagen des örtlichen Bahnhofs. Dabei wurde auch ein auf einem Abstellgleis stehender Güterzug getroffen, der voller KZ-Häftlinge war. Man hatte sie aus den Lagern im Osten vor den heranrückenden Russen ins Reich verlegt und wollte sie eigentlich nach Bergen Belsen[14] bringen, um sie dort zu ermorden. Viele von ihnen konnten sich damals aus dem zerstörten Zug befreien und flüchteten im Durcheinander des brennenden Bahnhofsgebäudes in die umliegenden Gärten und in den nahen Stadtwald. Mehr als hundert Lönshausener NSDAP-Parteigenossen beteiligten sich daraufhin an der mehrere Tage dauernden Menschenjagd, bei der die meisten der verängstigten und völlig ausgemergelten Flüchtlinge umgebracht wurden.

Kurz nach Kriegsende lebten ungefähr vierzigtausend Menschen in der von Flüchtlingen völlig überfüllten Stadt, durch die sich der kleine Fluss Oehre schlängelte. Auch Vaters Bruder Paul und dessen Mutter, Oma Kläre, hatten sich inzwischen hier niedergelassen. Klaus lächelte. Dort, in Lönshausen, in jener Kellerwohnung wurde er 1953 geboren und dort, in Lönshausen, lernte er als Neunzehnjähriger auch seine große Liebe Irene kennen.

Als er dann mit einundzwanzig endlich volljährig wurde, heirateten die beiden und im Laufe der Jahre gebar ihm Irene drei Kinder – zwei Mädchen und einen

[14] Das Konzentrationslager **Bergen-Belsen** war ein nationalsozialistisches deutsches KZ im Ortsteil Belsen der Gemeinde Bergen im Kreis Celle (heute Niedersachsen).

Jungen. Er bemühte sich wirklich, seiner Frau ein besserer Ehemann zu sein, als es sein Vater für die Mutter war. Auch wollte er den Kindern ein liebevollerer Vater sein, als er den eigenen erlebt hatte. Einige Jahre gelang ihm das ganz gut, als dann allerdings seine kleine Firma in den wirtschaftlichen Konkurs ging und in der Folge das hart erarbeitete Eigenheim zwangsversteigert wurde, lief sein Leben irgendwie aus dem Ruder. Klaus fühlte er sich auf der ganzen Linie als Versager. Irene und er verließen Lönshausen – nur weg von den vielen kleinen Gehässigkeiten, dem Getuschel und Getratsche, der Häme und Schadenfreude. Weder seine Frau, noch er selbst wollten das damals weiter ertragen und auch für die Kinder war diese Zeit bestimmt kein Zuckerschlecken. Er schämte sich so sehr. Das Arbeiterkind Klaus Weynreich hatte Unternehmer gespielt und war ziemlich unsanft auf die Schnauze gefallen. Das hatten sie ja alle schon lange vorher gewusst und letztendlich musste es ja so kommen: Ausgerechnet Klaus, der Junge von diesem Habenichts Karl Weynreich. Ausgerechnet der!

So lebten sie die ersten Jahre nach der Pleite in Hannover, in einem dieser sogenannten sozialen Brennpunkte: Sozialwohnung, dreizehnter Stock, vier Zimmer, Schimmel an den Wänden, ein Fahrstuhl der entweder vollgekotzt- oder außer Betrieb war – immerhin gab es einen Balkon. Abgerundet wurde das Gesamtbild durch besoffene Nachbarn, Nutten die ihren Geschäften nachgingen, Arbeitslose, die den ganzen Tag vor dem Hauseingang herumhingen und ein Bier nach dem anderen in sich hineinschütteten, Jugendgangs, denen nichts und niemand heilig war und Polizisten die immer wieder irgendwelche Ehestreitigkeiten schlichten mussten. Für Klaus und Irene war es nicht einfach, ihre Kleinen in solch einem Umfeld aufwachsen zu sehen und sie wollten unbedingt wieder auf die Beine kommen – unbedingt! So waren die beiden denn auch eine der Ersten, die 1999, als die neue Insolvenzordnung in Kraft trat, ein Verbraucherinsolvenzverfahren beantragten. Durch dieses Verfahren wurde ihnen nach Ablauf von sechs Jahren eine sogenannte Restschuldbefreiung in Aussicht gestellt. Das bedeutete, dass sie die Chance für einen schuldenfreien Neuanfang erhalten würden.

***

Einige Jahre später, die Kinder waren inzwischen alle über zwanzig und standen auf eigenen Füßen, hatte Klaus Arbeit bei einer Firma für Event und Veranstaltungstechnik gefunden. Sein Chef, ein gläubiger Christ, hatte ihn trotz Insolvenz und Lohnpfändung eingestellt. Sehr schnell erkannte dieser den Ehrgeiz des neuen Mitarbeiters und machte ihn schon bald zum Vorarbeiter. Das Betriebsklima war ausgesprochen angenehm und Klaus fühlte sich dort sehr wohl. Gelegentlich, wenn es zu Hause mal wieder aus irgendeinem Grund einen finanziellen Engpass gab, war es sogar vorgekommen, dass er einen unbeschrifteten Briefumschlag auf seinem Schreibtisch fand, in dem ein Geldschein nebst einer kleinen Karte mit einem Bibelvers steckten…

Was war das für eine Freude, als dann im Frühjahr

2005 das Insolvenzverfahren abgeschlossen- und seine Schufa-Auskunft zwei Jahre später endlich wieder sauber war. Er hatte darauf mit seiner Irene eine Flasche Sekt geleert und sie liebten sich an diesem Abend so leidenschaftlich, wie lange nicht mehr. Klaus lag hinterher noch lange wach in seinem Bett und dachte nach: Vielleicht gab es ja tatsächlich diesen Gott, von dem sein Chef so überzeugt war? Vielleicht passte der ja wirklich auf ihn auf und würde alles zum Guten wenden? Jetzt, wo die Lohnpfändungen endlich wegfielen und er sein volles Gehalt ausgezahlt bekommen würde, könnte er mit Irene ganz neu durchstarten. Bereits wenige Tage später hatten die beiden mit der Suche nach einer neuen Wohnung begonnen und schon kurz darauf zogen sie in ein deutlich besseres Viertel der Landeshauptstadt um. Nun konnten sie sich ab und zu auch wieder mal etwas außer der Reihe leisten und planten sogar eine Urlaubsreise nach Norwegen.

Jetzt du!

In den folgenden Monaten entwickelte sich alles sehr gut. Während sich sein Chef auf den Besuch des bevorstehenden Evangelischen Kirchentages in Köln vorbereitete, setzte der Bundestag, trotz heftigen Widerstands der Gewerkschaften, die Rente mit 67 durch und beschloss die Entsendung deutscher Tornado-Kampfflugzeuge nach Afghanistan. In den Nachrichten berichteten sie daraufhin über im Internet aufgetauchte Terrorwarnungen der „al-Qaida“[15], die Klaus allerdings nicht wirklich ernstnehmen wollte. Bisher hatte es in Deutschland keine nennenswerten Anschläge von Muslimen gegeben und die Behörden wiegten die Bevölkerung in Sicherheit.

„Die Szene werde genauestens beobachtet“, hieß es in den behördlichen Verlautbarungen. Seit den 1990er Jahren versuchte man dann allerdings von offizieller Seite den langsam sichtbar werdenden Konflikt zwischen dem Islam und der freiheitlichen Werteordnung der westli-

[15] **Al-Qaida** (*al-qā'ida* = Basis / Fundament) ist ein loses, weltweit operierendes Terrornetzwerk meist sunnitischer islamistischer Organisationen, das seit 1993, meist in Verbindung mit Bekennerschreiben, zahlreiche Terroranschläge in mehreren Staaten verübt hat, und mit zahlreichen weltpolitischen Ereignissen im Zusammenhang steht. Viele der von dem Netzwerk verübten Anschläge gelten als terroristischer Massenmord an Zivilisten.

chen Welt unter Kontrolle zu halten, indem man begann von „Islamismus“, „Islamischem Fundamentalismus“ und von „Politischem Islam“[16] zu sprechen. So wollte man dem einfachen Bürger suggerieren, dass der „eigentliche Islam“ ja friedliebend und gut sei. Heute wusste Klaus, dass das eine verhängnisvolle Lüge war[17], die für sein Leben katastrophale Folgen haben würde.

Es war genau in dieser Zeit, dass er in der Firma immer häufiger mit einem der Kollegen ins Gespräch kam. Friedrich Neumann war Deutscher wie er, doch Friedrich war anders. Besonders, was die aktuelle politische Lage anging, schien er sehr interessiert und bestens informiert zu sein. Über die Auseinandersetzung der Palästinenser mit Israel, den Krieg in Afghanistan und im Irak zum Beispiel, sowie über die Absichten Amerikas und Europas: Er hatte zu all diesen Themen eine ganz andere Meinung als die meisten, die Klaus sonst so kannte. Für ihn waren die Anhänger von al-Qaida keine Terroristen, sondern Freiheitskämpfer und Glaubenskrieger!

Von ihm bekam Klaus dann auch irgendwann mal eine DVD mit einem Dokumentarfilm[18], der eindeutig bewies, dass die Amerikaner die Twin Towers in New York am 11. September 2001 selbst zerstörten, um so einen Grund zu bekommen, in Afghanistan und im Irak

---

[16] **„Islamismus“**, „Islamischer Fundamentalismus“ und „Politischer Islam“ ist ein sozialwissenschaftliches Konzept, das seit den 1990er Jahren zur Charakterisierung von verschiedenen Ideologien und Bewegungen verwendet wird, die sich in einer spezifischen Weise auf den Islam berufen. Diese Deutung ist sehr umstritten.

[17] Ministerpräsident Erdogan: „Diese Bezeichnungen sind sehr hässlich, es ist anstößig und eine Beleidigung unserer Religion. Es gibt keinen moderaten oder nicht-moderaten Islam. Islam ist Islam und damit hat es sich.“ (Quelle: Türkischer Ministerpräsident Recep Tayyip Erdogan im türkischen Kanal D)

[18] Loose Change - 9/11-Doku über den Anschlag auf das World Trade Center. (Quelle: YouTube)

einzumarschieren. Dort, so resümierte der Film, gehe es ausschließlich darum, die Ölinteressen des Westens mit Gewalt durchzusetzen. Klaus entschloss sich damals, diese Botschaft in Zukunft als Wahrheit zu betrachten und begann, dem Gesehenen Glauben zu schenken. Hatte er doch schon immer vermutet, dass den Amis nicht zu trauen ist…

Tage später, als die beiden wieder einmal zusammenarbeiteten, brachte Friedrich das Gespräch auf die drei großen Weltreligionen: Gott habe sich zuerst die Juden auserwählt, als die aber seinen Ansprüchen nicht gerecht wurden, habe er sie verworfen und sich den Christen zugewandt. Doch auch die hätten es irgendwann ‚versaut' und so schickte Gott – der im arabischen übrigens Allah genannt werde[19] – dann schließlich eine neue Botschaft, nämlich den Koran, sozusagen als allerletzte Chance für die Menschen. Als Kontaktperson wählte Allah den Propheten Mohamed aus, der den Menschen Allahs Willen zu überbringen hatte.

Klaus war erneut vom offensichtlich sehr fundierten Wissen seines Kollegen tief beeindruckt.

„Wenn du das so erzählst, dann passt da irgendwie alles logisch zusammen. Alles ist irgendwie einfach, nachvollziehbar und verständlich", sagte er bewundernd.

„Genau deshalb bin ich auch Muslim geworden.

---

[19] Viele Christen evangelikaler Prägung lehnen die Gleichsetzung des in der Bibel sich offenbarenden Gottes mit dem koranischen Allah ab. Eine der Begründungen dieser Sichtweise ist das zentrale Bekenntnis des Islam, dass Allah keinen Sohn habe. Dazu im Gegensatz – so die Meinung vieler evangelikaler Christen – steht das Grundbekenntnis des Neuen Testaments, das Gott als den „Vater unseres Herrn Jesus Christus" identifiziert.

Hab´s nur keinem erzählt", sagte der Kollege und fuhr fort:

„Mein islamischer Name ist Hakim Halil. Hakim bedeutet ‚Weiser' und Halil ‚enger Freund'. Solltest du aber wirklich für dich behalten. Geht ja auch keinen etwas an."

Hakim alias Friedrich steckte ihm an diesem Tag, zum Feierabend, wortlos eine kleine Hochglanzbroschüre mit dem Titel „Warum wurden wir erschaffen" zu. Es war eine sogenannte Aufklärungsschrift über den Islam.

Damals begann Klaus sich ernsthaft für die Religion seines Arbeitskollegen zu interessieren, denn die Muslime schienen es, anders als die Christen, die er in seinem Leben kennengelernt hatte, mit ihrem Glauben sehr ernst zu nehmen. Sein neuer Freund versorgte ihn in den folgenden Tagen mit weiteren, dieser kleinen Infohefte. Titel wie „Das Leben nach dem Tod" oder „Jesus und Maria im Islam" gaben Antworten. Hier teilte sich die Welt ganz einfach und überschaubar in ‚Gut' und ‚Böse' auf. Gut waren all jene, die sich an die islamische Bibel, also an den Koran hielten und böse war eben der Rest.

Diese sehr einfache, von Männern dominierte, islamische Weltsicht faszinierte Klaus außerordentlich. In Gesprächen mit Irene versuchte er mehrfach, das Thema auf den Islam zu bringen, doch seine Frau wollte davon nichts wissen. Sie sagte bei seinem letzten diesbezüglichen Versuch in ziemlich gereiztem Ton:

„Ließ doch einfach mal das Buch vom Ulfkotte „Der

Krieg in unseren Städten“[20]. Liegt auf meinem Nachtschrank. Da steht alles drin. Wenn du den Islam dann immer noch gut findest, können wir ja weiterreden.“

Er konnte es nicht leiden, wenn seine Frau so tat, als ob sie von etwas mehr verstand, als er selbst. Natürlich würde er dieses blöde Buch nicht lesen, denn dann müsste er seiner Irene vielleicht Recht geben. Schließlich hatte er sich doch bereits durch die kleinen Infohefte von Friedrich umfassend informiert. Natürlich konnte man jede Sache immer von verschiedenen Standpunkten aus betrachten. Das galt sicher auch für den Islam.

So entschloss er sich, diesen Friedrich einmal zu sich nach Hause einzuladen. Irene hatte er mitgeteilt, dass es sich um einen netten Kollegen handeln würde, mit dem er sich auf der Arbeit angefreundet habe. Dass dieser Muslim war, erwähnte er ihr gegenüber vorsichtshalber erst mal nicht und so kam es denn, wie es kommen musste, als es an besagtem Samstag-Nachmittag an der Wohnungstür klingelte.

„Ich geh schon, Schatzi!“ rief er Irene zu, die in der Küche das Sonntagsessen vorbereitete.

„Salem aleikum[21]“, grüßte der Besucher freundlich und überreichte Klaus eine Tüte mit süßem Gebäck.

„Schön, dass du gekommen bist. Komm rein, Friedrich.“ Klaus drehte sich um und rief in Richtung Küche:

---

[20] Udo Ulfkottes publizistisches Hauptthema ist die Warnung vor der von ihm angenommenen Gefahr einer „Islamisierung“ Deutschlands und der Welt. Er verfasste zahlreiche Bücher zu sicherheitsrelevanten Fragen, u.a. „Der Krieg in unseren Städten“ zum Thema Islamismus/Terrorismus.

[21] **Salem Aleikum** = deutsche Schreibweise der arabisch-islamischen Grußformel, steht für: as-salāmu ʿalaikum: „Der Frieden auf euch!“ oder „Friede sei mit dir/euch!“.

„Schatzi, mein Kollege ist jetzt da. Bringst du uns bitte mal ein Bier aus dem Kühlschrank?“

„Nein, nein, bitte keinen Alkohol“, lehnte Friedrich dankend ab, bat allerdings freundlich lächelnd um ein Glas Tee. Alkohol ließe sein Glaube nicht zu, erklärte er. Der erneut zutiefst beeindruckte Klaus verschwand daraufhin kurz in der Küche und servierte das mitgebrachte Gebäck auf einem Teller. Irene goss inzwischen eine Kanne schwarzen Tee auf und setzte sich dann zu den beiden Männern. Interessiert musterte sie den Gast. Der schien sie jedoch völlig zu ignorieren, während er sich mit ihrem Klaus angeregt über kleinere Probleme auf der Arbeit unterhielt. Noch während sich Irene innerlich mit dem Gedanken beschäftigte, ob dieser Friedrich ihr gegenüber nur unaufmerksam war, oder ob es sich bei diesem Mann um ein unhöflichliches Arschloch handeln würde, kamen die beiden Männer auf den Islam zu sprechen. Friedrich referierte, dass die Muslime mit dem Begriff ‚Westliche Welt‘ die dem Islam feindlich gesonnenen Länder meinten, selbst wenn diese teilweise geographisch sogar im Osten liegen sollten. Er erklärte Klaus:

„Weißt du, ein deutliches Merkmal deiner westlichen Welt ist, dass sie den Menschen verdinglicht und auch Dinge vergöttert. Daher kommt die große Respektlosigkeit gegenüber allem Heiligen. Diese Welt heiligt ausschließlich das Kapital und materielle Werte. Das wird dann den Menschen als Freiheit und Demokratie verkauft und im Namen dieser sogenannten Freiheit wird in Wahrheit Unfreiheit verbreitet und das mit sehr gewaltsamen Mitteln.“

„Ja, aber unser Grundgesetz garantiert uns doch unsere Freiheit“, entgegnete Klaus. „Bei uns kann doch jeder denken und sagen, was er will. Das sind doch allgemein gültige Menschenrechte…“

„Tatsächlich?“ fragte Friedrich provokant. „Ist das so hier im Westen, ja? Hier kann also jeder sagen was er will, ja? Du glaubst also wirklich, dass der Bandarbeiter bei VW auf einer Betriebsversammlung genauso frei sprechen kann, wie einer der Vorstandsmitglieder?“

Klaus schwieg und Irene verdrehte die Augen, als ihr Gast fortfuhr:

„Du sprichst von Menschenrechten? Immer, wenn die Mächtigen des Westens Andersdenkende mundtot machen- oder ein militärisch notwendiges Eingreifen des Westens rechtfertigen wollen, bringen sie die sogenannten universellen Menschenrechte ins Spiel. Doch höre, sie gelten tatsächlich auch bei uns Muslimen, deine Menschenrechte! In der ‚Erklärung der allgemeinen Menschenrechte im Islam‘ heißt es zum Beispiel, dass jeder denken, glauben und sagen kann was er will, ohne dass er deswegen von irgendjemandem behindert wird. Du siehst, lieber Klaus, auch das ist im Islam kein Problem.“

Irene stand wortlos auf und ging zum PC hinüber, der auf einem kleinen Computertisch in der Ecke des Wohnzimmers stand. Schnell hatte sie im Internet nach ‚Islam und Menschenrechte‘ gegoogelt und fand sehr bald die ‚Allgemeinen Erklärung der Menschenrechte im Islam‘

vom 19. September 1981. Über das Recht auf Gedanken-, Glaubens- und Redefreiheit las sie dort im Artikel 12:

(Zitat) *a) Jeder kann denken, glauben und zum Ausdruck bringen, was er denkt und glaubt, ohne dass ein anderer einschreitet oder ihn behindert…*(Zitat Ende)

Das war so ungefähr sinngemäß das, was dieser Friedrich gerade gesagt hatte, doch der Text dieser Erklärung ging noch weiter:

(Zitat) *…solange er innerhalb der allgemeinen Grenzen, die die Scharia* [22] *vorschreibt, bleibt. Nicht erlaubt ist die Verbreitung von Unwahrheit und die Veröffentlichung dessen, was der Verbreitung der Schamlosigkeit oder Schwächung der Umma dient: „Wenn die Heuchler und diejenigen, die in der Stadt Unruhe stiften, nicht aufhören, werden wir dich bestimmt veranlassen, gegen sie vorzugehen, und sie werden dann nur (noch) kurze Zeit in ihr deine Nachbarn sein. Ein Fluch wird auf ihnen liegen. Wo immer man sie zu fassen bekommt, wird man sie greifen und rücksichtslos umbringen" (Koran 33, 60-61).* (Zitatende)

Das reichte ihr! Sie hatte genug gelesen und es ärgerte sie maßlos, dass ihr Mann ganz offensichtlich wie hypnotisiert an den Lippen dieses islamischen Heinis hing und dessen Lügen und Halbwahrheiten bedenkenlos zu schlucken schien. Entrüstet kam sie zum Tisch zurück und machte nun aus ihrer ablehnenden Haltung gegenüber dem, was ihr Gast verbal da alles so vom Stapel ließ, keinen Hehl mehr. Ungewohnt energisch fuhr sie ihren

[22] Der Begriff **Scharia** bezeichnet das islamische Recht; es enthält die Gesamtheit der Gesetze, die in einer islamischen Gesellschaft zu beachten und erfüllen sind. „Die Scharia basiert auf dem Koran und auf der sich ab der Mitte des 7. Jahrhunderts herausbildenden Überlieferung vom normsetzenden Reden und Handeln Mohammeds".

Klaus an, wobei es ihr völlig gleichgültig war, dass der irritierte Besucher alles mitbekam:

„Willst du dir das wirklich noch länger anhören, Klaus? Merkst du denn nicht, was der vorhat? Menschenrechte im Islam? Ja, ja – Menschenrechte innerhalb der Grenzen der Scharia! Das ich nicht lache! Das sind doch alles verkappte Terroristen! Mach dir doch nichts vor, Klaus! Dein Bekannter würde dich, einen Ungläubigen, sofort umbringen, wenn sein Obermullah es ihm befehlen würde. Die steinigen doch heute noch Frauen in aller Öffentlichkeit! Die leben doch noch im tiefsten Mittelalter! Diese Leute können doch nicht ganz dicht sein! Das musst du doch merken!“

Sichtlich erregt verließ sie daraufhin, die Tür hinter sich zuknallend, das Wohnzimmer und kam erst wieder zurück, als dieser Friedrich bereits gegangen war. Noch am selben Abend hatten die beiden dann eine Aussprache wegen ihres Ausrasters am Nachmittag. Sie entschuldigte sich bei Klaus für ihren Auftritt vor dem Arbeitskollegen, versuchte allerdings im selben Atemzug erneut, ihm ihre Bedenken gegenüber dem Islam klarzumachen. Als sie dann sehr spät abends das Licht löschten und sich zum Schlafen hinlegten, wusste sie bereits, dass ihre Argumente Klaus nicht mehr erreichten. Irgendwie hatte sie ein Gespür dafür, dass von diesem Friedrich eine undefinierbare Gefahr ausging. Eine Gefahr für ihren Ehemann Klaus, für ihre Ehe und für ihre Familie…

Bei allen danach folgenden Besuchen seines muslimischen Bekannten verließ Irene immer demonstrativ die

Wohnung, indem sie grußlos an Friedrich vorbeiging, um eine Freundin in der Nachbarschaft zu besuchen. Das alles nützte jedoch nichts mehr, denn Klaus war vom Islam inzwischen so fasziniert, dass er unbedingt mehr wissen wollte. Hakim, alias Friedrich nannte ihm deshalb einige Internetseiten, unter anderen auch die, eines deutschen Predigers, der den Salafisten[23] zugerechnet wurde. Diese Strömung des sunnitischen Islam tritt unter anderem für die wörtliche Auslegung des Korans ein und von diesem Mann gab es unzählige Vorträge zu vielen unterschiedlichen Themen im Internet. Ob zum umstrittenen Buch von Thilo Sarrazin[24], zum Thema Zwangsheirat, zur Weltsicht des Islam, oder zum Terrorismus – Klaus schaute sie sich alle an und sog das Gesagte förmlich in sich auf. So dauerte es auch nicht lange, bis sein neuer Freund ihn zu einem gemeinsamen Moscheebesuch einlud. Klaus war mehr als neugierig und willigte begeistert ein.

Sie fuhren noch am selben Tag zusammen zum Islamzentrum in der Pugenallee. Während sie das unscheinbare Gebäude betraten, erklärte Hakim seinem Begleiter alles haargenau:

---

[23] **Salafisten** - Der Salafismus in Deutschland ist, laut Einschätzung des Bundesamtes für Verfassungsschutz und einiger Landesbehörden für Verfassungsschutz, die gegenwärtig dynamischste islamistische Bewegung in Deutschland. Es handelt sich dabei um eine Richtung innerhalb des politischen Islam, die sich strikt an der Gründungszeit der Religion ausrichtet. Diese Verfassungsschutzbehörden kategorisieren den Salafismus als extremistische Ideologie, die versucht, durch intensive Propagandatätigkeit (die sog. Da'wa, d. h. Ruf zum Islam/Missionierung), die deutsche Gesellschaft entsprechend ihrer Vorschriften zu missionieren und islamisieren.

[24] **Thilo Sarrazin** (* 12.2.1945 in Gera) ist ein deutscher Politiker der SPD, Volkswirt und Autor. Er beschreibt in seinem am 30.8.2010 erschienenen Buch *„Deutschland schafft sich ab"* die Folgen, die sich seiner Ansicht nach für Deutschland aus der Kombination von Geburtenrückgang, wachsender Unterschicht und Zuwanderung aus überwiegend islamisch geprägten Ländern ergeben würden.

„Weißt du, mein Freund, unsere Moschee sieht zwar von außen ein bisschen schlicht aus, aber wir müssen uns aus vielerlei Gründen bedeckt halten. Doch glaube mir, der Tag wird kommen, an dem auch hier eine prächtige Moschee mit vier Minaretten steht, von denen der Muezzin[25] die Gläubigen Hannovers regelmäßig zum Gebet rufen wird. Bis dahin müssen wir noch kleine Brötchen backen“, sagte er grinsend zu seinem Begleiter und fuhr fort:

„Also, unsere Moschee hier besteht aus einem Betsaal, einem Minarett, den Waschgelegenheiten und weiteren Räumen. Es gibt hier sogar eine Koranschule[26]. Außerdem ist dies der Ort, an dem wir uns treffen und unterhalten. Auch unsere gemeinsamen Feiern finden hier statt. Komm, ich stelle dich den anderen vor.“

Sie gingen auf eine Gruppe von Männern zu, die Friedrich freudig, aber dennoch respektvoll begrüßten:

„Assalamu ‘alaikum wa rahmatullahi wa barakatuh.“[27]

„Wa’alaikum Assalam“[28], erwiderte Friedrich und stellte Klaus den Männern als Freund vor, die ihn daraufhin ebenfalls sehr höflich begrüßten. Das gefiel ihm! Einer dieser Männer bat die beiden, ihm zu folgen und in einer Ecke hockten sie sich zu dritt auf den Fußboden. Der Mann sprach einige Sätze auf Arabisch, die Friedrich

---

[25] Der **Muezzin** ist ein Ausrufer, der die Muslime fünfmal täglich zu bestimmten Uhrzeiten zum Beten zusammenruft. Der islamische Gebetsruf Adhan ertönt in arabischer Sprache.

[26] Eine **Koranschule** ist eine Schule, in der Kinder, meist Jungen, von 6 bis 14 Jahren neben grundlegenden Bildungsfächern vor allem in religiösen Texten unterrichtet werden. Dabei stehen vor allem die Rezitation des Korans, des heiligsten Textes des Islam, im Vordergrund, sowie das Lesen der Sunna, der Aussprüche des Mohammed. (Quelle: Pluspedia)

[27] „Frieden sei mit euch, liebe Geschwister, und Allahs Segen und Barmherzigkeit!“

[28] „…und Friede auf euch“ - Antwort auf Begrüßung in der Gruppe

offensichtlich wiederholte. Dann wandte er sich zu ihm:

„Jetzt du!“

„Wie – jetzt ich?“

„Du musst das jetzt einfach wiederholen. Das ist hier so üblich.“

„Aber ich kann doch diese Sprache gar nicht…“

„Macht nichts. Sprich mir einfach nach.“

„Aber…“

„Du willst doch hier sicher niemanden beleidigen, oder?“

Klaus fegte alle aufgekommenen Zweifel hinweg und wiederholte schließlich dass, was der Mann ihm auf Arabisch vorsprach:

„Asch-hadu an laa ilaaha illa-Allah wa Asch-hadu anna Muhammadan ‘abd-ullahi – abduhu – wa rasouluh.“[29]

Natürlich verstand er kein einziges Wort. Als er fertig war, nickte ihm sein Kollege wohlwollend zu und rief auf Arabisch etwas in den Raum hinein, woraufhin aus allen Ecken des Gebetsraumes weitere Männer zu ihnen herüberkamen, sich freuten und Klaus, der inzwischen wieder aufgestanden war, umarmten. Friedrich legte ihm die Hand auf die Schulter und sagte:

[29] "Ich bezeuge, dass es keinen Gott außer Allah gibt und Muhammed sein Diener und Gesandter ist." Wer die „Schahada“, das islamische Glaubensbekenntnis vor zwei muslimischen Zeugen ausspricht, konvertiert zum Islam. Mit diesen beiden Glaubensbekenntnissen (1. kein Gott außer Allah & 2. Muhammed sein Diener) wird man zum Muslim, bekommt alle Rechte eines Muslim, muss aber auch alle Pflichten der Religion erfüllen.

„JazaakAllahu khairan – möge Allah – gepriesen und erhaben ist er – dich mit Segen belohnen! Jetzt gehörst du zur Umma. Jetzt bist du einer von uns. Gepriesen sei Allah! Friede sei mit dir, mein Bruder!“

Die Verwandlung

Die überaus positive Empfindung „willkommen zu sein“ und dazu zu gehören – der respektvolle Umgang untereinander und die Erkenntnis, nun zu einer ‚überlegenen Elite‘[30] zu gehören, ersäuften das negative Gefühl sehr schnell, in der Moschee letztendlich irgendwie überrumpelt worden zu sein. Wirklich weg war diese Empfindung allerdings nicht, sondern sie fraß sich, neben unzähligen anderen negativen Erfahrungen, in die dunklen Tiefen seines Unterbewusstseins hinein.

So studierte Klaus in der folgenden Zeit eifrig im Heiligen Koran, führte lange Gespräche mit Friedrich und den anderen neuen Glaubensbrüdern und besuchte freitags regelmäßig die Gebetstreffen in der Moschee. Auch Irene bemerkte, wie er alte und neue Lebensinhalte neu zu ordnen und zu bewerten begann, vermied aber, ihn darauf anzusprechen. So veränderte sich durch den Islam nach und nach die Art und Weise, wie er seine Erfahrungen machte und interpretierte. Durch die Einführung

---

[30] „Der Islam ist die überlegene Religion“ (Quelle: Fatwa zu der Frage, wie der Islam die Ungläubigen ansieht – siehe Seite 312)

neuer Grenzen und Regeln in seinem Leben errichtete Klaus – zuerst nur für sich persönlich – eine neue Ordnung, die ihn als Person und besonders als Mann deutlich aufwertete. Für ihn stand fest, dass er künftig ein anderes Leben führen würde: Eines, das den Anforderungen und Vorschriften der neuen Religion entsprechen sollte. So wurde das Verlangen, Irene, den Kindern, den Freunden und Bekannten vom Übertritt zum Islam zu berichten immer stärker.

***

„Du, ich muss dir unbedingt was erzählen", hatte er an jenem Freitagnachmittag das Gespräch mit seiner Frau begonnen. Er war gerade aus der Moschee nach Hause gekommen und fest entschlossen, endlich von seinem neuen Glauben zu sprechen. Irene beobachtete die fortschreitend schleichende Verwandlung ihres Mannes bereits seit einigen Wochen. Als sie ihn vor zwei Wochen einmal darauf ansprach, erklärte er es mit „persönlichen Erkenntnissen und Erfahrungen" in einem Selbstfindungsprozess, über die er im Moment noch nicht mit ihr sprechen könne. Seine zusätzliche Versicherung, dass sich an seinem Verhältnis zu ihr und den Kindern nicht geändert hätte, klang für sie inzwischen ziemlich unglaubwürdig. Als ihr erstmals auffiel, dass er Freitags nicht mehr wie gewohnt um 13 Uhr nach Hause kam, vermutete sie zuerst eine andere Frau als Ursache. Als sie dann allerdings heimlich beobachtete, dass regelmäßige Moscheebesuche der Anlass für seine angeblichen Überstunden waren, schwankten ihre Gefühle zwischen Erleichterung und Angst hin und her. Vor einer Woche hatte er dann damit begonnen, beim Essen genau darauf zu achten, was auf seinem Teller lag. Von Irene verlangte er nun, dass sie künftig nur noch geschächtetes[31] Fleisch vom türkischen Laden kaufen sollte, weil das ja viel gesünder sei. All das beunruhigte sie sehr und sie wurde zunehmend von Ängsten um den Fortbestand ihrer Ehe gequält.

So zuckte sie denn auch merkbar zusammen, als Klaus sie ansprach und erklärte, dass er ihr etwas mitzuteilen habe. Der unausweichlich scheinende Augenblick war nun also gekommen, doch ihre heftige Reaktion hatte ihn ziemlich überrascht. Als er ihr nach einigen einleitenden Sätzen über die Umma[32] eröffnete, dass er in den vergangenen Wochen viele Einsichten gewonnen habe und daraufhin zum Islam konvertiert sei, hatte sie ihn zunächst ungläubig angesehen. Die Information, dass er sich fortan Abdullah Azmi Walid nennen würde, ließ dann allerdings ein ungläubiges Lächeln um ihren Mund tanzen. Der Gedanke, dass ihr Klaus sie nur aufziehen wollte, verblasste sehr schnell, als sie realisierte, dass er es wirklich ernst meinte. Sie begann laut zu lachen und wechselte dabei zwischen herzhaft und hysterisch hin und her. Augenblicklich wurde ihr klar, dass sie genau in

[31] **Schächten** ist das rituelle Schlachten von Tieren im Islam. Die Tiere werden mit einem speziellen Messer mit einem einzigen großen Schnitt quer durch die Halsunterseite, in dessen Folge die großen Blutgefäße sowie Luft- und Speiseröhre durchtrennt werden, getötet. Mit dem Schächten soll das möglichst rückstandslose Ausbluten des Tieres gewährleistet werden. Der Verzehr von Blut ist im Islam verboten.

[32] Der arabische Begriff **Umma** bezeichnet im weiteren Sinne eine Gemeinschaft, die ähnlich wie ein Volk oder eine Nation über den Rahmen eines Stammes oder Clans hinausreicht. Im engeren Sinne wird er für die religiös fundierte Gemeinschaft der Muslime verwendet. In diesem Fall ist er im Arabischen meist von dem Adjektiv *islāmī* begleitet, also *al-Umma al-islāmīya*.

dieser Sekunde ihren Ehemann verlor. Fast blitzartig schoss ihr das Blut in den Kopf und sie schrie ihn wie von Sinnen an:

„Jetzt bist du wohl völlig übergeschnappt! Mein Mann heißt jetzt Abdullah irgendwie! Wenn es nicht so bescheuert wäre, müsste ich laut lachen! Spinnst du eigentlich? Haben sie dir das letzte bisschen Verstand geraubt? Jetzt, wo wir endlich übern Berg sind, spinnt mein Herr Gemahl ab! Jetzt spielt er Muslim! Haben sie dir schon ´nen Bombengürtel gegeben, oder kriegst du den später? Du hast doch wohl nicht mehr alle Tassen im Schrank! Wie alt bist du eigentlich, du alter Trottel? Ja – Trottel ist das richtige Wort! Ein alter-, hirnverbrannter-, egozentrischer Volltrottel bist du! Einer, der langsam aber sicher die Einschläge nicht mehr mitkr…"

Sie war augenblicklich still, als sie von der Rückseite seiner Hand im Gesicht getroffen wurde. Es war nur ein leichter „Wischer", doch dieser körperliche Angriff überraschte Irene so sehr, dass sie das Gleichgewicht verlor und zu Boden stürzte. Beim Umfallen knallte sie mit dem Gesicht so unglücklich an den Kühlschrankgriff, dass Ihre Lippe aufplatzte und sich ein dünner Blutstrahl aus der Nase seinen Weg über Mund, Kinn und Hals ins Dekolleté suchte. Mit weit aufgerissenen Augen starrte sie ihn vom Fußboden aus an, so, als ob sie nicht glauben konnte, was da gerade passiert war. Den Schmerz ignorierend zog sie sich mühsam am Küchentisch hoch. Sie wischte sich – fassungslos über das Geschehene – mit der Hand übers Gesicht, in dem sich Blut und Tränen vermischten. Sie konnte einfach nicht glauben, dass ihr Ehemann sie soeben geschlagen hatte. Mit leerem Blick verschwand sie wortlos im Bad.

Klaus atmete tief durch und merkte, dass ihm die Knie weich wurden. Er setzte sich hin und blickte zur Badezimmertür hinüber. Er hatte es getan. Er hatte es wirklich getan. Es war das erste Mal, dass er seine Frau – das er überhaupt eine Frau geschlagen hatte und es gefiel ihm nicht.

Friedrich, alias Hakim hatte ihn noch vor wenigen Stunden – unmittelbar nach dem Freitagsgebet in der Moschee – ermahnt: Er könne als Muslim nicht nur alle Rechte seiner neuen Religion in Anspruch nehmen, sondern habe auch alle auferlegten Pflichten gewissenhaft auszuführen. Der Heilige Koran regle die Stellung von Mann und Frau im Vers 38 der Sure 4 eindeutig:

„*Die Männer haben Vollmacht gegenüber den Frauen, weil Allah die einen vor den anderen bevorzugt hat. Und weil die Männer von ihrem Vermögen für die Frauen ausgeben. Die rechtschaffenen Frauen sind demütig ergeben und bewahren die Geheimnisse ihrer Gatten, da Allah sie geheim hält. Ermahnt diejenigen, von denen ihr Widerspruch befürchtet, sperrt sie in die Schlafgemächer und schlagt sie. Wenn sie euch gehorchen, dann wendet nichts Weiteres gegen sie an. Allah ist erhaben und groß.*“

„Du musst dich gegenüber deiner Frau durchsetzen, mein Bruder. Sie muss begreifen, dass es Allahs Wille ist, der uns Männer zum Handeln zwingt. Sie muss deinen Anweisungen und Befehlen unbedingt Folge leisten.“

Konkret sprach Friedrich dann das ablehnende Verhalten an, das Irene ihm gegenüber zeigte.

„Für einen Mann im Islam ist das so nicht hinnehmbar. Deine Frau beleidigt die gesamte Umma. Als guter Muslim und Ehemann musst du auch in diesem Bereich Allahs Willen Geltung verschaffen. Du solltest deine Frau gemäß den koranischen Anweisungen in die Schranken weisen. Lass es dir von Bruder Djalil nochmal richtig erklären. Der ist ein echter Experte in solchen Dingen und wir danken Allah – gepriesen und erhaben ist er – dass er ihn gerade jetzt hierher geführt hat."

Djalil Adi Haidar hieß eigentlich Andreas Seppmann und war ein weiterer deutscher Glaubensbruder. Er lebte in Klaus´ Heimatstadt Lönshausen und war als Fotograf zurzeit beruflich in Hannover unterwegs. Friedrich hatte ihn gebeten, den neuen Glaubensbruder darauf vorzubereiten, dass es, gerade bei der im Koran vorgeschriebenen körperlichen Züchtigung der Ehefrau, Probleme geben könnte, besonders, wenn die Frau keine Muslima sei. Andreas alias Djalil übernahm diese Aufgabe gern und sprach zu Klaus:

„Weißt du, mein Bruder, die Rechte des Mannes gegenüber seiner Frau sind bei uns im Islam wirklich sehr zahlreich. Der islamische Ausdruck für die Heirat zum Beispiel heißt ‚nikah' und bedeutet wörtlich übersetzt ‚Sexualverkehr'. Deine wichtigsten Rechte als Mann hängen also mit der körperlichen Beziehung zu deiner Frau zusammen. Sie hat zum Beispiel die Pflicht, sich dir nackt zu zeigen. Es ist auch dein unumstrittenes Recht als Mann, mit deiner Frau zu schlafen, wann und wie du es willst."

„Aber wenn sie nicht will, ist das eine Vergewaltigung und die Gesetze…"

„Der Heilige Koran steht über allen von Allahs Geschöpfen gemachten Gesetzen! Das gilt hier in Deutschland genauso, wie sonst überall auf der Welt", unterbrach ihn Djalil schroff und fuhr fort:

„Wenn du mal nicht anwesend bist, ist es die Aufgabe der Frau, deine Rechte, dein Ansehen und deinen Besitz zu schützen und zu verteidigen. Sie darf ohne deine Erlaubnis nichts, aber auch wirklich gar nichts von deinem Besitz verbrauchen, noch darf sie jemanden deine Geheimnisse offenbaren. Außerdem muss sie sie all deine Ideen, deine Pläne und alle Vorschriften, die du für sie oder für deine Kinder machst – sie muss das alles gut finden und sie muss dir bedingungslos gehorchen. Höre – sie darf dir gegenüber niemals ungehorsam sein, noch darf sie irgendetwas tun, was dir schadet. Ihre erste Pflicht ist es, alles zu versuchen, um deine Aufmerksamkeit zu erlangen, damit ihr ein harmonisches Leben führen könnt."

Das, was dieser Andreas Seppmann ihm heute Vormittag in der Moschee erzählt hatte, klang aus der Sicht eines Mannes alles wunderbar, doch von einem harmonischen Leben waren er und Irene in diesem Augenblick meilenweit entfernt und er musste sich zwingen, nicht gleich hinter ihr herzulaufen, um sie in den Arm zu nehmen und um Verzeihung zu bitten. Unzählige Gedankenfetzen wollten seinen Kopf momentan scheinbar explodieren lassen:

„Du hast die vorgeschriebene Ermahnung nicht ausgesprochen – Beischlafverweigerung ist doch Blödsinn, da sie bereits seit Wochen nicht miteinander schliefen – man schlägt keine Frauen – ein guter Muslim darf sich das nicht gefallen lassen – wahrscheinlich habe ich zu fest zugeschlagen – Allah wird mich segnen…“

Irgendetwas in ihm versuchte beharrlich, den leichten Schlag, der ihr kritisches Geschimpfe beendet hatte, als positives Ergebnis seiner Glaubensstärke darzustellen. Es war offensichtlich wirklich etwas dran, an dem, was im Koran stand und wahrscheinlich müssten sich westliche Frauen, wie Irene, nur allmählich daran gewöhnen, dass der muslimische Mann als Familienoberhaupt zu solchen Mitteln greifen muss. Wie auch immer – selbst wenn seine innere Überzeugung ihm sagte, dass es nicht richtig sei, eine Frau zu schlagen, würde er sich in Zukunft notfalls dazu zwingen, nie wieder solche, oder ähnliche Respektlosigkeiten von ihr zu dulden. Ab heute würden in seinem Haus die Regeln und Vorschriften des Heiligen Koran gelten und der gab ihm nicht nur das Recht, seine Frau zu züchtigen, sondern er war sogar dazu verpflichtet. Den entsprechenden Vers 34 der Sure 4 hatte ihm sein Glaubensbruder auf einer kleinen Karte zugesteckt. Wo war das Ding doch gleich? Er fingerte den visitenkartengroßen Zettel aus dem Portemonnaie hervor und las, wie, um sein Tun vor sich selbst zu rechtfertigen:

„Und wenn ihr fürchtet, dass Frauen sich auflehnen oder euch durch ihr Betragen erzürnen, dann vermahnt sie, meidet sie im Ehebett, sperrt sie in die Gemächer und schlagt sie."

Na also! Sie lehnte sich auf, hatte ihn durch ihre Respektlosigkeit erzürnt und im Bett lief zwischen den beiden schon seit einiger Zeit nichts mehr. Laut Koran blieb ihm also gar nichts anderes übrig, als sie einzusperren und zu züchtigen. Trotzdem war es ungewohnt, dass er sich als Mann, praktisch legal, gewaltsam Respekt verschaffen konnte. Respekt, den auch seine Eltern damals gewaltsam von ihm eingefordert hatten. Respekt, der ihm von vielen Menschen immer wieder vorenthalten wurde, wie er sich selbstmitleidig und entschuldigend eizureden versuchte.

Er ging in den Flur, wo ihre Handtasche mit dem Handy stand. Er steckte es ein und nahm auch alles Geld, sowie ihre Ausweispapiere an sich. Dann zog er sich Jacke und Schuhe an. Er zwang sich, ihr Weinen hinter der Badezimmertür zu ignorieren, verließ die Wohnung und verschloss die Tür von außen. Eigentlich fühlte er sich nicht übel. Es gelang ihm erschreckend schnell, das schlechte Gewissen zu unterdrücken. Schließlich hatte er nur mit dem, was im Heiligen Koran stand, ernst gemacht. Mehr nicht. Also war doch eigentlich alles in Ordnung!

Natürlich würde er Irene ein bisschen Zeit lassen, sich in ihre neue Rolle hineinzufinden. Sie war ja doch eigentlich eine intelligente Frau. Sicherlich würde sie sehr schnell begreifen, dass er es ernst meinte mit seiner neuen Religion und jetzt ein anderes, ein völlig neues Leben mit ihr zusammen führen würde. Ein Leben, in dem er als Mann eine wichtige und angesehene Stellung einnahm. Ein Leben, in dem auch ihre Stellung als Frau klar definiert war. Das müsste doch auch ihr gefallen. Schließlich liebte sie ihn doch. Er glaubte wirklich, dass er ihr nur etwas mehr Zeit lassen müsste…

Versuch einer Versöhnung

Inzwischen lag der Vorfall mit Irene bereits über ein Jahr zurück. Na gut, er hatte das damals falsch eingeschätzt. Nach seiner Beurteilung war sie in ihrer christlich-humanistischen Prägung so gefangen, dass sie sich offensichtlich nicht mehr daraus befreien konnte. Er hatte mit ihr geredet; er hatte sie eingesperrt; er hatte sie geschlagen. Sie wollte einfach nicht vernünftig werden. So war es für ihn denn nur konsequent, dass sie sich vor sechs Monaten trennten. Auch Friedrich und dieser Djalil aus Lönshausen hatten ihn in dieser Entscheidung bestärkt.

Bereits wenige Wochen später waren ihm dann allerdings die ersten Zweifel gekommen, ob die Entscheidung zur Trennung tatsächlich richtig gewesen war. Er sehnte sich sehr nach seiner Irene und das alles wieder so wäre, wie früher. Zunehmend kritischer betrachtete er seinen neuen Glauben und immer häufiger spielte er nun mit dem Gedanken, die Konvertierung rückgängig zu machen. Einmal, nach einer Gebetszeit in der Moschee, hatte ihm der Imam auf seine vorsichtige Frage bezüglich der Zuverlässigkeit des Korans, sehr bestimmt und ein wenig verärgert Sure 4, Vers 82 zitiert:

„Wäre der Koran von einem anderen als Allah, so würden sie darin gewiss viel Widerspruch finden."

Diesen Vers hatte er im Gedächtnis, als er bei seiner anfänglich täglichen Koran-Lektüre erstmals über etwas Merkwürdiges stolperte. Da war in Sure 5, im 110. Vers zu lesen:

„Wenn Allah sagen wird: Oh, Jesus, Sohn der Maria, gedenke meiner Gnade gegen dich und gegen deine Mutter; wie Ich dich stärkte mit der heiligen Offenbarung - du sprachest zu den Menschen sowohl im Kindesalter wie auch im Mannesalter; und wie Ich dich die Schrift und die Weisheit lehrte und die Thora und das Evangelium…"

Ja, das war die Stelle, die ihn ins Grübeln gebracht hatte. Allah lehrte Jesus die Thora und das Evangelium!

Es war doch aber eigentlich weltweiter Konsens, dass die Evangelien erst deutlich nach dem Tode Jesu geschrieben wurden. Wie konnte ihm also das Evangelium gelehrt werden? Wahrscheinlich war das nur ein Übersetzungsfehler in der deutschen Koran-Ausgabe. Allerdings fand er schon sehr bald heraus, dass es im arabischen Urtext tatsächlich so geschrieben steht. Klaus war verwirrt. Er begann im Internet weiter zu forschen und unter dem Stichwort ‚Widersprüche im Koran' spukte der Computer tatsächlich Einiges aus. Erstaunt las er da:

„Allahs Worte ändert niemand ab" [33] und

[33] Koran: Sure 6 Vers 34, Sure 6 Vers 115, Sure 10 Vers 64

„Es werden Verse aufgehoben oder in Vergessenheit gebracht" [34]

oder

„Wir schickten einen Engel (Gabriel), der Maria erschien" [35]
und

„Mehrere Engel sprachen zu Maria" [36]

oder

„Allah erschuf in 6 Zeiten Himmel und Erde" [37] und

„Allah erschuf die Erde in zwei Zeiten, gründete Berge und Natur in vier Zeiten, und schuf die Himmel in zwei weiteren Zeiten" [38]

oder

„Ein Tag bei Allah dauert 1000 Jahre" [39] und

„50.000 Jahre" [40]

oder

„Alle Nichtmuslime landen in der Hölle" [41] und

„gute Juden/Christen werden nicht bestraft" [42]

oder

„Allah erschuf erst den Himmel" [43] und

„Allah erschuf erst die Erde" [44]

---

[34] Koran: Sure 2 Vers 106
[35] Koran: Sure 19 Vers 17
[36] Koran: Sure 3 Vers 42
[37] Koran: Sure 7 Vers 55
[38] Koran: Sure 41 Vers 9ff
[39] Koran: Sure 22 Vers 47
[40] Koran: Sure 70 Vers 4
[41] Koran: Sure 3 Vers 85
[42] Koran: Sure 2 Vers 62
[43] Koran: Sure 29 Vers 27

Er druckte damals diese Stellen aus und überlegte lange, mit wem er darüber sprechen könnte. Der Imam kam jedenfalls nicht in Frage, denn dieser wollte so etwas auf gar keinen Fall hören. Der hatte ihm schon damals gesagt, dass man sich außerhalb der Umma stellt, wenn man am Koran zweifelt. Vielleicht war dieser Djalil, der sich im Koran hervorragend auskannte, ein Ansprechpartner? Außerdem war dieser Bruder wie er ein deutscher Konvertit und schien zudem ganz nett zu sein. Wie war doch gleich sein deutscher Name? Schleppmann – Kreppmann – Seppmann, ja, genau – Andreas Seppmann. Klaus suchte die Telefonnummer heraus und wählte.

„Guten Tag! Dies ist der Anrufbeantworter des freiberuflichen Fotografen Andreas Seppmann. Leider kann ich Ihren Anruf nicht persönlich entgegennehmen. Bitte hinterlass…"

Noch ahnte Klaus nicht, dass genau jener Andreas Seppmann, alias Djalil Adi Haidar, noch eine dramatisch wichtige Rolle in seinem Leben spielen sollte.

Genau in dieser Zeit – es war inzwischen über sechs Monate her, dass ihre Ehe geschieden worden war – quälten ihn vermehrt Zweifel an der Richtigkeit seiner Entscheidung, bezüglich der Konvertierung zum Islam. Er war an diesem Vormittag auf dem Weg zum Bauamt und seine Gedanken kreisten wiedermal um dieses Thema, als ihm Irene zufällig über den Weg lief. Überrascht

[44] Koran: Sure 41 Vers 9

und eher, um überhaupt etwas Passendes zu sagen, fragte er sie:

„Hallo Irene! Wie geht ´s dir so?" und ohne eine Antwort abzuwarten hörte er sich sagen: „Wenn du ´nen Augenblick Zeit hast, könnten wir doch einen Kaffee zusammen trinken – was meinst du?"

Ein bisschen erstaunte es ihn schon, dass sie sich tatsächlich darauf einließ. Augenblicke später saßen sich die beiden im Stadtcafé gegenüber und keiner sagte etwas. Plötzlich waren all´ die Gefühle, die er jemals für diese Frau empfunden hatte, mit einer nie gekannten Heftigkeit wieder da. Filmreif – fast wie in einer dieser alten Hollywood-Liebesschnulzen – begannen plötzlich beide gleichzeitig zu sprechen:

„Was machen die…"

„Schön, dass ich…"

Beide mussten herzhaft lachen. Mein Gott, wie er dieses Lachen von ihr doch die ganze Zeit vermisst hatte. Die Eleganz der Bewegung, mit der sie sich durch die Haare strich, der süßlich-blumige Duft ihres Parfums, der trotz ihres Alters noch immer jugendlich-verführerische Augenaufschlag – schlagartig wurde ihm klar, dass Irene ihm nicht nur fehlte, sondern dass er diese Frau noch immer liebte.

Nachdem Irene einige Augenblicke – fast verlegen in ihrer Handtasche herumgekramt- und sich die Nase gepudert hatte, wurde sie wieder ernst und sagte:

„Du wolltest wissen, was die Kinder machen? Es geht ihnen gut. Sie fragen oft, warum denn der Papa weggegangen ist", um nach einer kleinen Pause fortzufahren: „Was ist bloß mit dir passiert, Klaus?"

Dabei blickte sie ihm fragend in die Augen und er bemerkte, dass ihr eine kleine Träne über die Wange lief. Einen Augenblick lang herrschte eine beinahe unerträgliche Stille, in der die Luft zu knistern- und elektrisch geladen zu sein schien. Dann brach es förmlich aus ihm heraus:

„Irene, liebe Irene, was soll ich dir sagen? Heute weiß ich, dass ich damals eine riesige Dummheit gemacht habe. Ich hätte von Anfang an auf dich hören sollen, aber ich hatte solche Angst, von diesen Leuten aus der Moschee als Schwächling wahrgenommen zu werden. Ich wollte, dass sie mich als stark und entschlossen erleben. Ich Blödmann wollte vor diesen Typen einfach nur glänzen…"

Irene hatte sich zurückgelehnt, schaute ihn an und hörte aufmerksam zu, als er fortfuhr:

„…und du weißt ja, wie ich bin. Wenn ich mich erstmal für etwas entschieden habe, dann muss es immer sofort losgehen und ich will es dann auch hundertfünfzigprozentig, damit die Leute auch wirklich mitkriegen, was für ein ‚toller Hecht' ich bin!"

Er senkte kurz den Blick, als ob er sich vor ihrer Reaktion fürchtete, sah ihr aber dann ganz fest in die Augen und sagte:

„Irene, es tut mir wirklich alles unsagbar leid. Ich Doofmann habe alles kaputt gemacht. Irene, ich brauch´ dich. Ich liebe dich. Bitte verzeih mir. Bitte gib unserer Liebe noch eine Chance!"

Irene schwieg. Sie hatte die ganze Zeit aufmerksam zugehört und ihre Gefühle fuhren momentan Karussell. Sollte ihr Ex tatsächlich von seinem Islam-Trip heruntergekommen sein? Sollte er sich wirklich geändert haben? War das wieder der Mann, in den sie sich vor vielen Jahren unsterblich verliebt hatte?

„Ich kann mich ändern. Du weißt das! Wenn du nur zu mir zurückkommst."

Während er zu ihr sprach, holte er einen Briefumschlag aus seiner Jackentasche, auf dem Irene als Adressaten das ‚Islamzentrum, Pugenallee, Hannover' erkennen konnte.

„Dies hier ist meine schriftliche Austrittserklärung aus der Umma – du weißt schon, aus der islamischen Gemeinschaft. Du siehst, es ist mir wirklich ernst. Für morgen hab´ ich mich im Islamzentrum mit dem Imam verabredet und dann werde ich ihm diesen Brief übergeben. Ich hab´ denen darin genau aufgeschrieben, was mir am Islam nicht gefällt. Es gibt für mich zu viele unüberbrückbare Widersprüche in dieser Religion. Ich dachte zuerst, ich könnte damit klarkommen, aber ich kann es nicht! Sogar für die Zerstörung unserer Familie ist der Islam verantwortlich. Deshalb habe ich mich zum Austritt entschlossen. Ich hoffe, dass damit dann der ganze

Spuk endlich ein Ende hat."

Er lehnte sich nun auch zurück, überlegte kurz und ergänzte:

„Ich hätte das übrigens auch getan, wenn wir uns heute nicht hier getroffen hätten. Du siehst ja, der Brief ist bereits fertig. Bitte, Irene, es tut mir wirklich von Herzen leid, was ich dir und den Kindern angetan habe. Ich würde alles dafür tun, es ungeschehen zu machen. Bitte, gib uns noch eine Chance. Sag jetzt nichts, denk´ einfach nochmal darüber nach und wenn du es willst, treffen wir uns wieder und reden weiter."

Irene lächelte ihn an und es fiel ihr nicht schwer, auf seinen Vorschlag einzugehen. Sie wusste genau, dass er es ernst meinte. Das war wieder ihr alter Klaus – der, den sie von früher her kannte. Sie verabredeten sich für den kommenden Samstag im Ratskeller. Dort wollten sich die beiden, bei einem gemeinsamen Essen, wieder versöhnen.

Ein folgenschwerer Irrtum

Schon sehr früh war Klaus am folgenden Morgen aufgewacht. Er war gut gelaunt; hatte er doch von Irene geträumt. Das war ihm schon seit Monaten nicht mehr passiert und er flüsterte ihren Namen vor sich hin. Heute war ein besonderer Tag. Heute würde er sein, aus den Fugen geratenes, Leben wieder in die Spur schieben. Nachdem er geduscht- und sich rasiert hatte, frühstückte er praktisch im Vorbeigehen. Den Müslibecher, den er sich dazu aus dem Kühlschrank griff, schlang er hastig herunter, während er die Auftragspapiere für seine Mitarbeiter zusammensuchte. Irgendwie ging ihm heute Morgen alles nicht schnell genug. Er schnappte sich seine Jacke von der Garderobe, setzte sich ins Auto und fuhr zur Firma hinüber, um dort die Männer für den Tag einzusetzen. Die hatten ihren Chef lange nicht so fröhlich erlebt und frotzelten untereinander:

„Ich glaub´, unser Chef ist frisch verliebt!"

„Nee, ich denke, der freut sich nur, weil wir für ihn die Kohle ranschaffen müssen."

Mit einem verschmitzten Grinsen beendete Klaus die

Sticheleien:

„Hört endlich auf zu quatschen und seht zu, dass ihr an die Arbeit kommt. Schließlich bezahle ich euch nicht fürs Rumstehen und Labern, ihr Lotusblüten."

Als alle Arbeitsaufträge verteilt waren, machte er sich auf den Weg zum Islamzentrum, wo er von Imam Murad Bakim Hoca bereits erwartet wurde.

Der Gemeindevorsteher schien zu ahnen, aus welchem Grunde Klaus um einen Termin ‚außer der Reihe' bei ihm nachgesucht hatte. Nach der üblichen Begrüßung goss der Mann seinem Gast heißen Tee durch ein Teesieb in das tulpenförmige, kleine Teeglas. Er lächelte Klaus an, schob den Tee zu ihm hinüber und eröffnete das Gespräch in freundlichem Ton mit der Floskel:

„Gepriesen sei Allah - gepriesen und erhaben ist er", um erklärend fortzufahren, „durch die Tulpen-Form des Glases kommt das Aroma des Tees besser zur Geltung und außerdem bleibt er länger warm."

Das war Klaus eigentlich ziemlich egal und gerade, als er zu sprechen beginnen wollte, fragte der Imam den deutschen Glaubensbruder in aufgesetzter Freundlichkeit:

„Abdullah, was beschwert dein Herz? Was gibt es denn so Wichtiges, dass es nicht bis zum Freitag warten konnte?"

Klaus lächelte zurück und antwortete:

„Weißt du, Murad, ich denke, ich habe da einen Fehler gemacht. Du kennst mich ja und weder du noch einer der Brüder kann sagen, dass ich ein sprunghafter Mensch bin. Ich habe mich wirklich bemüht, ein guter Muslim zu sein, aber diese ganze Beterei und die ständige Angst, etwas zu vergessen, oder verkehrt zu machen – das macht mich völlig fertig. Versteh´ mich bitte nicht falsch. Es geht nicht gegen den Islam, oder gegen euch. Ich denke halt, dass diese ganze Sache mit der Religion und so – dass das wohl doch nicht mein Ding ist…"

Er beobachtete den, mit geschlossenen Augen regungslos dasitzenden Imam genau, während er sprach. Die Perlen des kettenartigen Lobpreisungskranzes rutschten unaufhörlich durch die Hand des Geistlichen, als Klaus fortfuhr:

„…und deshalb bin ich nach reiflicher Überlegung zu der Überzeugung gelangt, dass es für mich persönlich besser ist, ohne irgendeine Religion zu leben. Ich komme zu dir, weil du ein offizieller Vertreter der Gemeinschaft bist. Bitte, sei mir nicht böse, aber ich trete wieder aus."

Er schob dem Vorbeter den Brief hinüber, in dem er seinen Austritt aus der muslimischen Gemeinschaft schriftlich manifestiert hatte. Der Imam öffnete die Augen und sah Klaus an, ohne den vor ihm liegenden Brief anzurühren. Sehr ernst, fast feierlich erklärte er:

„Höre, mein verwirrter Bruder, was Allah – gepriesen und erhaben ist er – dazu zu sagen hat. Die Umma, die von Allah geschenkte, weltweite Gemeinschaft der Muslime, ist heilig."

Der Mann machte eine kurze Pause, um seinen Worten mehr Gewicht zu verleihen und fuhr dann fort:

„Mitglied der Umma werden die Kinder unserer Brüder mit ihrer Geburt. Durch Unterweisung werden sie von uns in die Ordnungen der Gemeinschaft eingeführt. Nichtmuslime, wie du einer warst, treten der Umma bei, indem sie vor zwei muslimischen Zeugen das Glaubensbekenntnis auf Arabisch aufsagen. Das hast du getan, mein Bruder. Ich war einer dieser Zeugen. Du hast es getan!“

„Ja, aber ich hab´ doch nur das nachgeplappert, was…“

„Du bist ein erwachsener Mann, Abdullah. Es war deine Entscheidung. Du hättest es nicht nachsprechen müssen, aber du hast es wie vorgeschrieben vor zwei Zeugen getan.“

Wieder machte er eine Pause und blickte Klaus fest in die Augen. Dann sagte er:

„Höre genau zu, Abdullah. Der Austritt aus der islamischen Glaubensgemeinschaft ist von Allah – gepriesen und erhaben ist er – nicht vorgesehen! Hörst du? Ein Austritt ist nie – ich sage **niemals** möglich.“

„Ja, aber wir sind doch hier in Deutschland und wir haben hier Religionsfreiheit...“, versuchte Klaus dagegen zu halten.

„Fürchte Allah! – Natürlich sind wir hier in Deutschland, mein Bruder. Aber wir sind hier auch in der Umma.

Die Umma ist aber nicht nur eine religiöse, sondern auch eine politische Gemeinschaft, Abdullah. Sie ist heilig! Und weil sie heilig und von Allah – gepriesen und erhaben ist er – ist, steht sie über allem anderen. In der Heimat genauso, wie hier in Deutschland, oder wo auch immer sich unsere Brüder in der Welt aufhalten. Die Umma steht deshalb immer über jedem, von Ungläubigen gemachten, Gesetz. Selbstverständlich auch über diesem seltsamen Grundgesetz, das mit den Werten des Islam niemals vereinbar sein wird."

Der Imam sah die Fassungslosigkeit im Gesicht seines Gegenübers und bekräftigte:

„Du kannst dich gern erkundigen – nach der Lehrmeinung unserer wichtigsten islamischen Rechtsschulen gilt Ridda[45] nach wie vor als Hochverrat und der Murtadd – das wärest in diesem Falle du – ist mit dem Tode zu bestrafen. Möge Allah – gepriesen und erhaben ist er – Erbarmen mit dir haben! Mehr, mein Bruder, gibt es dazu nicht zu sagen. Allah sei mit dir."

Klaus hatte das Gefühl, als ob ihm jemand den Boden unter den Füßen wegreißen würde. Erst mehrere Minuten, nachdem sein Gesprächspartner bereits gegangen war, hatte er sich gefangen und konnte das Islamzentrum, mit weichen Knien, verlassen. Der Mann hatte ihm gerade eindeutig zu verstehen gegeben, dass man ihn umbringen würde, wenn er die Umma offiziell verlassen

[45] **Ridda** oder **Irtidad** bezeichnet den „Abfall vom Islam"; der Abtrünnige selbst wird **Murtadd** genannt. Auf Grundlage von Hadithe und Idschmā' ist Ridda oder Irtidad islamrechtlich mit der Todesstrafe zu ahnden.

würde. „Der Austritt wird mit dem Tode bestraft", hatte er ihm gesagt. Er wollte es nicht glauben. Das war nicht nur mittelalterlich, sondern auch überaus beängstigend. Das konnte der doch unmöglich ernst meinen. Andererseits verbot sich der Gedanke, dass der Imam mit so etwas spaßen würde. Was sollte er denn nun Irene sagen? Den Neuanfang mit einer Lüge beginnen, indem er ihr einfach erzählte, alles sei in Ordnung? Es würde sicherlich nicht lange dauern, bis sie herausfände, dass er – wenn auch gezwungenermaßen – noch Kontakt mit diesen Leuten hatte. Wie sollte er ihr klarmachen, dass die ihn einfach nicht gehen ließen?

Ärgerlich und voller Angst und Verzweiflung schlug er sich mehrmals mit dem Handballen gegen die Stirn, als ob er sich aus einem bösen Traum wecken wollte. Er empfand den Islam plötzlich als eine ganz reale Gefahr, aus der es offensichtlich keinen Ausweg zu geben schien. So ungefähr musste sich eine Raubkatze fühlen, die man in den Weiten des afrikanischen Buschs in eine Falle gelockt- und in einen engen Käfig gesperrt hatte, um nun von ihr zu hören, dass sie sich ihr Gefängnis als wunderbaren neuen Lebensraum schon immer gewünscht habe. Niemand hatte ihm vorher erzählt, dass der Islam nicht nur eine Religion ist, sondern auch ein politisches System.

Erst jetzt verstand er, dass es genau aus diesem Grunde das ‚Islamische Recht', die Scharia, gab. Der Imam hatte ihm zudem unmissverständlich erklärt, dass der Mensch dieses islamische Recht mit seinen Bestimmungen und Widersprüchen **kritiklos** zu akzeptieren habe. Scharia sei eben göttliches Recht, gültig für alle Zeiten und Orte, also selbstverständlich auch für Deutschland.

Er begriff, dass er in einer Falle saß, aus der es kein Entkommen gab! Sosehr er sich es auch wünschte – es gab kein Zurück in sein altes Leben! Völlig aufgelöst kaufte er sich im nächsten Supermarkt eine Flasche Brandy und fuhr auf direktem Weg nachhause…

Ayana – die wunderbare Blume

Es war damals auf den Tag genau vier Jahre her, dass er mit Irene im Stadtcafé zusammen saß und sie eigentlich einen Neuanfang versuchen wollten. Zu der Verabredung mit seiner geschiedenen Frau im Ratskeller war er, nach dem Gespräch mit dem Imam, allerdings nicht mehr gegangen. Zu demütigend war die Erkenntnis, dass er mit seinem Übertritt zum Islam eine Entscheidung getroffen hatte, die falsch- und danach nicht mehr zu revidieren war. Es kam einer persönlichen Bankrotterklärung gleich, dass nun nicht mehr er selbst sein Leben bestimmte, sondern diese fremdartige Religion. Er hatte Irene damals angerufen und ihr lakonisch mitgeteilt, dass es Probleme gäbe, die ein Treffen mit ihr zurzeit unmöglich machen würden. Als sie nachhakte und wissen wollte was los sei, hatte er einfach den Hörer aufgelegt und anschließend bitterlich geweint.

Er empfand den Islam seitdem nicht mehr nur als eine die Gewalt verherrlichende Religion, sondern als totalitäres, von machtgeilen Männern beherrschtes, gewalttätiges Rechtssystem, das ihn fast rund um die Uhr kontrollierte. Im Namen dieser Religion führte man auch heute noch Kriege, zwang Menschen, ihren bisherigen Glauben abzulegen und ließ Gefangene köpfen. Das kreuzweise Abhacken von Hand und Fuß für den Abfall vom Glauben waren bis zum heutigen Tag genauso übliche Praktiken, wie die Ermordung von Kritikern, wofür den Mördern eine große Belohnung im Jenseits versprochen wurde.

Je mehr er sich damit auseinander setzte, je deutlicher erschien ihm die Aussichtslosigkeit seiner Lage. An wen sollte er sich wenden? Es war in dieser Zeit politisch nicht korrekt, gegen den Islam zu sein. Meistens wurde Islamkritik mit persönlichen Angriffen wie ‚Rechtsextremist", ‚Islamhasser' und ‚Ausländerfeind' totgeschlagen. So entschloss sich Klaus, den Umgang mit seinen ‚muslimischen Brüdern' unauffällig einschlafen zu lassen, indem er einfach nicht mehr in die Moschee ging. Andy Seppmann, dem deutschen Konvertiten, mit dem er sich inzwischen angefreundet hatte, war das zuerst aufgefallen und dieser stellte ihm neulich einige unangenehme Fragen, bezüglich seiner Glaubenstreue. Insgeheim hoffte Klaus dennoch, dass sie ihn irgendwann vergessen würden.

Unzählige, zunächst noch freundliche-, später bedrohliche Telefonanrufe, offene und versteckte Todesdrohungen im Internet, ein enthaupteter Hund, den man ihm vor die Haustür gelegt hatte und ein Überfall durch vier, mit Äxten bewaffneter, junge Muslime hatten Klaus zur bitteren Erkenntnis gebracht, dass man weder vorhatte, ihn zu vergessen, noch ihn in Ruhe lassen wollte.

Er hatte begriffen: Die Männer aus der Moschee meinten es ernst! Allein aus diesem Grund würde es eine Versöhnung mit Irene nicht mehr geben können. Da er ihre nach wie vor ablehnende Haltung dem Islam gegenüber kannte, wollte er sie auf keinen Fall in Gefahr bringen. Da half es auch nichts, dass er selbst sich innerlich bereits vor einiger Zeit von dieser entmündigenden Religion verabschiedet hatte. Alle Möglichkeiten, mit seiner Ex wieder zusammen zu kommen, waren aussichtslos. Seine ‚Glaubensbrüder' hatten ihm unmissverständlich klargemacht, dass es für Irene und ihn keine Zukunft geben würde.

Die Erlebnisse der letzten Zeit machten ihm mehr zu schaffen, als ihm lieb war. Gerade, weil es absolut nicht sein Ding war, irgendwelchen inneren-, oder gar seelischen Konflikten auf den Grund zu gehen, hielt er – wie die meisten seiner Geschlechtsgenossen – seine ‚Leichen im Keller' versteckt. Nach ihnen aktiv zu suchen und diese eventuell sogar zu beseitigen, das war nicht seine Stärke. Er versuchte eher, solche Dinge zu kompensieren und zu verdrängen, um sich mit all dem, was in seiner Vergangenheit schiefgelaufen war, nicht mehr beschäftigen zu müssen. So war es denn eigentlich nur konsequent, dass er nach einiger Zeit des Überlegens und Abwägens eine folgenschwere Entscheidung traf: Wenn er nun schon ein ‚Zwangs-Muslim' sein musste – also ein unselbständiger, sich dem Willen Allahs unterwerfender Untertan, dessen Handlungen sowieso von diesem gewalttätigen Gott vorherbestimmt waren – dann würde er sich in diesem, ihm aufgezwungenen Leben eben irgendwie einrichten. Er würde genauso ‚Muslim sein', wie er vorher Christ gewesen war, nämlich nur ‚auf dem Papier' und ‚für die Leute'. Klaus beschloss damals ganz bewusst, Irene vollständig aus seinem Kopf- und aus seinem Leben zu verbannen.

Glaubensbruder Andreas Seppmann, alias Djalil Adi Haidar, suchte in dieser Zeit verstärkt seine Nähe und ließ sich von Klaus damals noch mit 'Andreas', oder 'Andy' ansprechen. Er räumte auch alle Bedenken beiseite, als Klaus, nach seiner Trennung von Irene, irgendwann das Bedürfnis nach sexueller Befriedigung verspürte. Als – unter Beobachtung stehender – Muslim durfte er sich einen Gang ins Bordell nicht erlauben, doch auch für solche Situationen habe Allah einen Ausweg geschaffen, erklärte im Andy: Die Lösung war aus der Sicht eines muslemischen Mannes genial und nannte sich Mut'a-Ehe[46]. Diese ‚Ehe auf Zeit' konnte heimlich vollzogen werden, wobei es für die Zahl der Zeitehefrauen nach oben keine Grenze gab[47]. Solch eine ‚Genussehe' erlaubte jedem Muslim den sexuellen Verkehr mit Christinnen und Jüdinnen, ohne dass er gegen die Gebote des Islam verstieß.

Als es mit seinen neuen Frauenbekanntschaften im-

---

[46] **Mut'a-Ehe,** Zeitehe, Genussehe, oder Sighe-Ehe bezeichnet eine zeitlich begrenzte Ehe, die bei schiitischen Muslimen erlaubt ist. Bei einer Zeitehe „heiratet" ein muslimischer Mann eine Frau für eine Zeitdauer von einer halben Stunde bis zu 99 Jahren. Im sunnitischen Islam gibt es mit der *Misyar* eine ähnliche Form der Zeitehe, die besonders in Saudi-Arabien verbreitet ist. Im Ehevertrag, der mündlich ohne Heiratsvormund abgeschlossen werden kann, müssen genaue Angaben über die Zeitspanne des Ehevertrages und die der Frau zu übergebende Brautgabe (*mahr*), gemacht werden. Es kann auch eine bestimmte Anzahl sexueller Begegnungen vereinbart werden.

[47] Die Beschränkung auf 4 Ehefrauen gilt nur für unbefristete Eheverhältnisse. Ebenso wenig muss der Mann seine erste Ehefrau informieren, falls er eine Dauerehe führt.

mer wieder Probleme gab, weil die sich nach einiger Zeit als Sexobjekte behandelt fühlten, hatte er sich auf ‚Zeitehen' mit Damen aus dem horizontalen Gewerbe umgestellt. Als Freund Andy das mitbekam, ermahnte dieser ihn, sich nicht durch den Umgang mit Huren zu beschmutzen. Als Alternative schlug er vor, eine neue – eine muslemische Frau für eine ‚Dauerehe' zu suchen. Das würde auch die Glaubensbrüder beruhigen und sicherlich irgendwie helfen, über den Verlust von Irene endlich hinweg zu kommen.

Klaus freundete sich mit diesem Gedanken an: Es musste ja nicht unbedingt jemand aus Anatolien sein; eine deutsche Muslima, die sich ihm – so wie der Koran es forderte – unterwerfen würde und in jeder Beziehung willig wäre, würde es ja auch tun. Ja – warum nicht? An diesem Tag beschloss er, wieder zu heiraten. Andy bot sich an, bei der Suche nach einer passenden Frau in der islamischen Gemeinschaft, behilflich zu sein und er war es dann auch, der Klaus mit seiner religiösen Cousine Ayana Nelm, einer gutaussehenden Mittdreißigerin, bekannt machte.

Durch die vielen Gespräche mit Andy wusste Klaus inzwischen, dass die Ehe im islamischen Recht ein Vertrag ist, der zur Gruppe der Miet- und Pachtverträge gehört. So wurde natürlich auch jemand benötigt, der den ‚Pachtgegenstand', nämlich Ayana Nelm, an den heiratswilligen Klaus ‚verpachten' würde. Andy erklärte ihm, dass solch eine Person – der sogenannte Ehevormund – zwingend erforderlich sei und dass ihm, als einzigem männlichem Verwandten von Ayana automatisch diese Aufgabe zufallen würde. So war es denn auch jener Andy, der ihm die wichtigsten Grundzüge der islamischen Ehe erklärte:

„Weißt du, mein Bruder, die Rechte des Mannes gegenüber seiner Frau sind bei uns im Islam wirklich sehr zahlreich. Der islamische Ausdruck für die Heirat zum Beispiel heißt ‚nikah' und bedeutet wörtlich übersetzt ‚Sexualverkehr'. Deshalb hängen auch deine wichtigsten Rechte als Mann mit der körperlichen Beziehung zu deiner Frau zusammen. Sie hat zum Beispiel die Pflicht, sich dir als Ehemann nackt zu zeigen. Es ist auch dein unumstrittenes Recht als Mann, mit deiner Frau zu schlafen, wann und wie du es willst…"

Der Hauch eines Lächelns huschte Klaus unmerklich um den Mund, als er bei Andys Worten daran denken musste, wie häufig es bei seinen Damenbekanntschaften – besonders, wenn die Beziehungen zum Schluss zu kriseln begannen – vorgekommen war, dass sie keine Lust hatten, nicht in Stimmung waren oder von Migräne gequält wurden. Das würde es mit der neuen Partnerin also nicht geben. Neugierig hörte er dem weiteren Vortrag zu:

„Wenn du mal nicht anwesend sein solltest, ist es ihre Aufgabe, deine Rechte, dein Ansehen und deinen Besitz zu schützen und zu verteidigen. Sie darf ohne deine Erlaubnis nichts, aber auch wirklich gar nichts von deinem Besitz verbrauchen. Sie darf auch niemandem deine Geheimnisse offenbaren, von denen sie als deine Ehefrau Kenntnis erlangt hat. Außerdem muss sie sie all deine

Ideen, deine Pläne und alle Vorschriften, die du für sie oder für deine Kinder machst – sie muss das alles gut finden und sie muss dir bedingungslos gehorchen. Höre – sie darf dir gegenüber niemals ungehorsam sein, noch darf sie irgendetwas tun, was dir schadet. Ihre erste Pflicht ist es, stets alles zu versuchen, um deine Aufmerksamkeit zu erlangen, damit ihr ein harmonisches Leben führen könnt."

***

Klaus hatte Ayana bereits einen Monat vor der islamischen Hochzeitsfeier, auf dem Standesamt, nach deutschem Recht, geheiratet und dabei den Familiennamen seiner neuen Frau angenommen. Er hieß nun Klaus Nelm und hatte die standesamtliche Eheurkunde – wie im Islam vorgeschrieben – dem Imam in der Moschee übergeben. Dort fand dann später auch die eigentliche Hochzeit statt, deren Zeremonie mit einer arabischen Lobeshymne zu Ehren Allahs und der Lesung einiger Koranverse begann. Zwei seiner Glaubensbrüder fungierten als Trauzeugen und der Imam fragte Andy, der ja Vormund der Braut war:

„Willst Du die hier anwesende Frau dem hier anwesenden Mann geben?"

Als der diese Frage mit „Ja" beantwortete, wandte er sich Klaus zu und fragte:

„Willst Du die hier anwesende Ayana Nelm zur Frau nehmen?

Als auch er sein „Ja" gesagt hatte, erfolgten Anrufungen von Allah zugunsten der frisch Vermählten, die anschließend mit ihren jeweiligen Geschlechtsgenossen in getrennten Räumen feierten, damit sich die Männer vom Tanz der Frauen nicht sexuell angemacht fühlen mussten.

Wie gesagt – Klaus hatte den Familiennamen seiner neuen Frau angenommen, weil er meinte, ihr, von seinem beruflichem Misserfolg unbelasteter, Familienname ‚Nelm' wäre in der Zukunft höchstwahrscheinlich besser fürs Geschäft. Er beabsichtigte nämlich, nach der Hochzeit wieder zurück nach Lönshausen zu gehen, um sich dort als Veranstaltungsmeister selbständig zu machen. Ohne die vorbeugende ‚Sicherheitsmaßnahme' der Namensänderung war es immerhin möglich, dass sich der Eine oder Andere beim Namen Weynreich an seine damalige Insolvenz erinnern könnte. So meldete er dann, nur wenige Wochen später, eine Firma mit dem Namen ‚Nelm Soundrevolution GmbH' bei den Lönshausener Behörden an. Da sich seine nächste Konkurrenz im mehr als 60 km entfernten Hamburg befand, liefen die Geschäfte auch wirklich gut an. Schon bald hatte er drei LKWs am Laufen und trotz seiner inzwischen zwölf Mitarbeiter war die Arbeit oft kaum zu schaffen.

Auch seine Ehe mit Ayana lief, nach islamischem Verständnis, ziemlich gut. Die streng-gläubige Muslima ordnete sich ihrem Mann pflichtgemäß bereitwillig unter und betete sehr viel – nicht nur die fünf täglichen Pflichtgebete, sondern auch noch für viele andere Sachen. Klaus versuchte täglich den Spagat zwischen ‚erfolgreicher Unternehmer‘ und ‚Muslim wider Willen‘ hinzukriegen. Einerseits genoss er seine Rechte als muslimischer Ehemann ohne viel darüber nachzudenken – andererseits wollte er sich nicht an die vielen Vorschriften des Korans und die ständige Beterei gewöhnen. Immer, wenn er in solchen Situationen daran erinnerte wurde, dass er eigentlich einmal eine völlig andere Lebensplanung hatte, stieg Zorn in ihm auf. Ein Zorn, der ihn immer wieder an diese eine, große Fehlentscheidung erinnerte, durch die er ganz offensichtlich sein Selbstbestimmungsrecht an den Teufel verkauft hatte. Je mehr er darüber nachdachte, desto klarer wurde ihm, dass der Islam die Männer ganz offensichtlich nur zu einem Zweck über die Frauen stellte, nämlich um sie der Religion hörig zu machen. In diesem perfiden System ist auch der Mann nur ein armer Untertan Allahs, der sich bedingungslos vor ihm und seinem Botschafter, dem Propheten, beugen muss. Indem der Mann außerhalb seines Hauses versklavt- und in ein ‚Nichts‘ verwandelt wird, in den eigenen vier Wänden aber ‚Pascha‘ sein darf, wird er dazu gebracht, die Unterdrückung der Frau bereitwillig zu akzeptieren. Klaus war bewusst, dass genau diese Vorschriften die Männer entmenschlichten und degradierten. Wenn er sich dann vor Augen führte, dass er eigentlich mit dem Islam nichts mehr zu tun haben wollte und dieses ganze Theater nur spielte, weil man ihn massiv bedroht hatte, kochte seine innere Erregung noch weiter hoch. Manchmal glaubte er in solchen Situationen platzen zu müssen. Er war unfähig, diese Empörung in Worte zu fassen und auf einer rationalen Ebene zu verarbeiten. Ganz besonders die Vorschrift mit den vielen Pflichtgebeten empfand er als echte Belastung, zumal er tagtäglich, durch seine folgsam betende Ayana, an den eigenen Ungehorsam erinnert wurde. Das wiederum verstärkte seltsamerweise die ablehnende Haltung noch mehr, weil er sich dann immer wieder an seine Kindheit denken musste, in der die Anweisungen und Vorschriften der Eltern auch meist mit Gewalt durchgesetzt- und erzwungen wurden.

Neulich hatte er versucht, mit Ayana ein ernsthaftes Gespräch über dieses Thema zu führen und sagte ihr:

„Wenn die Menschen nicht aus freien Stücken beten wollen, weil sie weder den Gott der Bibel, noch Allah kennen, sollte niemand das Recht haben, sie mit Gewalt dazu zu zwingen."

Das war seine ehrliche Meinung, die er freilich gegenüber seinen muslimischen Glaubensbrüdern schön für sich behielt. Seine Frau ging auf diese, für sie, frevlerische Aussage mit keinem Wort ein, als sie belehrend erwiderte:

„Abdullah – denk nicht, dass Allah – gepriesen und erhaben ist er – unsere Gebete nötig hat. Wir brauchen das Gebet und wir brauchen seine Barmherzigkeit. Der Gelehrte Abu l-Qassim[48] hat gesagt, ich bin bekümmert über jenen, der nicht betet, wie Allah – gepriesen und erhaben ist er – es ihm geboten hat..."

---

[48] **Abu l-Qasim al-Khoei**, auch Abul Kassem al-Khoei, geb. 19.11. 1899 in Khoy, Iran; gest. 8. August 1992 in Kufa, Irak; war ein Großajatollah.

Klaus platze der Kragen!

„Ich möchte nicht, dass du mich belehrst! Ich bete, wenn ich es für richtig halte! Das ist ´ne Sache zwischen Allah und mir! Dich geht das nichts an! Geh! Verschwinde!“

In scharfem Ton hatte er Ayana unterbrochen, die daraufhin sofort gehorchte und mit gesenktem Blick den Raum verließ. Sie ging ins Nebenzimmer, rezitierte einige Koranverse und fing an, für ihren Ehemann zu diesem Allah zu beten.

Klaus beruhigte sich schnell wieder, weil er sich einredete, dass es doch eigentlich eine tolle Sache war, wie ‚sein Mädel spurte'. Da gab es kein Rumschreien mehr, kein Auflehnen, keinerlei Diskussionen. Selbst im Bett war sie eine unterwürfige Gespielin, die all seinen Wünschen – selbst den ausgefallensten – zu Willen war. Seine Ayana war, in jeder Beziehung, eine folgsame Muslima. Dass sie vor dem Sex allerdings immer „Bismillaahir Rah'maanir Rah'eem“ rief, was so viel wie „Im Namen Allahs, des Gnädigen, des Barmherzigen“ bedeutet, hatte ihn anfangs schon ein wenig irritiert. Inzwischen überhörte er einfach, dass sie ausschließlich im Namen ihres Gottes mit ihm vögelte. So hatte er sich erschreckend schnell daran gewöhnt, daheim wie ein Pascha zu herrschen. Das Einzige, was ihm wirklich schwer zu schaffen machte, war, dass er sich in der Gesamtsituation letztendlich genauso beschissen fühlte, wie damals zuhause bei den Eltern. Wieder einmal wanderten seine Gedanken zurück in diese längst vergessen geglaubte Zeit…

Von Idioten und Weihnachtsbäumen

Das war schon ´ne seltsame Familie, aus der er da stammte. Immer wieder sah er seine meist missgelaunte und häufig herumschreiende Mutter Heidemarie vor sich. Eine ziemlich bösartige Frau. Immer zog sie über irgendjemanden her, der zu doof, zu frech, zu nuttig oder zu reich war. Sie war fest davon überzeugt, dass ihr niemand aus unserem Wohnviertel ‚das Wasser reichen konnte'. Sie sprach es zwar nie direkt aus, doch sie ließ jeden spüren, dass sie glaubte, eigentlich ‚etwas Besseres' verdient zu haben, als ihr Dasein als Frau eines Lastwagenfahrers zu fristen.

Bis zu seinem siebzehnten Lebensjahr konnte Klaus sich an keinen Tag erinnern, an dem sie ihn nicht geschlagen hätte. Immer schlug sie ins Gesicht! Nicht nur ihn – nein, nein – auch die Geschwister. Immer ins Gesicht! Tag für Tag! Was war das nur für eine Mutter gewesen?

Und der Vater? In den Augen seiner Frau ein Versager! In den Augen seiner Kinder ein Schlappschwanz und Feigling.

Und Vater Karl selbst? Er fühlte sich wohl als ein Verlierer, den das Leben ordentlich beschissen hatte. Klaus schloss seine Augen. Es war wirklich unglaublich, was er damals alles mitgemacht hatte…

Er war vier Jahre alt und die Familie war inzwischen aus der Kellerwohnung in der Güterbahnhofstraße ins Dachgeschoss eines alten, viergeschossigen Backsteingebäudes, in der unmittelbaren Nachbarschaft umgezogen. Die Wohnsituation hatte sich entspannt; seine Mutter Heidemarie allerdings nicht. Sie ohrfeigte- und quälte ihre Kinder nach wie vor. Tag für Tag.

Was war das doch für eine bewegte Zeit gewesen? Der Zweite Weltkrieg war gerade mal zwölf Jahre vorbei. Das Saarland kam wieder zur Bundesrepublik und die ersten Wehrpflichtigen, der zwei Jahre zuvor neu gegründeten Bundeswehr, rückten in die Kasernen ein. Frankreich, die Niederlande, Belgien und Luxemburg hatten mit ihren ehemaligen Kriegsgegnern Deutschland und Italien die Europäische Wirtschaftsgemeinschaft EWG[49] gegründet. Das Gesetz über die Gleichberechtigung von Mann und Frau war in Kraft getreten. Die Sowjetunion startete ihren ersten Sputnik ins Weltall und schockierte damit den Westen. Ganz Deutschland sprach über den Mord an der Frankfurter Prostituierten Rosemarie Nitribitt, der Beziehungen bis in die höchsten Kreise von Wirtschaft und Politik nachgesagt wurden.

---

[49] **EWG** (Europäische Wirtschaftsgemeinschaft) war der ursprüngliche Name eines Zusammenschlusses europäischer Staaten zur Förderung der gemeinsamen Wirtschaftspolitik im Rahmen der europäischen Integration. Am 25. März 1957 wurde die EWG mit der Unterzeichnung der Römischen Verträge gegründet.

Oma Kläre sah schon damals den Verfall aller christlichen Werte und wetterte gegen ‚das Lumpenpack' in der Politik, denen nichts mehr heilig sei und die alle in ein Arbeitslager gehörten. Man könne ‚bis zur Vergasung' [50] warten, wenn man von denen etwas Vernünftiges erhoffen würde. Ja, ja – mit Vergasungen hatten viele Deutsche aus Omas Generation ganz offensichtlich keine großen Probleme.

Seine Gedanken begannen ums Weihnachtsfest zu kreisen. Das ‚Fest der Liebe', wie sie immer sagten. Diesmal umspielte ein Lächeln seinen Mund, das weder ‚nur liebevoll'- noch ‚nur spöttisch' war. Oma Kläre hatte immer wieder versucht, ihm diese Geschichte mit dem Jesuskind nahezubringen. Von seinen Eltern gab es allerdings keinerlei religiöse Erklärungen zu diesem Thema, sondern es hieß nur lapidar:

„Zu Weihnachten kommt das Christkind und bringt den artigen Kindern Geschenke."

Genau! Bei Klaus kam nie der Weihnachtsmann, wie bei seinen Freunden – es kam immer ‚nur' das Christkind. Und immer meinte er, das Christkind sei ein erwachsener Mann. So eine Art Geschenkelieferant, dessen Name eben ‚Christkind' sei. Nie hatte er dieses sogenannte Christkind mit dem Baby in Verbindung ge-

[50] Die umgangssprachliche Redewendung **„bis zur Vergasung"** soll in der Regel ausdrücken, dass man „einer Sache so überdrüssig ist, dass man sich lieber durch Giftgas töten ließe". Sie kam kurz nach dem Ersten Weltkrieg auf und wurde zunächst vor allem von Soldaten, Schülern und Studenten verwendet.
Im Hinblick auf den Holocaust ist der Gebrauch der Redewendung in heutiger Zeit ein Tabu. Vereinzelt wird sie jedoch trotzdem, meist aus Unbedachtheit, noch verwendet.

bracht, dessen Name Jesus Christus ist und dass irgendwo, in einem fernen Land, in einem Futtertrog für Tiere gelegen hatte. Oma Kläre hatte ihm erklärt, dass dieses Kind auch für ihn geboren worden sei. Es hätte ihn – den Klaus – ganz schrecklich lieb, sagte sie immer. So ein Quatsch. Es gab niemanden, der ihn wirklich lieb hatte. Wie überhaupt sollte ihn ein Baby – ein fremdes noch dazu – gerade ihn lieben können? Nicht einmal seine Eltern, die ja schließlich erwachsen waren, liebten ihn. Diese Geschichte mit dem Baby aus Betlehem hatte er nie wirklich verstanden und schon gar nicht geglaubt.

Der Heilige Abend lief eigentlich jedes Jahr gleich ab, deshalb mochte er diesen Tag auch nicht sonderlich. Zwar gab es abends immer Geschenke und Süßigkeiten, doch trotzdem war das in der Regel ein Scheiß-Tag. Vormittags holte der Vater den Weihnachtsbaum aus dem Schuppen herein und stellte ihn auf. Grundsätzlich begann Mutter Heidemarie bösartig zu nörgeln:

„Das ist doch kein Weihnachtsbaum! Der ist ja völlig schief gewachsen! Was hast du dir denn da wieder andrehen lassen, du Idiot! Du bist doch tatsächlich zu dämlich, einen vernünftigen Christbaum zu besorgen!“

Vater Karl verhielt sich angesichts ihrer Schimpf-Tiraden meist passiv ruhig, um seine Frau nicht noch zusätzlich zu provozieren. Irgendwann verschwand die Mutter schließlich wieder in der Küche, wo die beiden älteren Schwestern von Klaus beim Vorbereiten des Festessens helfen mussten. Die mussten sich dann allerdings anhören, was für ein Blödmann ihr Erzeuger war und dass sie – die beiden Mädchen – selbst eine Menge vom Vater in sich tragen würden. Die beiden taten Klaus immer ziemlich leid, weil jeder wusste, dass der Mutter nur zu leicht die Hand ausrutschte und bei der geringsten Kleinigkeit im Gesicht der Töchter landete. Da hatte er es schon besser. Er durfte dem Vater und seinem großen Bruder Georg beim Schmücken des Christbaumes helfen. Das verlief für Klaus selbst meist friedlich und gefahrlos.

Für seinen großen Bruder sah die Sache allerdings schon wieder ganz anders aus: Zwischen ihm und dem Vater war im Laufe der Jahre so etwas wie eine heimliche Feindschaft entstanden. Wahrscheinlich, weil Georg Mutters Liebling war und immer von ihr in Schutz genommen wurde. Diese Tatsache führte später sogar dazu, dass der Alte den geliebten großen Bruder in ein sogenanntes ‚Erziehungsheim'[51]abschob, in dem der dann fürchterliche Dinge erleben musste. Später, als Erwachsener, hatte sich Georg mit Klaus einmal darüber unterhalten. Niemals hatte der Große seinem Vater die ‚Abschiebung in die Anstalt' – wie er immer voller Verachtung sagte – vergeben können. So bekam der Bruder damals also erheblich häufiger Prügel vom Vater, als Klaus und die anderen Geschwister – und dabei stand eines fest: Wenn der Alte jemandem ‚eine langte', hatte das eine deutlich andere Qualität, als ‚die Watschen' von der Mutter.

[51] **Erziehungsheim** - Erniedrigung, Prügel und Missbrauch gehörten in vielen Kinderheimen der jungen Bundesrepublik zum Alltag. (Quelle: ‚Die Welt' vom 7.11.2009 – „Die Gewaltherrschaft in deutschen Kinderheimen")

Meist gegen Mittag war dann der Christbaum fertig geschmückt und es gab, wie jedes Jahr, Mutter Heidemaries berühmt-berüchtigte Erbswurst-Suppe mit angebratenen Weißbrotstückchen.

„Eine leichte Zwischenmahlzeit", wie sie sagte, damit der Magen nicht so belastet würde und man abends, nach dem gemeinsamen Kirchbesuch, ordentlich von der frischen schlesischen Weißwurst reinhauen konnte. Die wurde alljährlich am Heiligen Abend und an Silvester mit Salzkartoffeln, Sauerkraut und brauner Butter serviert. Allerdings konnte man auch ziemlich sicher sein, dass es jedes Jahr aufs Neue – meistens am Nachmittag – fürchterlichen Stress zwischen den Eltern gab. Mutter Heidemarie stichelte, nörgelte, meckerte und schimpfte solange mit ihrem Mann, bis der irgendwann genervt und Türen knallend mit einer Bemerkung wie:

„Wisst ihr was? Ihr könnt mich alle mal am Arsch lecken!"

oder

„Halt doch endlich deine Fresse, du blöde Kuh!"

die Wohnung verließ, um für einige Stunden bei einem Nachbarn zu verschwinden. Klaus und seine Geschwister verzogen sich dann meistens umgehend ins Kinderzimmer und verhielten sich dort mucksmäuschenstill, um ja nicht die Aufmerksamkeit der zornigen Mutter auf sich zu ziehen. Sie übten dann nochmal vorsorglich die Texte aller Weihnachtslieder, die für gewöhnlich unterm Christbaum gesungen werden mussten. Es war sehr wichtig, dass sie diese Texte fehlerlos beherrschten, denn wenn es abends, beim Singen, Text-Aussetzer gab, bekamen sie auch am Fest der Liebe ihre Dresche. Jesu Geburtstag hin oder her – derartige Nachlässigkeiten konnten die Eltern nicht einfach durchgehen lassen und sie wurden entsprechend bestraft!

Am späten Nachmittag gegen 16 Uhr war es dann soweit. Alle zogen ihre besten Klamotten- und die auf Hochglanz polierten Schuhe an, denn es war Zeit für den Gottesdienst. Am Heiligen Abend gehörte es sich, in den Weihnachtsgottesdienst zu gehen. Schon allein wegen der Leute. Trotzdem war es immer irgendwie etwas Besonderes für Klaus und die Geschwister, denn sonst gingen sie das ganze Jahr über nie in die Kirche.

Vater Karl stammte nachweislich aus einer angesehenen, evangelisch-lutherischen Familie der niederschlesischen Kleinstadt Striegau; Mutter Heidemarie dagegen war angeblich ein armes, katholisches Waisenkind. So war es kein Thema, dass Klaus und seine Geschwister als ‚evangelisch-lutherische Christen' aufwachsen sollten. Die angeblich katholische Mutter wollte allerdings mit ‚der Kirche' nie etwas zu tun haben. Nie sah man sie das Kreuz schlagen, nie ging sie jemals zur Beichte, nie erzählte sie ihren Kindern etwas über den Glauben. Immer wurde Ostern als ‚Osterhasen- und Eierfest' gefeiert. Selbst das Pfingstfest hatte für sie scheinbar keinerlei Bedeutung, außer dass man frei hatte und mit den überlebenden Onkels und Tanten väterlicherseits zum Saufen zusammenkam.

„Über Kirche und Politik sprechen wir in dieser Familie nicht. Das gibt immer nur Ärger!“, war einer ihrer Standartsprüche, wenn sie derartige Gespräche in ihrer Gegenwart unterbinden wollte.

So schien der gemeinsame Gottesdienstbesuch am Heiligen Abend tatsächlich eine echte Herausforderung für die Mutter zu sein. Klaus war das egal, denn wenn er sie erstmal in ihrem Kostüm, mit Hut und Handtäschchen auf der Kirchenbank sitzen sah, war er nur froh, dass sie hier, im ‚Hause Gottes‘, nicht meckern und schlagen konnte. Sie musste, wegen der vielen Leute, einfach nur ihre Klappe halten. Das war echt super!

Auch, wenn er mit diesem ganzen frommen Getue nichts anfangen konnte und nicht genau wusste, ob es Blödsinn war, oder ob er es nur nicht verstand, fand er die Lieder, die im Gottesdienst gesungen wurden und die Geschichte mit den drei Königen, die dem Baby im Stall wertvolle Geschenke brachten, doch immer wieder irgendwie schön. Auch wenn dieser kleine Jesus jetzt noch nichts mit all dem Gold und den anderen Sachen anfangen konnte, so wäre er doch später, wenn er erstmal groß war, ziemlich fein raus. Das war schon toll. So was müsste ihm auch mal passieren. Nach dem Gottesdienst stand der Pastor dann immer am Ausgang und gab jedem Erwachsenem die Hand, um „Frohe Weihnachten und schöne Feiertage“ zu wünschen. Sogar ihm – dem Klaus – tätschelte er beim Vorbeigehen den Kopf.

Wieder zuhause, deckten seine beiden Schwestern den Tisch für das nun unmittelbar bevorstehende Festessen.

Auf einer weißen, frisch gebügelten Tischdecke, wurde das gute Geschirr mit dem Goldrand hingestellt. Dazu kam das Silberbesteck, welches die Kinder in den vergangenen Tagen für diesen Anlass hatten polieren müssen. Dann war es endlich soweit und die großen Schüsseln mit den Salzkartoffeln, dem Sauerkraut, der zerlassenen, braunen Butter sowie zwei Vorlegeplatten mit weißen und braunen Würstchen wurden herein gebracht. Klaus mochte die weißen lieber, als die braunen und stopfte immer mindestens vier Stück in sich hinein. Zum Nachtisch gab es jedes Mal wahlweise eingemachte[52] Erdbeeren, die meist gräulich-matschig aussahen und Pfirsiche, die man tatsächlich noch gut als solche erkennen konnte. Dazu tranken sie Weihnachtspunsch – für die Kinder natürlich ohne Alkohol. Die Eltern schütteten sich allerdings immer nachträglich noch einen ordentlichen Schuss Rum hinein. „Drehzahlbeschleuniger" nannte sein Vater das immer grinsend. Jetzt noch fix das obligatorische Gebet vor dem Essen:

„Komm Herr Jesus, sei unser Gast und segne, was du uns bescheret hast, Amen."

Das war´s! Dann wurde reingehauen! Natürlich hatten die Kinder im Laufe ihres jungen Lebens schnell begriffen, dass man während des Essens nicht reden durfte. Wer gegen diese Regel verstieß, musste mit einer Ohrfeige rechnen. So hörte man nur das Schlürfen und Schmatzen und ein gelegentliches lautes Rülpsen der

---

[52] **Einmachen**, Einkochen, Eindünsten ist eine physikalische Methode, Lebensmittel durch Erhitzen und Luftabschluss zu konservieren.

Mutter, die dann immer „oh Entschuldigung" zu sagen pflegte. Er fand das ekelhaft. Wenn ein Mann rülpste, war das etwas anderes, aber eine Frau? Und dann noch die eigene Mutter? Einfach ekelhaft!

Die Geschwister hatten irgendwann angefangen, die Mutti – wenn sie unter sich waren – nur noch ‚die Alte' zu nennen. Sie war für ihre Kinder keine Mutter, die man liebte – sie war eben ‚die Alte', ein übermächtiger Feind, vor dem man immer auf der Hut sein musste.

Alte Hure, kleine Nutte

Klaus war 1962 gerade neun Jahre alt, als Spiegel-Affäre[53] und Kuba-Krise[54] die Menschen bewegten. Der britische Schriftsteller und Drehbuchautor Francis Durbridge hatte damals mit seinem sechsteiligen Fernsehkrimi ‚Das Halstuch' den Begriff ‚Straßenfeger' geschaffen, denn an den sechs Sendetagen war das öffentliche Leben in der Bundesrepublik beinahe lahmgelegt: Theater, Kinos, Volkshochschulen und so weiter fanden praktisch kein Publikum und in einigen Fabriken fielen sogar Nachtschichten aus, weil die Nation vor den Fernsehgeräten saß. Auch seine Eltern hatten sich inzwischen eine Flimmerkiste[55] angeschafft. Es gab damals allerdings nur ein einziges Programm und das auch nur in Schwarzweiß. Selbstverständlich durften er und seine älteren Geschwister das Abendprogramm nicht ansehen. Das war nur etwas für Erwachsene und die Alten wollten ihre

[53] Die **Spiegel-Affäre** 1962 war eine politische Affäre in der Bundesrepublik Deutschland, bei der sich Mitarbeiter des Nachrichtenmagazins *Der Spiegel* aufgrund eines kritischen Artikels der Strafverfolgung wegen angeblichen Landesverrats ausgesetzt sahen.

[54] Die **Kubakrise** im Oktober 1962 war eine Konfrontation zwischen den USA und der Sowjetunion, die sich aus der Stationierung sowjetischer Mittelstreckenraketen auf Kuba entwickelte. Erstmals wurden die ungeheuren Gefahren eines möglichen Atomkrieges einer breiten Öffentlichkeit bewusst.

[55] **Flimmerkiste** - In Anspielung auf das bei Einführung des Fernsehens anfangs noch leicht wahrnehmbare Flimmern der bewegten Bilder wird der Fernsehapparat umgangssprachlich oft auch als *Flimmerkiste* bezeichnet.

Ruhe haben, wenn um 20 Uhr die Tagesschau begann. Falls Klaus und seine Geschwister es nicht schafften, mit Abwasch, Schuhe putzen und Aufräumen pünktlich fertig zu werden, um dann rechtzeitig im Kinderzimmer zu verschwinden, gab es garantiert Ärger mit der Alten. Das war allerdings für keinen von ihnen etwas Besonderes. Sie hatten sich längst daran gewöhnt, denn Schläge und Beschimpfungen gehörten zu ihrem Tagesablauf, wie das Frühstück oder das Abendessen. Sie fand sowieso immer irgendetwas, dass ihr Missfallen erregte und Anlass für körperliche Attacken gab. Ein Tag, an dem sie mal nicht herumschrie oder ihre Kinder mit Schlägen traktierte, fiel da schon eher auf.

Klaus erinnerte sich, dass er – wenn er sich mittags auf dem Heimweg von der Schule nur um wenige Minuten verspätete – mit Geschrei und Ohrfeigen von ihr empfangen wurde. Wie gesagt – das war nichts Außergewöhnliches. Wenn er allerdings tatsächlich mal was ausgefressen hatte – was gelegentlich auch vorkam – und seine Prügel dafür postwendend von ihr bezogen hatte, beruhigte sie sich danach meist schnell wieder. Oft lag sie dann nachmittags auf der Couch und wenn sie sich unbeobachtet fühlte, las sie stundenlang in einem ihrer zahlreichen Groschenhefte[56]. Bemerkte sie dabei, dass jemand in den Raum kam, verschwand die Lektüre blitzartig in der Polsterritze des Sofas und sie begann zu

[56] **Groschenheft** (auch Groschenroman oder Heftroman genannt) bezeichnet eine Form der Trivialliteratur. Es handelt sich um Romane im Format DIN A5, die in preisgünstiger Heftform in hohen Auflagen veröffentlicht wurden und als billige Konsumware gedacht waren. Die Bezeichnung Groschenhefte und Groschenroman stammt aus einer Zeit, in der sie einen oder mehrere Groschen kosteten. Heute kosten in Heftform publizierte Romane zwischen ein und fünf Euro.

stöhnen, wie schlecht es ihr gehen würde und dass sie so unsagbare Schmerzen habe.

Alle wussten, dass das nur eine Masche von ihr war, um zu rechtfertigen, dass sie mitten am Tage nicht arbeitete, sondern auf dem Sofa herumlag.

„Die Alte stirbt wieder“, flüsterten sich die Geschwister dann meist heimlich zu, bevor sie ihr für gewöhnlich ihre Schmerztropfen bringen mussten. Sobald sie sich allerdings wieder allein im Zimmer wähnte, schienen alle Schmerzen wie weggeblasen zu sein und sie kramte ihren Liebes-Roman aus der Sofaritze hervor, um weiterzulesen. Klaus genoss diese Zeiten, denn dann herrschte angenehme Ruhe in der Wohnung. Dann konnte er von Abenteuern im Urwald träumen, Bilder von kämpfenden Urzeitungeheuern malen oder mit den Legosteinen Autos und Häuser bauen. Manchmal besuchte ihn dann sogar Andreas, der gleichaltrige Nachbarsjunge, um gemeinsam mit ihm zu spielen.

Wenn dann an solch einem Tag, an dem Klaus tatsächlich etwas ausgefressen- und dafür bereits eine Tracht Prügel von der Alten bekommen hatte – wenn also an solch einem Tag der Abend nahte, war es vorbei mit diesem Frieden; vorbei mit Träumen und Spielen. Sobald die Alte mitbekam, dass ihr ‚Göttergatte‘ von der Arbeit kommend, über die Treppe heraufpolterte, fing sie an, die Geschichte vom Mittag – für die man ja bereits Prügel von ihr bezogen hatte – aufzuwärmen. Sie zeterte und schimpfte sich erneut so in Rage, dass sie dann, wenn ihr Karl zur Wohnungstür hereinkam, bereits wieder auf ‚Betriebstemperatur' war. Dann ging es erst richtig los! Sie meckerte und hetzte solange über seine ‚Panzen'[57], bis der Vater endlich die Schnauze voll hatte und aktiv wurde. Um seiner Ruhe willen kam dieser dann in der Regel ins Kinderzimmer und nahm sich das betreffende, völlig verängstigte Kind nochmal vor. Das bedeutete im Regelfall: Hosen runter, bücken und dann schlug er mindestens fünfmal mit einem alten Wehrmachtskoppel auf den nackten Kinderarsch. Nur, wenn er sich Georg vornahm, der bekam immer zehn. Klaus hasste den Alten dafür!

Nie hatte sich dieser Mann jemals schützend vor seine Kinder gestellt und die Alte in ihre Schranken gewiesen. Niemals hatte er Klaus je gesagt, dass er ihn liebhabe. Zu keiner Zeit hatte er ihn je in den Arm genommen. Dabei wünschte sich der Junge das doch so sehr. Ok, er hatte ihn gelegentlich – meist in den Schulferien – auf eine Tagestour im LKW seines Chefs mitgenommen. Diese Tage genoss Klaus immer sehr, denn niemand schrie ihn an; niemand schlug ihn. Manchmal machte der Alte dann sogar einen kleinen Scherz und lachte. Ja, das fand Klaus wirklich schön. Die Alte gab ihm dann immer eine kleine Dose mit belegten Broten und eine Thermoskanne mit Caro-Kaffee, die er mitnehmen durfte. Gern erinnerte er sich an diese seltenen Momente, wenn er mit seinem Vater irgendwo am Rand einer Landstraße Pause machte.

[57] Panzen / Panz bedeutet zunächst „Pansen" oder „Bauch" (vor allem ein wohlgenährter). In der Vergangenheit hatte das Wort einen negativen Beiklang als „Kinder, die auf Essen gierig sind", „Kinder, die schlecht erzogen u. deshalb unleidlich sind"; nur in derber Sprache nutzte man es als Ausdruck für Kinder überhaupt.

Dann fühlte er sich ihm ganz nahe und glaubte wirklich, dass sein Vater ihn liebhatte. Das waren die seltenen Edelsteine in seinem, sonst eher tristen und von häuslicher Gewalt gekennzeichneten, Leben. Dann mochte er diesen Mann und redete sich in solchen Augenblicken ein, dass die Schläge, die er gelegentlich von ihm bekam, eigentlich die Alte zu verantworten hatte, die den ‚armen Vati' ja immer irgendwie aufhetzte.

Klaus war sich ganz sicher, dass seine Mutter ihn niemals gewollt- und geliebt hatte. Dass er nur ein bedauernswerter ‚Betriebsunfall' gewesen sei, den sie eigentlich wegmachen lassen wollte, erzählte sie irgendwann einmal im Suff, während einer dieser seltenen Familienfeiern. Ja – das hatte ihn damals ziemlich getroffen! Er war sieben Jahre alt und nachdem die Alte mit seinem Onkel einige Biere getrunken hatte und er nicht schnell genug den Nachschub aus der Küche herangeschaffte, packte sie ihn am Arm, hielt ihn fest und sagte lachend zu Onkel Paul:

„Dieser kleine Scheißer hier ist sogar zu blöd zum Bierholen. Das Balg war sowieso bloß ´n Betriebsunfall. Ich wollte ihn ja damals wegmachen lassen, aber mein Karl meinte in seiner Großherzigkeit, dass, wo fünf satt werden, auch der Sechste nicht verhungert. Ist schon ´n echter Heiliger, dein Bruder."

Die beiden lachten laut. Selbst der Alte, der die Gemeinheit seiner Frau gehört hatte, verkniff sich das Lachen nicht. Was für ein jämmerliches Arschloch!

Als sie Klaus dann endlich losließ, rannte der raus in die Küche und seine Tränen ergossen sich in wahren Sturzbächen über das kleine Gesicht. Wenn sie ihn schon nicht liebhatte, musste sie das doch nicht vor allen erzählen! Er beruhigte sich erst wieder, als sein großer Bruder Georg hinterher kam und ihn in den Arm nahm. Mit der Lüge, dass es die Alte nicht so meinen- und so einen Quatsch nur erzählen würde, weil sie besoffen sei, versuchte er ihn zu trösten.

Der Lohn der Ungläubigen

Plötzlich wurde er von einem „Hi Klaus“ aus seinen Erinnerungen an die Kindheit herausgerissen und in die Gegenwart zurückgeholt. Noch immer saß er auf dem seitlichen Treppenaufgang der mobilen Freiluftbühne, die seine Männer für das geplante, abendliche Public Viewing aufgebaut hatten.

„Was is´ ´n los?“ versuchte er sich zu orientieren.

„Hi Klaus! Deine Leute lassen dir sagen, dass der Typ von der Gewerbeaufsicht in einer Stunde kommt und dass der Heini vom TÜV inzwischen wieder weg ist. Er hatte nichts zu beanstanden.“

Reiner war der Chef der Tonfritzen. Ein ziemlich arrogantes Arschloch und ein Weiberheld, wie Klaus meinte. Der gut durchtrainierte Modellathlet reichte ihm eine Flasche Wasser und wischte sich den Schweiß von der Stirn – genau wie dieser Typ aus der Cola-Werbung, den die Frauen so anhimmelten.

„Ganz schön heiß heute“, sagte der aufgeblasene Gockel, als zwei junge Frauen an ihnen vorbeigingen und er dabei in lasziver Pose in den Himmel starrte. Nach einer kurzen Pause wandte er sich wieder zu Klaus und fuhr fort:

„Deine Jungs haben soweit alles fertig. Wir machen gleich noch den Soundcheck und dann kann's von mir aus losgehen. Du weißt schon, Weiber, Weiber! Kommst du auch zum Feiern, oder musst du etwa wieder zu deinem neuen Freund Allah beten?"

Lachend wartete er auf eine Antwort. Genau das war es! Genau diese Art der Respektlosigkeit, das war es, was Klaus so wütend machte! Er musste sich sehr beherrschen, um diesem, nur ans Rammeln denkenden Jüngling nicht eins in die Fresse zu hauen. Doch Klaus hielt sich zurück. Erstens wollte er die vorbereitete Aktion nicht durch eine unüberlegte Handlung gefährden und Zweitens war dieser verfickte Weiberheld in ein paar Stunden sowieso Geschichte. Er setzte ein freundliches Lächeln auf und sagte zu ihm:

„Du, ich muss noch einige Dinge für heute Abend bedenken. Sei mir nicht böse, Reiner, aber es wäre echt nett, wenn du mich noch ein wenig arbeiten lassen könntest."

„Schon verstanden, mein Scheich!" Reiner drehte sich grinsend um und wollte gehen.

„Wichser", murmelte Klaus vor sich hin, was dazu führte, dass Reiner abrupt stoppte, den Kopf herumriss und provozierend fragte:

„Wie bitte?"

„Is´ nichts, Reiner. Ich sagte nur *Drixer*“, entschärfte Klaus geistesgegenwärtig die Situation, „ich muss den Drixer vom Bauamt anrufen. Ich muss mit dem unbedingt noch was klären.“

„Ach so, den Drixer. Na dann ist ja gut. Hatte was anderes verstanden. Na denn – bis später, Abdullah!“

Laut lachend machte sich der Blödmann davon. Klaus kochte innerlich. Woher wusste dieser dämliche Flachpass seinen arabischen Namen? Nur wenige Eingeweihte und die Leute aus der Moschee kannten ihn. Er hatte extra mit seiner Konvertierung zum Islam keine große Reklame gemacht, um als vertrauter Unternehmer die Aufträge der Stadt auch in Zukunft zu bekommen. Wie sich heute zeigte, war das auch sehr klug und richtig. Wie sonst hätte er eine solche Menge Sprengstoff mitten unter zehntausend Leute schaffen sollen? Der unbeliebte Tonfritze war bereits einige Meter gegangen, als Klaus die VIP-Karte einfiel, die er für diesen Trottel in der Tasche hatte. Er rief ihm hinterher:

„Mensch Reiner – fast hätte ich vergessen, dir deine VIP-Karte für das Fußballspiel zu geben. Wir arbeiten nun schon solange mit dir zusammen, dass ich mir dachte, du hättest es verdient, heute Abend im VIP-Zelt zu sitzen.“

Reiner stoppte und drehte sich um:

„Du willst mich verarschen – stimmt ´s?“

„Nein – ich meine es ernst!“ Klaus hielt ihm eine Eintrittskarte für das VIP-Zelt entgegen. „Es würde mich wirklich sehr freuen, wenn du heute Abend auch im Zelt sein könntest. Du wirst mit unserem OB und dem Ministerpräsidenten an einem Tisch sitzen. Das ist doch was, oder?“

Der Angesprochene kam die paar Schritte zurück und nahm – von der ihm zuteilwerdenden Ehre sichtlich gerührt und völlig ahnungslos – seinen Freifahrtschein in den Tod in Empfang.

„Freue mich wirklich, dass du dabei bist“, sagte Klaus ungerührt, während er die ihm von Reiner entgegengestreckte Hand des Dankes nahm und sich bemühte, seine Worte ohne jeden sarkastischen Unterton zu sprechen. Dann stand er auf, verabschiedete sich mit einem leichten Schulterklopfen von dem, soeben zum sicheren Tode verurteilten, Tonmann und ging die paar Schritte von der Altstadttor-Bühne zu seinem Land Rover hinüber. Er setzte sich in das luxuriöse Fahrzeug und startete den Motor. Die Klimaanlage schaffte sehr schnell eine angenehme, behagliche Atmosphäre. Vorsichtig öffnete er das Handschuhfach einen kleinen Spalt, um sich zu vergewissern, dass das Handy noch dort lag, wo er es deponiert hatte. Alles war in Ordnung. Heute Abend würde er mit diesem kleinen Ding ein Inferno auslösen, wie es die Welt so noch nicht gesehen hatte.

„Und tötet sie, wo ihr sie zu fassen bekommt“, murmelte er vor sich hin. Genau! Solche respektlosen Penner wie dieser Reiner, dem nichts heilig war und der sich über alles und jeden erhob – über solche Typen sagte der Koran auch etwas. Wieder zog er sein iPhone hervor und gab in die Suchfunktion seiner Koran-Software ‚tötet sie' ein. Augenblicke später erschien Vers 191 der Sure 2 auf dem kleinen Display:

„Und tötet sie, wo ihr sie zu fassen bekommt, und vertreibt sie, von wo sie euch vertrieben haben!"

Genau! Das war der Lohn für dieses arrogante Arschloch. Für ihn und all die anderen ungläubigen Penner. Und es gab keinen Grund, irgendwelche Skrupel zu bekommen, denn nach islamischer Theologie – anders als nach jüdischer und christlicher – gibt es keine generelle Eigenverantwortung des Menschen für sein Handeln. Eine Freiheit der Entscheidung – wie etwa beim biblischen Gott – hat Allah nicht vorgesehen. Folglich gelten alle Taten eines Muslims – auch seine Untaten – als gottgewollt. Ziemlich beruhigend! Er lehnte sich im Sitz zurück und schloss erneut die Augen. Doch statt geistiger Eindrücke der zu erwartenden Lönshausener Apokalypse, tauchten wieder diese Bilder aus seiner Kindheit auf. Sie waren sehr intensiv und zogen ihn sofort ganz in ihren Bann…

Stark wie Georg

Es war das Jahr 1963 und er sah sich, wie er als Zehnjähriger – genau wie viele seiner Klassenkameraden – ein glühender Verehrer von US-Präsident John F. Kennedy war. Der hatte gerade, während seines Berlin-Besuches, anlässlich des 15. Jahrestages der Berliner Luftbrücke, die legendären Worte „Ich bin ein Berliner" gesprochenen und damit die deutschen Herzen im Sturm erobert. Auch Klaus liebte diesen Mann, der sehr mächtig zu sein schien und trotzdem meistens freundlich lächelte, während er den Menschen zuwinkte. Manchmal verglich er diesen Kennedy mit seinen Eltern: Die erschienen ihm auch ziemlich mächtig, aber sie waren nie freundlich und lächelten nur selten.

Klaus hatte von seinem Bruder Georg, der den Kennedy genauso toll fand wie er, eine etwa 20 Zentimeter hohe, bronzefarbene Gipsbüste seines Idols geschenkt bekommen. Die hütete er wie einen Schatz. Ja – so wie dieser Ami hätte sein Vater sein sollen: Mächtig und nett; stark und freundlich. Klaus wusste nicht genau wieso, aber irgendwie stellte er sich heimlich vor, dass dieser Kennedy ihn kennen würde und ihn mochte. Er jedenfalls liebte diesen Mann abgöttisch.

Klaus erinnerte sich auch daran, dass zur selben Zeit Fernsehbilder von 250.000 begeisterten Demonstranten in Washington, unter denen mehr als 60.000 Weiße waren, um die Welt gingen. Damals, im August des Jahres 1963 war da so ein Schwarzer, der sich ohne Angst und ohne Gewalt für die Freiheit und Gleichheit der Menschen in seinem Land einsetzte. Das fand Klaus absolut faszinierend. Wieder einer, der sich – ganz anders als er es von seinen Eltern kannte – trotz seiner offensichtlichen Macht über zehntausende Menschen, gewaltfrei für seine Leute einsetzte. Das imponierte ihm ungemein. Bevor dieser Dr. Martin Luther King dann von weißen Rassisten in Memphis, USA, ermordet wurde, hielt er beim Marsch auf Washington seine berühmte Rede ‚I Have a Dream'.

Ja – auch Klaus hatte einen Traum! Bei ihm ging es allerdings nicht um die Gleichberechtigung zwischen schwarzen und weißen Menschen, sondern er träumte davon, so stark zu werden, wie sein Bruder Georg. Dann würde er sich nichts mehr gefallen lassen müssen. Wenn die Alte es dann noch einmal wagen sollte, seine Schwestern anzurühren, dann könnte er dazwischen gehen und die beiden vor ihren Attacken beschützen. Auch dem kleinen Bruder Norbert, der vor zwei Jahren in diese grässliche Familie hineingeboren worden war, könnte er dann helfen. Ja, für Norbert war Klaus nun selbst ein ‚großer Bruder' – so wie Georg für ihn. Dass er recht häufig auf den kleinen Schreihals aufpassen musste, störte ihn nur manchmal, wenn er lieber mit seinen Freunden unterwegs gewesen wäre.

Inzwischen war die Alte allerdings schon wieder schwanger und ging am 3. November 1963 zur Entbindung in die örtliche Frauenklinik. Drei Tage später kam dann seine kleine Schwester Silke zur Welt. Klaus erinnerte sich noch gut an diese Zeit, denn in dem kleinen Ort Lengede hatte sich am 24. Oktober ein Grubenunglück ereignet, das ganz Deutschland in Atem hielt. Genau an dem Tag, als die Alte zur Entbindung ging, hatte man noch einige, bereits tot geglaubte, Bergleute in einem Seitenstollen entdeckt. Klaus hatte mitbekommen, dass sich seine Mutter sehr für das dramatische Geschehen interessierte. Ihre Anteilnahme an dem Schicksal dieser Menschen berührte ihn irgendwie. Das war eine Seite der Alten, die er bisher noch nie kennengelernt hatte. War sie vielleicht doch nicht so hartherzig und böse, wie er immer glaubte?

Er hatte eine – wie er meinte – gute Idee. Er würde ihr eine Freude machen und die aktuellen Meldungen aus den Nachrichten täglich in Schönschrift in ein Schulschreibheft aufschreiben. Dieses Heft gab er dann dem Vater mit, wenn der nach Feierabend in die Klinik ging, um seine Frau zu besuchen. Das mit dem Heft war kein Kinderkram, denn damals gab es in den Krankenhäusern weder Radios, geschweige denn Fernsehgeräte. So waren das tatsächlich brandaktuelle Nachrichten, die sie von ihm täglich erhielt. Doch auch dieser Schrei nach Liebe verhallte ungehört in der trostlosen Leere der mütterlichen Gefühlswelt. Auch dieser Versuch, sich ein kleines bisschen ihrer Zuneigung zu erkaufen, scheiterte kläglich und brannte sich traumatisch in seine kleine Kinderseele ein.

In dieser Zeit herrschte daheim allerdings eine wohltuende Ruhe. Die Alte wurde von niemandem wirklich vermisst. Ihr Mann Karl war fast nie zuhause. Tagsüber war er als Kraftfahrer mit dem LKW unterwegs und abends kam er immer nur kurz, um sich zu waschen und umzuziehen. Dann besuchte er seine Frau in der Klinik – jedenfalls glaubte Klaus das. Wie er später erfuhr, stimmte das aber nur zum Teil, denn nach den kurzen Pflichtbesuchen bei der Alten, vögelte der Vater mit ´ner anderen Frau ´rum. Jeden Abend verbrachte er, während der Abwesenheit seiner Frau Heidemarie, bei dieser Schlampe. Klaus schüttelte sich angewidert. Der Vater hatte tatsächlich die Chuzpe[58], mit ´ner anderen rumzuficken, währen die Alte sein sechstes Kind gebar.

Natürlich flog die ganze Angelegenheit auf, nachdem die Alte mit dem Baby aus der Klinik gekommen war. Sie schien einen sechsten Sinn[59] dafür zu haben, wenn etwas gegen sie im Gange war. Am schlimmsten traf es in dieser Zeit die beiden älteren Schwestern. Besonders die inzwischen sechzehnjährige Elisabeth war nicht zu beneiden. Die Alte warf ihr tatsächlich vor, dass sie gewusst habe, dass der Vater zu einer anderen Frau ging und dass

---

[58] **Chuzpe**, auch **Chutzpe** (aus dem jiddischen chùtzpe / von hebräisch chuzpà für „Frechheit, Anmaßung, Dreistigkeit, Unverschämtheit" entlehnt) ist eine Mischung aus zielgerichteter, intelligenter Unverschämtheit, charmanter Penetranz und unwiderstehlicher Dreistigkeit.

[59] Der Ausdruck „**6. Sinn**" wird häufig verwendet, wenn jemand etwas bemerkt, ohne es (bewusst) mit den bekannten 5 Sinnesorganen wahrzunehmen.

sie ganz bewusst ihre Mutter nicht sofort darüber informiert hatte.

„Du bist genauso eine kleine Nutte, wie die alte Hure deines sauberen Herrn Vaters!" schrie sie Elisabeth mit hassverzerrtem Gesicht an und schlug immer wieder auf sie ein. „Ich will diesen Mistkerl nicht mehr sehen. Du kannst ja mit der alten Drecksau zu dieser Nutten-Schickse[60] ziehen!"

Wieder und wieder schlug sie dem Mädchen ins Gesicht. Seine Schwester Editha stand daneben und schrie mit verheultem Gesicht:

„Hör auf damit! Hör sofort auf damit! Lass meine Schwester zufrieden! Ich hole die Polizei!"

Klaus – vor Angst und Wut zitternd – nahm die Kaffeekanne vom Tisch und knallte sie mit Wucht auf den Fußboden. Die Splitter flogen durch die gesamte Küche und augenblicklich ließ die Alte von ihrer Tochter ab.

„Du spinnst wohl, du Rotzlöffel! Na dir werde ich helfen!"

Noch bevor sie ihn erwischen konnte, verdrückte er sich ins Kinderzimmer und schob schnell den Türriegel vor. Während sie zeternd und schreiend gegen die Tür trommelte, um ihn zu verdreschen, suchte Editha heulend die Scherben der Kaffeekanne zusammen. Elisabeth

[60] **Schickse** (Jiddisch: schikse, von Hebräisch *šeqeẓ*, „Unreines, Abscheu") bezeichnet ursprünglich eine nichtjüdische Frau. Das Wort ist aber auch ein jiddisches Schimpfwort, das früher als abfällige Bezeichnung für ein Mädchen („Flittchen") gebraucht wurde. Im engen jiddischen Sprachgebrauch bezeichnet „Schickse" abfällig ein nichtjüdisches, meist christliches Mädchen.

nutzte die günstige Gelegenheit, um sich in Sicherheit zu bringen. Sie flüchtete, mit aufgeplatzter Lippe und blutunterlaufenen Augen, zu ihrer Freundin, die eine Etage tiefer wohnte.

Die Alte kochte vor Wut, als sie bemerkte, dass sich nach Klaus auch die Tochter ihrem Zugriff entzogen hatte. Wahrscheinlich war es die Angst, dass die Nachbarn sie wegen Kindesmisshandlung anzeigen könnten, die sie schlagartig ruhig werden ließ. Sogar die noch immer heulende Editha wurde nun nicht mehr drangsaliert. Nein – die Alte legte sich nun erstmal aufs Sofa, um ein wenig auszuruhen. Wahrscheinlich wollte sie neue Kräfte sammeln, um sich danach weiter mit ihren ‚Panzen' zu beschäftigen. Vater Karl ließ sich in diesen ersten Tagen nach der Entdeckung seiner Liaison[61] nicht mehr sehen. Wiedermal verpisste sich die Flasche und machte sich weder für Klaus, noch für seine Geschwister gerade. So ein alter Feigling, dachte er. Ein echter Schwächling. Es scherte ihn tatsächlich einen Scheißdreck, was mit seinen Kindern passierte. Klaus verachtete ihn dafür.

Sein großer Bruder Georg wohnte während dieser Geschehnisse bereits nicht mehr zu Hause. Ihn hatte der Alte einige Monate vorher ziehen lassen, weil er bemerkte, dass er gegen seinen willensstarken, ältesten Sprössling nicht mehr allzu lange ankommen würde. Klaus glaubte damals zu bemerken, dass der Alte im Laufe der Zeit seinem großen Bruder gegenüber vorsichtiger ge-

[61] Liaison - mit leicht negativer Bewertung: (anrüchiges) Liebesverhältnis (Quelle: Wiktionary)

worden war, da dieser inzwischen zu einem jungen, gut durchtrainierten Mann herangewachsen war. Als er ihn, auf das Drängen der Alten hin, aus dem Erziehungsheim wieder nach Hause geholt hatte, ging Georg in die achte Klasse der Volksschule. Damals gab es nur eine achtjährige Volksschulpflicht und der große Bruder sollte nach der Schule eine Lehre als Bäcker und Konditor absolvieren. Ein viertel Jahr, bevor die Schulentlassung anstand, hatte Georg dann allerdings seinen Sportlehrer verkloppt, weil der ihn zu Unrecht einen Dieb nannte und in den Arsch trat. Er hatte den Mittdreißiger ziemlich übel zusammengedroschen und die Angelegenheit schlug damals hohe Wellen in Lönshausen. Von ‚Verrohung der Jugend' war da die Rede und davon, dass man ‚das ganze Flüchtlingspack' wieder in den Osten abschieben sollte. Auf jeden Fall musste diese Prügelei den Alten ziemlich beeindruckt haben, denn der besagte Sportlehrer war deutlich besser durchtrainiert, als er selbst und dennoch hatte der gegen seinen Sprössling den Kürzeren gezogen.

Die schulische Karriere Georgs war damit allerdings vorzeitig beendet. Man legte dem Alten nahe, seinen Sohn die letzten drei Monate nicht mehr zum Unterricht zu schicken. In dieser Zeit sprach Georg erstmals davon, dass er zur See fahren wolle. So richtig auf große Fahrt. Es ging nicht darum, dass er die Welt sehen wollte – jedenfalls nicht mehr als jeder andere junge Mensch – er wollte unbedingt weg von seinen brutalen Eltern. Weg von Erniedrigungen und Gemeinheiten. Weg von alledem. Möglichst weit weg! Georg war damals allerdings erst fünfzehn Jahre alt. Noch sechs lange Jahre bis zur Volljährigkeit. Noch sechs Jahre Krieg mit der Alten. Noch sechs Jahre ‚Sonderbehandlung' durch den Vater. Das musste er nicht haben. Das wollte er sich auf keinen Fall weiter antun.

Die ‚christliche Seefahrt'[62] schien ihm eine reale Möglichkeit zu bieten, sich vor den Übergriffen der Alten in Sicherheit zu bringen. Anfangs bestand Vater Karl allerdings noch strikt darauf, dass Georg das Bäcker- und Konditorhandwerk lernen sollte. Der Alte versuchte, das in gewohnt autoritärer Art durchzusetzen:

„Solange du deine Füße unter meinen Tisch steckst, tust du Mistbock gefälligst, was ich dir sage!"

In den darauf folgenden Monaten war der Bruder dann mehrfach aus Lönshausen abgehauen. Jedes Mal wurde er im Hamburger Hafen dabei erwischt, wie er sich auf ein Schiff schleichen wollte. Das erste Mal brachte ihn die Polizei im Streifenwagen zurück und der Alte machte ein Mords-Spektakel. Was sollten nur die Nachbarn denken? Schon wieder dieses Flüchtlings-Früchtchen und diesmal gleich mit der Polizei…

Nach Georgs folgenden zwei ‚Fluchtversuchen' musste der Alte ihn dann allerdings selbst aus Hamburg abholen. Da gab es den freien Rücktransport durch die Polizei nicht mehr. Schon allein, weil das zusätzliche Kosten

---

[62] Der Ausdruck **Christliche Seefahrt** bezeichnet die Handelsschifffahrt / Kauffahrteischiffahrt als Teilbereich der Seefahrt. Man unterscheidet demnach diese Art der Schifffahrt von der Marine und von der Passagierschifffahrt. Ursprünglich wurde der Ausdruck für die christliche- im Gegensatz zur „heidnischen" Seefahrt benutzt.

verursachte, gab es viel Geschrei und üble Beschimpfungen für den großen Bruder. Allerdings traute sich Vater nach besagtem Vorfall mit dem Sportlehrer nicht mehr, seinen ältesten Sohn körperlich zu züchtigen. Klaus nahm das sehr wohl zur Kenntnis und glaubte fest, dass sein Erzeuger inzwischen echten Schiss vor seinem Ältesten hatte. Wahrscheinlich war das auch der Grund dafür, dass es in Sachen ‚Christliche Seefahrt' dann doch zu einem deutlichen Meinungsumschwung kam. Während eines gemeinsamen Wochenendfrühstücks teilte Vater der verblüfften Familie mit, dass er sich entschlossen habe, seinem ältesten Sohn den Besuch der Seemannsschule in Travemünde zu gestatten. Georg strahlte wie ein Honigkuchenpferd und auch Klaus freute sich ehrlich für ihn.

Er selbst war damals noch zu jung, doch seine beiden größeren Schwestern Elisabeth und Editha begriffen sehr schnell, dass es also offensichtlich doch Wege gab, vor dem einundzwanzigsten Geburtstag, dem Martyrium in dieser grotesken Familie zu entkommen. Allerdings sollte das, für die beiden, noch ein bisschen dauern. Vorerst war zu offensichtlich, dass die zwei Schwestern weder dem lieblosen Vater noch der brutalen Mutter gefährlich werden konnten. Und er selbst – Klaus? Er war damals noch keine elf Jahre alt und von schmächtiger Statur…

Der Wert eines Babys

Nach Georgs Weggang waren die verbliebenen Geschwister nun verstärkt den Bosheiten ihrer Mutter ausgesetzt. Sie machte ihren Kindern weiterhin jeden einzelnen Tag in ihrem sogenannten Zuhause zur Hölle. Bereits das morgendliche Wecken holte Klaus immer schlagartig in die schreckliche Wirklichkeit dieser Welt zurück:

„Los, los, hoch ihr faule Bande! Der Müll muss noch runter! Beeilt euch schon, ihr habt vor der Schule noch einiges zu erledigen! Editha, du faule Schickse, wisch das Treppenhaus und die kleine Nutte räumt die Küche auf. Nun bewegt schon eure Ärsche, sonst mach ich euch Beine!"

Die trotzige Bemerkung Elisabeths, sie sei keine Nutte, wurde umgehend mit einer schallenden Ohrfeige beantwortet. Als Editha die Alte daraufhin anfuhr, dass es nun genug sei und dass sie, Editha, zum Jugendamt gehen und die Alte anzeigen würde, rastete diese völlig aus. Wie besessen prügelte sie auf das Mädchen ein. Sie schlug das Kind regelrecht zusammen. Mit zugeschwollenen Augen, ausgeschlagenem Zahn – aus Mund und Nase blutend – lag Editha auf dem Fußboden. Als sich Elisabeth um die verletzte Schwester kümmern wollte, zischte die Alte sie an:

„Hab´ ich dir nicht gesagt, dass du kleine Nutte die Küche machen sollst? Lass diese Idiotin zufrieden und mach deine Arbeit, sonst geht´s dir gleich wie ihr!“

An diesem und in den nächsten Tagen durfte die dreizehnjährige Editha weder zur Schule gehen, noch sonst irgendwie die Wohnung verlassen. Niemand durfte das zerschlagene Gesicht und die unzähligen blauen Flecke des Mädchens sehen.

Es muss wohl in jener Zeit gewesen sein, dass Elisabeth den Entschluss fasste, das Elternhaus um jeden Preis zu verlassen. Natürlich wusste sie, dass man ihr das – unter normalen Umständen – niemals erlauben würde. Schließlich war sie gerade erst sechzehn Jahre alt. Gemeinsam mit ihrer Freundin hatte sie sich jedoch etwas überlegt, was vielleicht funktionieren könnte: Sie müsste schwanger werden und heiraten…

So stand ihr Entschluss schon sehr bald fest – sie würde sich von ihrem Freund einfach ein Kind machen lassen. Der musste sie dann heiraten[63]. Da konnten die Alten gar nicht ‚nein‘ sagen, denn damals galt ein unehe-

[63] **Mussehe** - im engeren Sinn Bezeichnung für eine von der Gesellschaft sozusagen erzwungene Ehe, wenn z. B. früher eine unverheiratete Frau von einem unverheirateten Mann ein Kind erwartete. (Quelle: Academic dictionaries and encyclopedias)

liches Kind noch als Bankert[64] und war eine Schande für die ganze Familie.

Natürlich kontrollierte die Alte regelmäßig und sehr gewissenhaft bei den Mädchen, ob die auch ihre monatliche Periode bekamen. Als die dann irgendwann bei Elisabeth ausblieb, rastete die Mutter völlig aus. Neben den wüstesten Beschimpfungen und der Drohung, ihr und dem zu erwartenden Kind das Leben zur Hölle zu machen, schlug sie ihrer Tochter mehrfach so heftig ins Gesicht, dass deren Lippe aufplatze. Nachdem sich nur Augenblicke später ein Schwall von Blut aus Elisabeths Mund und Nase ergoss, ging das Mädchen zu Boden, wo sie sich sofort selbstschützend zusammenkrümmte. Den brutalen Schlägen folgte nun der kriminelle Versuch der Alten, mit wilden Tritten den Unterleib ihrer Tochter zu treffen, wohl in der Hoffnung, dass die dadurch den Fötus verlieren würde. Die Alte war wie von Sinnen und hielt erst inne, als sich Editha und Klaus schützend über die, sich am Boden vor Schmerzen windende, Schwester warfen und laut zu schreien begannen.

Wie durch ein Wunder verlor Elisabeth das ungeborene Leben in ihrem Bauch durch die Attacken der Alten nicht. Allerdings durfte sie auch dieses Mal die Wohnung nicht verlassen, bis alle Blutergüsse verschwunden- und alle Wunden verheilt waren. Als man sie danach zwingen

---

[64] **Bankert** ist eine alte Bezeichnung für ein uneheliches Kind, bei dem die Bestätigung des Vaters fehlte oder wenn der Vater nicht adlig war. (Bankert meint das auf der Schlafbank der Magd, nicht im Ehebett des Hausherrn gezeugte Kind)

wollte, das Kind von einem Engelmacher[65] wegmachen zu lassen, weigerte sich seine Schwester jedoch standhaft und drohte, zur Polizei zu gehen. So mussten die Alten dann, wohl oder übel, nachgeben und einer sofortigen Verlobung mit Elisabeths Freund Jürgen, dem angehenden Vater, zustimmen. Denn eines war völlig klar: Vor der Schande eines uneheliches geborenen Kindes musste die Familie Weynreich unter allen Umständen geschützt werden.

Der Alte bestellte also den zukünftigen Schwiegersohn zum Vieraugengespräch ein und erklärte ihm, wie die Vermählung seiner Tochter abzulaufen habe. Auf jeden Fall sollte die Hochzeit so schnell wie möglich stattfinden, damit ‚die Leute' bei Elisabeth den Babybauch nicht frühzeitig entdeckten. Ja – die Leute – sie waren besonders für die Alte immer sehr wichtig gewesen. Sehr viel wichtiger als ihr Ehemann, oder gar ihre Kinder, die Panzen. Genau dieser Angst vor dem, was ‚die Leute' sagen-, oder denken könnten, hatte es seine große Schwester letztlich zu verdanken, dass ihr Plan aufging und sie sich zwei Monate später von ihrem Jürgen aus der elterlichen Hölle herausheiraten lassen konnte.

Klaus grinste, doch es war ein gequältes Grinsen, das über seine Traurigkeit nicht hinwegtäuschen konnte. Ja –

---

[65] Als **Engelmacher** wird in der älteren Umgangssprache eine Person bezeichnet, die illegal Schwangerschaftsabbrüche vornimmt. Sie nehmen ihre Eingriffe oft auch unter hygienisch bedenklichen Bedingungen und ohne die nötige Kenntnis und Sorgfalt vor, so dass Komplikationen (z. B. Blutungen, Infektionen oder Unfruchtbarkeit) resultieren können. Auch Todesfälle kamen und kommen vor. Abtreibungen führen diese Personen oft mit nichtmedizinischen Instrumenten (z. B. Stricknadeln) oder Chemikalien und Hausmitteln (z. B. giftige Pflanzen oder Seifenlauge) durch.

‚die Leute' – ‚die Leute' – immer nur war es seiner Mutter um ‚die Leute' gegangen. Zum Kotzen! Schon allein wegen dieser ‚Leute' musste damals die Hochzeit natürlich ‚ordentlich' gefeiert werden. Ordentlich – dass bedeutete ‚groß'. Und groß hieß, dass die ganze Mischpoke[66] eingeladen werden musste – jeder Onkel, jede Tante, Freunde und Nachbarn. Dumm war nur, dass für die Ausrichtung solch einer Hochzeitsfeier traditionsgemäß immer die Brauteltern zuständig waren. Das würde teuer werden! Ziemlich teuer!

Die beiden Alten hatten sofort ausgerechnet, dass sie der Spaß – wie sie die bevorstehende Hochzeit nannten – wohl mindestens um die 1.500 Mark kosten würde. Das war damals ein ganzer Haufen Geld. Zum Vergleich: Ein VW Käfer kostete in diesen Jahren rund viertausendfünfhundert Mark. So würde die ganze Hochzeitsfeier nach heutigem Wert ungefähr fünftausend Euro kosten. Das war für einen Kraftfahrer tatsächlich eine stattliche Summe Geld. Der Vater verdiente damals wohl, je nachdem wie viele Stunden er kloppte, um die vierhundert Mark im Monat – mal mehr, mal weniger. Wie sollte er also innerhalb von wenigen Wochen 1.500 Mark auftreiben? Gemeinsam mit seiner Frau entwickelte er einen teuflischen Plan, um an das benötigte Geld zu kommen: Sie würden ganz einfach eines ihrer Kinder verkaufen! Schließlich hatten sie ja sechs davon…

---

[66] **Mischpoke**, auch *Mischpoche* oder *Muschpoke*, ist ein auf das hebräische miʃpa'χa = ‚Familie' zurückgehender Jiddismus (ein aus dem Jiddischen stammendes Lehn- oder Fremdwort) in der Bedeutung Familie, Gesellschaft, Bande. Während die Bezeichnung im Jiddischen wertneutral verwendet wird, hat das Wort im Deutschen häufig eine abwertende Bedeutung.

Die Umsetzung dieses Planes war für die beiden wahrscheinlich ganz einfach, denn sie hatten keinerlei moralische Skrupel bei ihrem Tun! Auch ein potentieller Käufer war schnell ausgemacht. Der Alte hatte irgendwann mitbekommen, dass sein damaliger Chef keine Kinder hatte, sich aber häufig bei ihm nach ‚den lieben Kleinen' erkundigte.

„Kinder sind doch ‚ein Geschenk' und sie sind unser aller Zukunft", hatte dieser Mann neulich mal gesagt und gefragt, ob Vater denn überhaupt wüsste, wie dankbar er für seine Sprösslinge sein könne. Es war relativ offensichtlich, dass der Mann ihn um seinen Nachwuchs beneidete.

So brachte der Alte einmal, bei passender Gelegenheit, das Gespräch ganz unverfänglich auf dieses Thema und erfuhr, dass sein Brötchengeber auf Grund einer Kriegsverletzung keinen Nachwuchs mehr zeugen konnte. Na bitte! Karl hatte daheim sechs Panzen. Eines mehr oder weniger – wo war da das Problem? Unverblümt bot er dem Mann seine jüngste Tochter Silke zum Kauf an. Sehr schnell wurde man sich dann handelseinig und vereinbarte einen ‚Besichtigungstermin' des ‚Kaufobjektes' für den kommenden Sonntag. Bei Gefallen sollte der Preis für die erst wenige Monate alte Silke sage und schreibe 5.500 Mark betragen – so viel wie ein nagelneuer VW-Käfer!

Tatsächlich erschien dann am folgenden Sonntagnachmittag Besuch zum Kaffeetrinken. Die Alten hatten den Kindern das Ehepaar als ‚Vatis Chef' angekündigt, der sich mal ansehen wollte, wie sein Mitarbeiter so lebt. Nach den, bei solchen Anlässen, üblichen Ermahnungen, sich ja ordentlich und zurückhaltend zu benehmen und der Androhung von entsprechenden Strafen bei Nichteinhaltung dieser Anweisung, war Klaus ziemlich neugierig auf die so wichtigen Besucher. Als die elegant gekleideten Fremden dann endlich eintrafen, war die Überraschung und Freude ziemlich groß, denn jeder bekam eine ganze Tafel Schokolade geschenkt. Zusätzlich hatten sie für alle Kinder relativ teure Mitbringsel dabei – für den kleinen Norbert einen Steiff-Teddybären, der fast so groß war, wie er selbst, für Klaus einen Stabil-Baukasten[67], für Editha eine große Bild-Lilli-Puppe[68] und für Elisabeth einen batteriebetriebenen Koffer-Plattenspieler. Keinem von ihnen fiel damals auf, dass sich die Besucher, die ganze Zeit ihrer Anwesenheit, fast ausschließlich mit der kleinen Schwester Silke beschäftigten…

Es war bereits eine Woche vergangen, als Klaus und die anderen Geschwister eines Morgens bemerkten, dass Silke nicht mehr da war. Ihr Babykörbchen war leer und sie erkundigten sich besorgt nach dem Verbleib der jüngsten Schwester. Die Alten logen, dass die Kleine sehr, sehr krank gewesen sei und deshalb für längere Zeit in einer Spezialklinik in den Bergen behandelt werden

---

[67] **Stabil-Baukasten** - Ein Metallbaukasten ist ein Baukasten, mit dem aus unterschiedlichen metallenen Teilen Modelle gefertigt werden können. Diese Modelle können entweder frei erfunden oder nach Vorlage angefertigt werden. Zu den in Deutschland bekanntesten Metallbaukästen zählte der „Stabil" der Firma Walther.

[68] **Bild-Lilli** war eine Puppe, die als Werbemittel, nach dem Vorbild einer Comic-Figur der BILD-Zeitung, produziert wurde. Die *Bild-Lilli* wurde das Vorbild für Barbie, die berühmteste Puppe der Welt, und ist daher heute noch ein Begriff. Die Bild-Lilli gab es in den Größen 30 cm und 19 cm.

müsse. Da sei die Luft viel besser, als hier in Lönshausen. Dann hatten sie doch tatsächlich die Unverschämtheit, gemeinsam mit ihren Kindern den ‚lieben Gott' anzurufen – dass der die kleine Silke doch bitte nicht sterben lassen möge. Bereits ein paar Tage später erfuhren die Geschwistern dann allerdings, dass es „die arme kleine Silke" nicht geschafft hatte. Sie sei gestorben und nun als kleiner Engel im Himmel…

***

Elisabeths Hochzeitsfeier wurde – dank des Erlöses aus dem kriminellen Menschenhandel – ein wirklich großes Fest. Alle Onkels und Tanten waren da, die Cousins und Cousinen, Elisabeths Freundinnen und zusätzlich die ganzen Leute, die zu ihrem Mann gehörten. Es kam sogar noch besser: Kurze Zeit nach der Hochzeit brachte der Alte eines Abends ein Auto mit nach Hause.

„Das gehört jetzt uns", verkündete er stolz. Es handelte sich bei dem Prachtstück um einen Loyd LT 600-Kleinbus mit 6 Sitzplätzen, Hundefänger-Türen, Zweizylinder-Viertakt-Motor mit stattlichen 19 PS und einer rasanten Höchstgeschwindigkeit von 85 Kilometern in der Stunde. Dank des guten Preises, den der Alte für sein jüngstes Kind erzielt hatte, zählte Familie Weynreich nun zu den stolzen Besitzern eines Automobils. Vom Rest des Geldes war in diesem Jahr sogar noch ein Sommer-Familienurlaub auf dem Bauernhof, bei Onkel Erwin und Tante Hedwig, im Schwarzwald drin…

***

Klaus hatte sich später, als Erwachsener, oft gefragt, warum seine Eltern so waren, wie sie waren? Warum seine Mutter so böse und gemein geworden war. Krieg? Flucht? Unerfüllte Träume? Waren das auch die Gründe, die den Vater zu solch einem erbärmlichen, opportunistischen Feigling hatten werden lassen? Hatte vielleicht eine irgendwann falsch getroffene Entscheidung das Leben dieses Mannes so nachhaltig negativ beeinflusst? Ganz tief drinnen spürte Klaus eine unterschwellige Angst, über die er mit niemandem reden konnte. Noch heute verkrampfte er sich regelrecht, wenn er darüber nachdachte, dass er vielleicht genauso werden könnte, wie sein Vater. Die Tatsache, dass es für ihn aus dem Islam kein Zurück in sein altes Leben geben würde, befeuerten diese Gefühle – diese quälende Mischung aus Angst und Zorn, die ihn manchmal ohnmächtig zu machen drohte.

Im Laufe der Zeit gelang es ihm mehr und mehr, diese Empfindungen einigermaßen zu kanalisieren und von sich selbst wegzulenken: Die lieblosen Eltern waren schuld, dass er ein Suchender nach Anerkennung und Liebe war. Irene war schuld, weil sie ihn durch ihr Geschimpfe dem Islam in die Arme getrieben hatte. Friedrich Neumann war schuld, weil er ihn in der Moschee zum Konvertiten machte.

Klaus hatte sich inzwischen die Aussage von Joseph Goebbels[69] zu eigen gemacht, dass man eine Lüge nur

[69] **Joseph Goebbels** war einer der einflussreichsten Politiker während der Zeit des Nationalsozialismus und einer der engsten Vertrauten Adolf Hitlers. Von 1933 bis 1945 war er Reichsminister für Volksaufklärung und Propaganda und Leiter der Reichskulturkammer. Damit trug er dazu bei, die Presse, Rundfunk und Film sowie den gesamten Kulturbereich mithilfe strenger Zensur- und Repressionsmaßnahmen im Sinne des Nationalsozialismus auszurichten.

oft genug wiederholen müsse, bis sie schließlich zur Wahrheit würde und damit begonnen, sich einzureden, dass es doch eigentlich ‚gar nicht so schlimm' sei, sich der Umma, der weltweiten Gemeinschaft der Muslime zurechnen zu können – bzw. zurechnen zu müssen. Auch, wenn er nicht freiwillig zu ihnen gehörte, hatte er sich doch irgendwie ‚eingerichtet' und sein Leben lief wieder ganz gut – für seine sogenannten Glaubensbrüder war er ein Muslim und wie er wirklich dachte und fühlte, musste er ja niemandem erzählen.

Mit Andreas Seppmann, dem Koranexperten, der sich Djalil Adi Haidar nannte und der ihn damals über die Rechte eines muslimischen Ehemannes aufklärte, hatte sich Klaus inzwischen angefreundet. Der schien ihn zu verstehen, obwohl er es mit der Religion sehr ernst nahm. Wieder einmal versuchte dieser Andreas ihn bei einem seiner Besuche von den guten Seiten Islam zu überzeugen:

„Weißt du, Klaus, selbst wenn dein Herz noch nicht wirklich bei uns ist, so geht es dir doch ganz gut, oder? Du kannst einerseits unter den Glaubensbrüdern ein guter Mensch sein, andererseits aber deine Feinde bekämpfen, weil die nämlich auch Allahs Feinde sind. Jeder, der kein Muslim ist und zu den Ungläubigen gehört, darf – nein muss sogar ordentlich in den Arsch getreten werden – auch von dir, mein Freund und Bruder."

Originalzitat: *„Wenn man eine große Lüge erzählt und sie oft genug wiederholt, dann werden die Leute sie am Ende glauben..."*

Andy lachte laut und manchmal gefiel es Klaus, wie einfach sich im Islam die Welt in Gut und Böse aufteilen ließ. Die Guten waren in jeden Fall immer die Muslime und die sollten dann auch schön unter sich bleiben. Die Regeln, die der Koran in Sure 5, im Vers 51 dafür vorgab, waren fantastisch klar und eindeutig:

„O Gläubige, nehmt weder Juden noch Christen zu Freunden; denn sie sind nur einer des anderen Freund. Wer von euch sie zu Freunden nimmt, der ist einer von ihnen. Ein ungerechtes Volk leitet Allah nicht.“

So hatte er sich denn auch in den letzten Monaten von allen Freunden aus seinem alten Leben zurückgezogen. Der Umzug von Hannover zurück nach Lönshausen war dabei sehr hilfreich gewesen. Der einzige familiäre Kontakt, den er noch pflegte, war der zu seinem jüngeren Bruder Norbert, der in Bremen lebte. Zu den anderen Geschwistern waren alle Verbindungen schon vor vielen Jahren abgerissen. Das war wirklich zu komisch. Norbert war eigentlich der einzige, der vielleicht Grund hatte, sauer auf ihn zu sein. Mit den anderen Geschwistern hatte es eigentlich nie irgendwelche Auseinandersetzungen gegeben – eher hatte Klaus ihnen in verschiedenen Notsituationen seinerseits geholfen. Wie konnte es zu dieser Entfremdung unter den Geschwistern kommen? Was war nur mit ihnen geschehen?

Arbeiterdenke vs. Managerwissen

„Ohne Moos nix los!“

oder

„Geld regiert die Welt!“

oder auch

„Über Geld redet man nicht – Geld hat man!“

Über solche und ähnliche Sprüche konnte Klaus heute nur müde lächeln. Solange er in seinem Leben zurückdenken konnte, hatte es immer Probleme wegen des Geldes gegeben. Nie reichte es. Immer waren irgendwelche Rechnungen offen. Mit den unzähligen Mahnungen, die er im Laufe seines Lebens bekommen hatte, könnte er ganze Wände tapezieren. Klaus redete sich ein, dass es wahrscheinlich daran lag, dass er als Kind nie Taschengeld bekommen- und den Umgang mit Geld nie gelernt hatte.

So war es fast wie ein Zwang, dass er immer, wenn er Geld in die Finger bekam, irgendetwas kaufen musste:

Einen Fernseher, eine Stereoanlage, einen Fotoapparat, einen Gebrauchtwagen, einen Ring für Irene. Und das alles, obwohl er doch genau wusste, dass eigentlich für diese Dinge kein Geld zur Verfügung stand – dass offene Rechnungen und die Wohnungsmiete absoluten Vorrang hatten. Trotzdem kaufte er immer wieder irgendwelchen Mist, den – bei näherem Hinsehen – niemand wirklich brauchte. So war das gemeinsame Girokonto damals inzwischen mit über zehntausend Mark in den Miesen – über zehntausend Mark – das war wirklich eine Menge Geld.

***

Wie schon häufiger, stand er an diesem Freitag – wiedermal mit diesem Scheißgefühl ein Bettler zu sein – am Bankschalter. Da das Wochenende nahte und der heimische Kühlschrank – auch wiedermal – fast leer war, wollte er um die Auszahlung von hundert Mark bitten. Klaus hatte gerade begonnen, der jungen Frau hinter dem Tresen von seiner misslichen Situation zu erzählen, als ein junger, seriös gekleideter und sehr dynamisch wirkender Bankmitarbeiter – vielleicht Mitte dreißig – dazukam und ihn mit einem freundlichen Lächeln aufforderte, ihm in sein Büro zu folgen. Der Mann bat ihn, den ‚Habenichts' Klaus Weynreich, sehr bestimmt in sein Büro. Klaus war noch nie im Büro eines dieser Anzugträger gewesen und sein anfängliches Scheißgefühl schien nun schleichend in eine ganz reale Ohnmacht überzugehen – jedenfalls hatte er das Gefühl, dass seine Beine gleich ihren Dienst versagen würden. Sicherlich würde dieser Kerl ihm jetzt mitteilen, dass es in Zukunft kein Geld mehr geben würde, bis das überzogene Konto ausgeglichen sei. Doch es kam ganz anders: Der Typ stellte sich als Reinhard Rinkel vor, ließ für Klaus einen Kaffee bringen und schlug dem völlig Überraschten – allen Ernstes – vor, ein Haus zu bauen:

„Dann sind Sie auf einen Schlag alle Sorgen los, Herr Weynreich. Wir machen Ihr Girokonto glatt – das läuft dann alles mit in die Hausfinanzierung rein. Wir richten Ihnen auch sofort einen neuen Dispositionskredit über – sagen wir mal – dreitausend Mark ein und Sie sind sofort wieder flüssig. Sie wissen doch, schon in der Bibel steht: Ein richtiger Mann sollte mindestens einmal in seinem Leben einen Baum pflanzen, einen Sohn zeugen und ein Haus bauen. Was halten Sie davon?"

Die Worte dieses Mannes drangen wie durch eine dichte Nebelwand an sein Ohr. Er griff nach dem inzwischen vor ihm stehenden Kaffee und umklammerte die Tasse mit beiden Händen, damit sie ihm nicht aus den Fingern rutschen konnte, während er sie zum Mund führte. Der Typ schien es tatsächlich ernst zu meinen. Klaus war völlig überrascht. Hatte der eben gesagt, dreitausend Mark Dispo? Und das sofort – ab jetzt gleich? Und ehrlich gesagt – es schmeichelte ihm sehr, dass dieser Typ ihm ganz offensichtlich zutraute, ein Haus bauen zu können. Er merkte, wie er innerlich vom Bettler zum ebenbürtigen Gesprächspartner mutierte. Ein tolles Gefühl, plötzlich scheinbar auf Augenhöhe mit diesem feinen Pinkel zu reden. Andererseits konnte er sich eigentlich nicht vorstellen, dass man ohne Sparguthaben, ohne Bausparvertrag und mit überzogenem Girokonto zum ‚Häuslebauer'[70] werden könnte. Egal – wenn es nötig wäre, ein Haus zu bauen, um jetzt sofort an diesen neuen Dispo-Kredit heranzukommen, würde er wohl ja-sagen müssen. Der smarte Herr Rinkel bemerkte die innerliche Zerrissenheit seines Gesprächspartners sofort und wischte redegewandt alle Zweifel beiseite:

„Sie sind doch noch jung, Herr Weynreich und das fehlende Bargeld ersetzen Sie leicht durch Eigenleistung. Wenn Ihnen dann auch noch Ihre Familie ein bisschen hilft, gibt es keinerlei Probleme mit der Finanzierung. Glauben Sie mir, die monatliche Belastung ist nicht höher, als die Miete, die Sie jetzt bezahlen. Der einzige Unterschied ist, dass Sie sich im Laufe der Jahre Eigentum schaffen. Sie werden sehen – in ‚null Komma nix' sind Sie Hausbesitzer!"

Nachdem Klaus einige Unterschriften geleistet hatte, wurde unverzüglich ein neues Baukonto eingerichtet, auf das die Miesen seines Girokontos komplett übertragen wurden. Sie sollten später im Baudarlehn verschwinden. So stand das laufende Konto wieder bei ‚Null' und man richtete ihm umgehend einen neuen Dispo über dreitausend Mark ein. Klaus lies sich sofort dreihundert Mark auszahlen. Glücklich verließ er die Bank und kaufte seiner Irene für hundertfünfzig Mark eine wunderschöne silberne Armbanduhr. Einfach so. Vielzulange hatte er

[70] **Häuslebauer** - zusammengesetzt aus dem schwäbischen Diminutiv „Häusle" von Haus und „Bauer" (von bauen). Die Schwaben sind als besonders tüchtige *Häuslebauer* verschrien. (Quelle: Wiktionary)

ihr nichts schenken können. Sie sollte sich mal richtig freuen. Klaus fühlte sich gut – so richtig gut!

Irene wusste nicht, was sie von der ganzen Sache halten sollte. Natürlich freute sie sich über die Uhr, doch da waren noch die offenen Rechnungen über mehr als 500 Mark, die schon seit geraumer Zeit auf Bezahlung warteten. Klaus versprach ihr, sich gleich am nächsten Tag darum zu kümmern. Das beruhigte seine Frau und sie beschlossen, an diesem Abend auszugehen. Das hatten sie schon lange nicht mehr gemacht und beide freuten sich sehr darauf. Als sie dann später in einer Bar zusammen saßen und mit einem Glas Wein anstießen, flüsterte er ihr zu:

„Du, mein Schatz, ich denke, es ist besser, wenn wir vorerst niemandem gegenüber erwähnen, dass wir bauen. Erst wenn das Darlehen genehmigt ist und es wirklich losgeht, werden wir etwas erzählen“

Nicht ohne Grund befürchtete er, dass irgendeiner seiner Freunde ihm klarmachen könnte, was er tief in seinem Inneren selbst vermutete: Ohne einen Pfennig eigenes Geld kann man normalerweise kein Haus bauen! Doch der Mann in der Bank hatte ihm versichert, dass sowas heutzutage kein Problem sei. Das wollte Klaus glauben!

Bereits drei Tage später saß der freundliche Herr Rinkel von der Bank, mit einem älteren Kollegen, in seinem Wohnzimmer. Gemeinsam füllten sie den Antrag für das Hypothekendarlehn aus. Bei einem Glas Rotwein überzeugten die beiden Finanzprofis auch Irene, dass der Bau eines Hauses ‚ein Kinderspiel' sei. Obwohl weder er, noch seine Frau wirklich verstanden, was ihnen die Männer da wortreich als Finanzierungsplan erklärten und vorrechneten, fühlten sie sich doch irgendwie ‚ernst' genommen – das war ein gutes Gefühl. So folgten sie denn auch nach zwei Stunden der Aufforderung, die Darlehensanträge über 220.000 Mark zu unterschreiben.

„Alles kein Problem", hatten ihre beiden Besucher gesagt. „Alles kein Problem!"

Einige Wochen später war dann tatsächlich das ‚Okay' für die Haus-Finanzierung von der Hypothekenbank gekommen. Inzwischen hatten sie, wie von den beiden Bankern vorgeschlagen, Kontakt zur Klosterkammer Hamburg aufgenommen und tatsächlich ein Baugrundstück am Rande von Lönshausen pachten können. Erbbaurecht nannte sich das und man erwarb durch die Zahlung eines relativ geringen monatlichen Pachtzinses das Recht, für 99 Jahre ein Haus auf dem Grundstück bauen zu dürfen. So bestellten sie dann ein – von den Bankern empfohlenes – sogenanntes Ausbauhaus der Fertighausfirma OVAL. Das Untergeschoß mit hundert Quadratmetern und achtzig weitere im Obergeschoß. Jedes der Kinder würde in Zukunft ein eigenes Zimmer haben, Irene einen Hauswirtschaftsraum, er selbst ein schickes Büro – es würde einfach traumhaft werden.

***

Mit vielen Freunden und Familienangehörigen wurden

auf dem Baugrundstück Bäume gefällt, eine Grube ausgehoben, Drainagerohre verlegt, die Fundamentplatte gegossen und ein Keller gemauert. Dann endlich war es soweit und in nur zwei Tagen wurde das OVAL-Ausbau-Haus aufgestellt. Von außen sah es tatsächlich wie ein fertiges Haus aus. Der umfangreiche Innenausbau, den sie in Eigenleistung zu erbringen hatten, nahm dann allerdings noch einige Wochen in Anspruch.

Julia, Sebastian und Melanie waren zwei, vier und fünf Jahre alt, als sie dort schließlich einzogen. Klaus bemühte sich redlich, den Kindern ein guter Vater und Irene ein treuer Ehemann zu sein. Er wollte es unbedingt besser machen, als der Alte. Es durfte einfach nichts schiefgehen!

Bereits vier Jahre später kam es, wie es kommen musste: Das Geld reichte hinten und vorne nicht. Immer wieder kam es vor, dass die monatlichen Raten fürs Haus nicht rechtzeitig-, oder nur teilweise bezahlt werden konnten. Böse Briefe der Hypothekenbank waren die Folge, die Klaus so manche Nacht schlecht schlafen ließen. Er hätte damals – bei den Gesprächen mit den Bankern – auf seine innere Stimme hören sollen. Selbst die Warnungen der besten Freunde hatte er in den Wind geschlagen. Sie alle hatten Recht behalten, doch er wollte anfänglich von ihren Bedenken nichts wissen. Wieder und wieder hatten sie versucht, ihm klarzumachen, was er eigentlich selber wusste: Ohne eigene Ersparnisse und mit einem hoch überzogenen Girokonto kann man kein Haus bauen. Wieder und wieder wollte er sich dann an die Aussagen der Banker klammern, dass alles kein Problem sei.

Die Erkenntnis, dass die Mitarbeiter der Bank ihn angelogen hatten, half ihm jetzt aber nicht weiter. Viel zu spät hatte er begriffen, dass es diesem Rinkel nicht um ihn, sondern ausschließlich um die eigenen fetten Provisionen der Hypothekenbank und der Fertighausfirma gegangen war. Verdammter Mistkerl! Nun steckte Klaus gehörig in der Scheiße. Niemand sollte merken, dass er anscheinend genauso ein Versager wie sein Vater war. Es musste doch irgendeinen Ausweg geben. Er zog sich die Jacke an und lief in der nächsten Stunde ziellos durch den nahen Wald, um nachzudenken. Er brauchte irgendeine Idee – etwas, durch das er sich aus dieser beschissenen Situation befreien könnte. Vielleicht sollte er eine Bank überfallen, oder irgendjemanden erpressen? Eine Entführung mit einem dicken Lösegeld vielleicht? Er spielte einige Möglichkeiten in seinem Kopf durch, verwarf sie dann aber wieder, denn dann wäre er schließlich ein Verbrecher. Allein wegen Irene und der Kinder kam so etwas nicht in Frage. Zusätzlich bestand dabei ja auch noch die theoretische Möglichkeit, erwischt zu werden. Im Gefängnis könnte er seinen Kindern dann kein guter Vater mehr sein. Etwas Kriminelles war also keine Lösung.

Ein völlig anderer Weg wäre, eine Firma zu gründen. Selber ‚Chef' zu sein und dabei einen Haufen Geld zu verdienen. Dieser Gedanke elektrisierte ihn augenblicklich. Das gefiel ihm wirklich sehr gut. Nicht so ein

Weichei wie der Alte, sondern ein erfolgreicher und angesehener Geschäftsmann. Das Haus wäre gerettet und alles würde gut. Ja – das war´s! Er würde ein angesehener Unternehmer werden.

‚Denke nach und werde reich', oder ‚Die Kraft des positiven Denkens' oder ‚Wie man Freunde gewinnt' – so lauteten die Titel der Bücher, die er in den folgenden Tagen und Wochen förmlich verschlang. Er wollte sie kennenlernen, die versprochenen Erfolgsgeheimnisse, die ihm und seiner Familie Wohlstand, Glück und Zufriedenheit bringen sollten. Es gefiel ihm sehr, wenn er da las:

„Was wir geistig erfassen können und zu glauben vermögen, das können wir auch verwirklichen, denn der Weg zu Erfolg, Wohlstand und Glück liegt in unseren Gedanken."

In den nächsten Wochen würde er sich das fehlende Fachwissen von Unternehmern und deren Art zu denken aneignen. Er bemühte sich nach Kräften, seine bisherige ‚Arbeiter-Denke' – die ihm suggerierte, das ‚ein Chef immer Recht habe' und für ihn ausschließlich eine ‚lohnabhängige Beschäftigung' infrage komme – ganz bewusst durch neues ‚Manager-Wissen' zu ersetzen. Diese, für ihn, neue Art zu denken, las er sich aus unzähligen Büchern und Fachzeitschriften an. Klaus war inzwischen ‚felsenfest' überzeugt davon, dass auch er, als Kind aus einer Arbeiterfamilie, den Weg ‚nach oben' schaffen würde. Es war doch nicht verwunderlich, dass einem wie ihm die richtige Einstellung und ‚der Biss' eines Unternehmers nicht in die Wiege gelegt wurden. Niemand hatte ihm je etwas von Ergebnisorientierung, Planzielsetzungen oder Projetmanagement erzählt. Nein, nein – so etwas war ihm nie beigebracht worden. Von wem auch? Von der keifenden Alten? Oder von dem Waschlappen, der sein Vater war?

***

Viele Abende saß er nun schon mit Irene zusammen und sie hatten nach einer für sie passenden Geschäft-Idee gesucht. Dann endlich, eines nachts, als sie wieder gemeinsam überlegten, fiel der berühmte Groschen: Seniorenvermittlung! Sie würden eine Vermittlungsagentur gründen! Eine Agentur, die Senioren und Senioreneinrichtungen zusammen bringt – die älteren Menschen einen ihren Vorstellungen entsprechenden Platz in einem Seniorenheim sucht und vermittelt!

Für 565 Mark erhielten sie die erforderliche Maklererlaubnis und bereits drei Monate später nahm ihre neu gegründete Firma ‚Awü-Deutschland' den Geschäftsbetrieb auf. Awü war eine Abkürzung für ‚Alterswürde' und der Zusatz ‚Deutschland' sollte die ganze Sache richtig groß aussehen lassen. Allerdings fehlte es – wie immer – an Geld, doch Klaus hatte inzwischen, zumindest ansatzweise, diesen besonderen Biss, den man als Unternehmer haben muss. Eines stand jedenfalls fest: Wenn er erst mal von einer Sache so richtig überzeugt war, hielt ihn nichts mehr auf und dann konnte er auch die Menschen in seiner Umgebung mitreißen!

So war es denn auch nicht wirklich verwunderlich,

dass sich der jüngere Bruder für die Aktivitäten von Klaus zu interessieren begann. Schon sehr bald half Norbert ganz praktisch bei der Vorbereitung und Durchführung einer bundesweiten Mailing-Aktion mit, in der sich das neue Dienstleistungsunternehmen bei allen öffentlichen- und privaten Senioreneinrichtungen vorstellte. Dafür mussten hunderte Briefe gedruckt, gefalzt und eingetütet werden. Da waren Briefumschläge zu beschriften, -zu frankieren und nach Postleitzahlen zu bündeln. Als dann für eine, parallel zur Mailing-Aktion geplante, Anzeigenkampagne in Senioren-Zeitschriften das Geld fehlte, stieg Norbert mit ein paar tausend Mark bei der Awü-Deutschland ein.

Dieser erste, anfangs so vielversprechend aussehende Versuch von Klaus, ein erfolgreicher Unternehmer zu werden, ging dann aber kräftig in die Hose! Die Firma Awü-Deutschland verabschiedete sich nach einigen Monaten, mit Pauken und Trompeten, aus dem bundesdeutschen Geschäftsleben in den berühmten ‚Bach', den sie dann auch folgerichtig ‚hinunter ging'. So war denn auch nicht nur Norberts Geld weg – worüber dieser verständlicherweise ziemlich sauer war – sondern in der Folge ging nun auch das Haus verloren. Klaus` Frust war riesengroß und aus der fortschreitenden Vermischung von Enttäuschung, Verzweiflung und Zorn entwickelte sich im Laufe der Zeit eine wenig zu kontrollierende emotionale Aufladung.

Die eigenen Fehler und Versäumnisse ausblendend, hatte er sehr schnell diesen Reinhard Rinkel von der

Bank als Schuldigen für sein Unglück ausgemacht. Der hatte ihm schließlich damals zum Hausbau geraten. Der Scheißkerl hätte doch wissen müssen, dass man ohne Ersparnisse und mit Schulden nicht bauen kann. Er und Irene hatten von Anfang an keine Chance – und dieser Rinkel wusste das ganz genau. Dieses verantwortungslose Schwein war es, das sie und ihn in diese ausweglose Lage gebracht hatte. Klaus glaubte damals tatsächlich, dass ihn selbst keinerlei Schuld an der Misere träfe. Er hattc doch alles gegeben: Freizeit, Nachtstunden, Wochenenden, seine ganze Kraft und Energie, alles! Dieses ‚verschissene Haus' hatte ihm nur Unglück gebracht. Nun war auch noch seine Firma pleite und er stand genauso als unfähige Niete da, wie sein Vater. Das hatte er immer vermeiden wollen. Klaus war völlig am Boden zerstört und versuchte in den folgenden Tagen, die Situation, durch die Anhebung seines Alkoholpegels, zu entschärfen. Das gelang ihm nicht wirklich.

***

Dass sich Norbert damals wegen des verlorenen Geldes zurückgezogen hatte, konnte er ja noch irgendwie verstehen. Dass sich die Alten niemals meldeten – oder überhaupt irgendwie Anteil an seinem Leben nahmen – wunderte ihn schon lange nicht mehr. Gelegentlich fand er es trotzdem schade, dass ihnen die drei Enkelkinder offensichtlich ebenso scheißegal waren, wie ihre eigenen Kinder. In den ganzen Jahren sahen sie die Kleinen meist nur beim obligatorischen Besuch am ersten Weihnachtstag. Doch dass sich damals auch seine Schwestern von ihm abwandten, machte ihn sehr traurig. Zwischen ihnen hatte es eigentlich keinen Ärger gegeben. Besonders in den folgenden Monaten, als dann das mühsam gebaute Haus ‚unter den Hammer'[71] kam und er sich – nicht nur Irene gegenüber – wie ein Versager fühlte, hatte er sich nach Trost und Zuspruch von irgendjemandem gesehnt. Irgendjemand, der ihn vielleicht mal in den Arm genommen hätte – der irgendein aufmunterndes Wort zu ihm gesagt hätte. Aber leider gab es Niemanden…

Der einzige familiäre Kontakt, der niemals ganz abriss, war der zu seinem großen Bruder Georg. Mit ihm telefonierte er regelmäßig. Der hatte vor Jahren eine ziemlich wohlhabende Albanerin geheiratet und lebte inzwischen als Privatier[72] in Pogradec, einer Stadt im Südosten Albaniens, direkt am Ohridsee. Klaus mochte ihn wirklich und hatte sich längst damit abgefunden, dass diese Gespräche immer sehr einseitig verliefen. Niemals fragte Georg, wie es ihm, Klaus, denn so gehen würde, oder was ihn beschäftigte. Das hatten die Alten wohl an ihn vererbt. Er sprach immer nur von sich, erzählte, dass er gerade an der Strandpromenade sitze, während sie sprachen – dass er sich ein neues Kajütboot gekauft habe – dass er sein Haus umbauen wolle und so weiter. Doch, was sollte es schon? Georg war schon immer so: Mir, meiner, mich! Trotzdem liebte er diesen Kerl.

---

[71] **Unter den Hammer kommen** - öffentlich versteigert bzw. vergantet werden, meist weil der Eigentümer zahlungsunfähig ist. Der *Hammer* steht hier für den Hammer des Auktionators, der den Zuschlag erteilt.

[72] Als **Privatier** gilt allgemein eine Person, die finanziell so gut gestellt ist, dass sie nicht darauf angewiesen ist, zur Deckung ihrer materiellen Bedürfnisse einer Erwerbstätigkeit nachzugehen, unabhängig davon, wie sie zu dem Vermögen gekommen ist. Der Privatier bezieht keine Unterstützung vom Staat, bezahlt aber sämtliche Steuern und sonstige Abgaben selbst.

Die Falle schnappt zu

Andreas Seppmann, alias Djalil Adi Haidar war in Lönshausen anfangs die einzige Verbindung, die Klaus noch zur muslimischen Gemeinschaft hatte. Aus irgendeinem unerklärlichen Grunde mochte er den deutschen Konvertiten und sie hatten sich bereits in Hannover angefreundet. Die Zielstrebigkeit und Entschlossenheit dieses Mannes zogen ihn magisch an. Nach Klaus´ Umzug sahen sich die beiden öfters und ihm war schon sehr bald aufgefallen, dass Andy in Religionsfragen wohl das war, was man gemeinhin einen Hardliner[73] nennt. Er meinte es – im Gegensatz zu Klaus – tatsächlich ziemlich ernst mit dem Islam. Er hatte vor zwei Jahren sogar die große Pilgerfahrt, den Haddsch, nach Mekka unternommen. Diese sogenannte ‚Fünfte Säule des Islam'[74] findet alljährlich im letzten Monat des islamischen Kalenders statt. Sie kann nur während bestimmter Tage im Jahr

[73] Der Begriff **Hardliner** bezeichnet (z. B. in der Politik) Personen, die gegen alle Widerstände („um jeden Preis") ihre – vielfach auf ein einzelnes Ziel ausgerichtete – Politik durchzusetzen versuchen und jeglichen Kompromiss ablehnen. Gewöhnlich wird damit verbunden, dass sie wenig Hemmungen auch beim Einsatz von Gewalt haben: Sie vertreten oft kompromisslos eine „harte Linie".

[74] **Die fünf Säulen des Islam**: 1. Schahada (islamisches Glaubensbekenntnis), 2. Salat (Pflichtgebet), 3. Zakat (Armengabe), 4. Saum (Fasten im Ramadan), **5. Haddsch** (Pilgerfahrt nach Mekka).

durchgeführt werden und Andy hatte sie gemacht, weil das so im Koran steht. Seit dem durfte er auch den Ehrentitel ‚Hadji' führen, erklärte er Klaus stolz. Na ja – ein bisschen abgedreht war der Typ schon.

Beruflich hielt sich Andreas als Fotograf mit seiner Knipserei ganz gut ‚über Wasser'. Auch auf seiner Visitenkarte gab es – genau wie bei Klaus – keinen Hinweis darauf, dass er Muslim war. Wie Klaus firmierte er mit seinem deutschen Namen und dem Zusatz ‚Freiberuflicher Pressefotograf'. Andy verkaufte die Fotos, die er von seinen Reisen in die islamische Welt mitbrachte, über entsprechende Internetplattformen. Natürlich ließen sich auch spektakuläre Aufnahmen von Verkehrsunfällen sehr gut zu Geld machen. Andy kannte alle Tricks und hatte für solche Einsätze immer seine sogenannte ‚Pepp-Ausrüstung' im Kofferraum. Sie diente ihm dazu, ‚einfache' Unfall-Fotos ein wenig – wie er es nannte – ‚aufzupeppen'. So legte er schon mal einen blutverschmierten Kinderschuh in den Vordergrund eines seiner Fotos, oder versprühte an gut sichtbaren Stellen ein wenig dunkelrotes Kunstblut. Er hatte für solche Fälle sogar einige abgerissene Gliedmaßen dabei, die täuschend echt aussahen. Für Motoradunfälle gab es eine aufblasbare Kradfahrerin mit Helm – weil die Leichen immer sehr schnell abgedeckt und weggeschafft wurden.

Diese Verarschung der Öffentlichkeit bezeichnete Andy als Teil des Dschihad, des Heiligen Krieges gegen die Ungläubigen und rechtfertigte das mit einer Äußerung von Ayatholla Chamenei[75], die dieser 2004 vor Glaubensbrüdern machte:

„Täuschung, Hinterlist, Verschwörung, Betrug, Stehlen und Töten sind nichts als Mittel für die Sache Allahs - gepriesen und erhaben ist er!"

Als Klaus – damals noch in Hannover – den Versuch unternommen hatte, sich vom Islam zu lösen und wieder mit Irene zusammen zu kommen, war es Andy, dem auffiel, dass er nur noch sehr selten zum Freitagsgebet in die Moschee kam. Unmittelbar bevor dann der Telefonterror begann, die Morddrohungen gegen ihn im Internet auftauchten, der enthauptete Hund vor seiner Haustür lag und der Überfall mit den Äxten stattfand, war es ebenfalls Andy, der ihn in seiner Wohnung besuchte und sehr direkt fragte:

„Sag mal, Bruder Abdullah, spielst du eigentlich nur Muslim, oder könntest du auch für Allah – gepriesen und erhaben ist er – wirklich aktiv werden?"

„Was meinst du mit *spielst du nur Muslim*?" fragte er zurück, wie ein ertappter Ladendieb.

„Du weißt schon, was ich meine. Einige der Brüder befürchten, dass du vom richtigen Pfad abkommst. Du kennst die Strafe für einen Murtadd – für einen Abtrünnigen..."

„Ich bin doch kein Murtadd! Ich liebe Allah – geprie-

[75] **Ajatollah Sejjed Alī Chāmene'ī** weitere Schreibweise *Ali Khamenei*; (* 17. Juli 1939 in Maschhad) ist als Oberster Rechtsgelehrter seit 1989 der politische und religiöse Führer des schiitischen Iran. Selbst bezeichnet er sich als „Oberster Führer" (*Rahbar*). Er ist damit die höchste geistliche und politische Instanz, der Oberbefehlshaber der Streitkräfte und das Staatsoberhaupt des Iran.

sen und erhaben ist er – und…“

„Beweis es!“ fiel im Andy ins Wort und strahlte ihn dabei an.

„Wie – *beweis es*? Was soll ich beweisen?“ fragte Klaus ein wenig verunsichert und erregt zurück.

„Na, dass es dir ernst ist mit deiner Religion! Dass man sich auf dich verlassen kann! Dass du ein guter Muslim bist! Was regst du dich also so auf, Abdullah? Ich habe dich doch nur gefragt, ob du dir vorstellen könntest für Allah – gepriesen und erhaben ist er – aktiv zu werden?“

„Was meinst du denn damit? Na klar kann ich mir das vorstellen! Ich kann mir vieles vorstellen!“

„In den Hadithe[76] steht, dass Mohamed – Friede und Segen auf ihm – gesagt hat:

Wer stirbt und nie für die Religion des Islam gekämpft hat und nie auch nur in seinem Herzen zu sich gesprochen hat – Wollte Allah, dass ich ein Held wäre und für den Pfad Allah sterben könnte – der ist einem Heuchler gleich.

Wusstest du das?"

„Nein, das wusste ich nicht, doch wenn es Mohamed – Friede und Segen auf ihm – gesagt hat, dann wird da wohl was dran sein“, erwiderte Klaus ein wenig genervt.

[76] Der Begriff **Hadith** (Erzählung / Bericht) bezeichnet im Islam die Überlieferungen über die Aussprüche und Handlungen des Propheten Mohammed sowie über die Handlungen Dritter, die er stillschweigend gebilligt hat. Die große Bedeutung der Hadithe im Islam ergibt sich daraus, dass die Handlungsweise (Sunna) des Propheten normativen Charakter besitzt und nach dem Koran die zweite Quelle der islamischen Normenlehre (*Fiqh*) darstellt.

In seinem tiefsten Inneren konnte er an diesen, so hartherzigen und rachsüchtigen, Gott der Muslime nicht glauben. Er hatte den Eindruck, dass dieser Allah es tatsächlich nur mit seinen Fans gut meinte. Alle Menschen, die sich weigerten, Allah-Fan zu werden, sollten nach seinem Willen dazu gezwungen-, oder umgebracht werden. Frei nach dem bekannten Motto: ‚Und willst du nicht mein Bruder sein, so schlag ich dir den Schädel ein!‘

***

Inzwischen lebte Klaus bereits wieder einige Wochen in seiner alten Heimatstadt Lönshausen. Die Ehe Andys Cousine Ayana funktionierte ganz gut, obwohl ihm ihr dauerndes Beten manchmal tierisch auf den Sack ging. Der Freund hatte sich eine ganze Weile nicht sehen lassen und so freute er sich, als Andy eines Abends, mit einer großen Tüte voller süßer Leckereien, vor der Tür stand.

Nach der herzlichen Begrüßung und nachdem Ayana den obligatorischen Tee gebracht hatte, kamen die beiden ins Gespräch. Klaus erzählte gerade von seiner Arbeit und seinen Plänen bezüglich einer Vergrößerung der Firma, als Andy ihn, scheinbar völlig zusammenhanglos, fragte:

„Sag mal, Abdullah, du weißt doch, dass ich vor drei Wochen von einer Studienreise aus Pakistan zurückgekommen bin, ja?“

Klaus nickte bestätigend.

„Ich habe dort eine Menge gelernt und viele interessante Persönlichkeiten getroffen. Mit einigen von ihnen habe ich auch über dich gesprochen…“

„Über mich? Ehrlich? Wieso denn das?“, wollte Klaus wissen.

„Na ja, man hat sich gefreut, dass du den Weg zur wahren Religion gefunden hast und man fand auch deine Arbeit recht interessant.“

„Meine Arbeit? Meine Arbeit fand man in Pakistan interessant? Das finde ich nun wiederum sehr interessant! Erzähle mir mehr, Djalil.“

Klaus war hellhörig geworden. Eröffnete sich da eventuell eine neue Geschäftsbeziehung für ihn? Sollte er vielleicht mit seiner Veranstaltungsfirma eine bundesweite PR-Offensive der Muslime begleiten? Ja – warum nicht? Er hatte Equipment und Leute. Seine Firma war als zuverlässig und kompetent bekannt. Alle bisherigen Aufträge hatte Klaus immer zur vollsten Zufriedenheit seiner Auftraggeber ausgeführt. Warum sollten also die Brüder in Pakistan nicht von der ‚Nelm Soundrevolution GmbH‘ gehört haben, zumal die Leute aus der Moschee ihm doch immer wieder erzählten, dass auch er ein Teil der weltweiten Umma sei.

„Wir brauchen dich, Abdullah“, sagte Andreas sehr ernst und eindringlich zu ihm, während er den Koran aufschlug und ihm den 15. Vers aus der Sure 49 vorzulesen begann:

„*Die Gläubigen sind diejenigen, die an Allah und seinen Ge-*

sandten glauben und hierauf nicht Zweifel hegen, und die mit ihrem Vermögen und in eigener Person um Allahs Willen Krieg führen. Sie sind es, die es ehrlich meinen.“

„Bist du so jemand, Abdullah? Bist du wirklich jemand, der es ehrlich meint? Würdest du tatsächlich für Allah – gepriesen und erhaben ist er – in den Dschihad ziehen?“

Jetzt bloß nichts Falsches antworten. Klaus wusste nur zu gut, wozu die Brüder fähig waren und als Weichei mochte er auch nicht dastehen. Was wollte Andy von ihm? Klaus fühlte sich sehr unwohl und in die Enge getrieben. Das bemerkte auch sein Gegenüber und um die Situation zu entkrampfen sagte Andy:

„Lass uns für heute Schluss machen mit diesem Thema. Du kannst ja mal in Ruhe über meine Fragen nachdenken. Wenn Allah – gepriesen und erhaben ist er – es will, wird er dich schon rechtleiten. Lass uns jetzt zusammen essen gehen.“

***

In den folgenden Wochen saßen die beiden dann häufig zusammen und führten lange Gespräche über die Religion Islam. Andy erzählte ihm von der Pflicht zum geistigen Dschihad, der den ganzen Einsatz eines jeden Muslims für den hingebungsvollen Dienst an Allah meint. Diese Form des Dschihad führe zur Überwindung der Lethargie-, des Egoismus- und der eigenen Schwäche. Er sprach auch immer wieder von der zwingenden Notwendigkeit des bewaffneten Dschihads, der im Heiligen Koran oft erwähnt und stark empfohlen würde. Deshalb sei in absehbarer Zeit ein ‚Schlag gegen die Ungläubigen in Deutschland' unverzichtbar. Durch diese Gespräche ließ sich Klaus immer mehr – immer tiefer in die Vorbereitung des Anschlages hineinziehen. Als Andy dann, in seiner Gegenwart, mit theoretischen Planspielen eines Anschlages begann, entwickelte die ganze Geschichte eine beängstigende Eigendynamik. Der endgültige ‚Point of no Return'[77] für Klaus war gekommen, als sein islamischer Freund eines Tages mit einem Lieferwagen voller Kanister auf den Firmenhof erschien und Klaus dazu brachte, diese in einem Kellerraum zu verstecken.

[77] Als **Point of no Return** (engl. für *Punkt ohne Wiederkehr)* wird in unterschiedlichen Zusammenhängen der Zeitpunkt innerhalb eines Vorgangs oder Ablaufs bezeichnet, von dem an eine Rückkehr zum Anfangs- oder Ausgangspunkt nicht mehr möglich ist.

An Schwesters Seite

Nach Elisabeth hatte sich 1966 auch seine zweite Schwester Editha einen Kerl gesucht und als Sechzehnjährige schwängern lassen. Auch sie wollte dadurch frühzeitig der heimischen Quälerei durch die Alte entkommen und es klappte bei ihr, genau wie zwei Jahre zuvor bei ihrer älteren Schwester. Editha zog dann mit ihrem Zollbeamten Stefan nach Bayern, an die österreichische Grenze. Der Kontakt zu ihr, der allein durch die große Entfernung sehr schwierig war, schlief über die Jahre völlig ein.

Mit seiner Schwester Elisabeth war das anders. Die lebte mit ihrem zweiten Mann ganz in der Nähe Lönshausens. Sie wusste damals sehr genau, wie sehr er in den Seilen hing und wie beschissen es ihm ging. Mit Sicherheit hatte sie im Lönshausener Tageblatt die peinliche, amtliche Veröffentlichung gelesen, die ihn für jeden sichtbar zum Verlierer machte:

„Im Wege der Zwangsvollstreckung soll am 24.05.1994 um 10:30 Uhr folgender Grundbesitz im Amtsgericht Am Pferdemarkt 5, Saal/Raum 137, öffentlich versteigert werden:

Das im Grundbuch von Lönshausen Blatt 1269 eingetragene Grundstück, Lfd. Nr. 1, Gemarkung Lönshausen, Flur 26, Flurstück 21/7 Gebäude- und Freifläche, Lüneburger Heerstraße 26, Größe 1375 m², Eigentümer Eheleute Klaus und Irene Weynreich.“

Warum sie sich gerade in dieser schweren Zeit von ihm abwandte, hatte er nie wirklich begriffen. Er jedenfalls war immer, wenn sie in der Vergangenheit Schwierigkeiten hatte, an ihrer Seite gestanden. Besonders in der für sie damals so schwierigen Zeit, als sie sich von ihrem ersten Mann trennte – von dem, der sie durch die erste Schwangerschaft aus der elterlichen Hölle befreite.

Klaus hatte nie gefragt, wer denn nun die Schuld am Scheitern ihrer Ehe tragen würde. Er hatte sich mit Irene immer und vorbehaltlos auf die Seite der Schwester gestellt. Das war keine Frage für ihn! Gerade, wenn Elisabeth mal wieder heulend bei ihnen auftauchte, weil sie erfahren hatte, dass die Alte erneut in aller Öffentlichkeit herumtönte, dass ‚diese verantwortungslose Schlampe‘ – gemeint war Elisabeth – sich gefälligst um ihre vier Kinder kümmern- und nicht mit fremden Kerlen in der Gegend herumvögeln solle.

Als er nun seinerseits mal in einer schwierigen Lage war, in der er Elisabeths Unterstützung gut gebrauchen konnte, zog diese sich völlig zurück. Wie er später erfahren hatte, tat sie das wohl wegen der Sache mit Norbert – als ob er seinen jüngeren Bruder vorsätzlich um das Geld betrogen hätte, das der damals in seiner Firma verlor! Was wusste sie schon von seinem Leben? Natürlich hatte er nichts von seinen finanziellen Schwierigkeiten erzählt. Selbst vor Irene hatte er lange geheim gehalten, dass ihnen jeden Monat zweihundertfünfig Mark zum Leben fehlten und er die Raten fürs Haus seit Monaten nicht vollständig überweisen konnte. Zu groß war zu jener Zeit seine Angst, wie der Alte dazustehen: Als Versager!

Vielleicht, wenn er damals zu seiner Schwester gegangen wäre und ein offenes Wort mit ihr gesprochen hätte – vielleicht hätte sie ihm ja sogar geholfen. In der Lage dazu wäre sie sicherlich gewesen, denn zu jener Zeit hatte sie eine gut dotierte Stellung. Sie lebte in gesicherten Verhältnissen und hatte sich inzwischen von der sechsstelligen Abfindung, die sie von ihrem ersten Mann erhalten hatte, ein großes Doppelhaus gebaut. Dort lebte sie mit ihrem zweiten Mann Jan, einem, ebenfalls geschiedenen, Pianisten. Klaus hatte ihr das augenscheinlich sorgenfreie Leben immer von Herzen gegönnt. Sie war in ihrer Kindheit und Jugend durch die Hölle gegangen und es war schön zu sehen, dass es ihr jetzt, allen niederträchtigen Prophezeiungen der Alten zum Trotz, offensichtlich sehr gut ging. So sammelte sie beispielsweise bereits seit mehreren Jahren begeistert Antiquitäten. Sie wollte später, im Alter, ein Antiquitätencafé eröffnen. Eine gute Idee, fand Klaus. Angesichts der Tatsache, dass damals sein eigenes Haus in die Zwangsversteigerung ging, erschien es ihm allerdings nicht nur ein bisschen schrullig, sondern fast schon sittenwidrig, dass jemand ein komplettes Haus nur für die Aufbewahrung alter, toter Gegenstände nutzte. Nach seiner Meinung gehörten in ein Haus Menschen. Möbel, die man im Moment nicht brauchte, gehörten in eine Lagerhalle.

Na gut, immerhin konnte sie ja mit ihrem Geld machen, was sie wollte und außerdem war sie seine Schwester. Manchmal hatte er darüber nachgedacht, ob sie ihm nicht vielleicht tatsächlich geholfen hätte, wenn er zu ihr gegangen wäre und sie gebeten hätte. Sein Scheiß-Stolz und die Angst, als Versager vor ihr zu stehen, hatten ihn damals gehindert. Diesen Mut hatte er einfach nicht aufgebracht und nun war es sowieso egal. Ein kleines, gequältes Lächeln umspielte seinen Mund. Weder er, noch sie, würden es jemals erfahren, denn die Uhr ließ sich nicht zurückdrehen. Vermutlich war das auch gut so.

Kletternde Idioten

Klaus erschrak unmerklich, als er durch das Klopfen an der Seitenscheibe des Wagens aus seinen Gedanken gerissen und in die Gegenwart zurückgeholt wurde. Ein junger Polizist gestikulierte, dass er die Scheibe herunterlassen solle.

„Hallo Herr Nelm. Alles in Ordnung? Wir hatten schon befürchtet, dass Ihnen etwas passiert sei. Naja, so wie Sie da, mit zurückgelegtem Kopf und geschlossenen Augen saßen, konnte man meinen, dass Sie einen Herzinfarkt oder so was Ähnliches hätten. Immerhin sind Sie ja auch nicht mehr der Jüngste."

„Nein, nein! Es ist alles in Ordnung. Ich gehe nur nochmal in Gedanken alle Punkte der Veranstaltung durch. Damit nichts vergessen wird – Sie wissen schon. Vielen Dank, dass Sie sich Sorgen gemacht haben, aber es ist wirklich alles in bester Ordnung."

„Na dann, bis heute Abend. Endlich mal wieder ein Einsatz, bei dem wir Dienst und Vergnügen miteinander verbinden können", freute sich der junge Polizist auf die Fußballübertragung. Er ging zu seinem Kollegen im

Dienstfahrzeug zurück, um die Streifenfahrt fortzusetzen. Während der Polizeiwagen langsam an Klaus vorbeirollte, grüßten beide nochmal freundlich zu ihm herüber. Er winkte zurück und lächelte: Auch diese zwei ‚Spaß-Bullen' würden noch heute Nacht vor ihrem Schöpfer stehen.

Doch er musste aufpassen: So kurz vor der Aktion durfte nichts mehr schief gehen. Bloß nicht wegen irgendeiner kleinen Unachtsamkeit auffallen. Er beschloss, die drei Locations, an denen der Sprengstoff deponiert war, noch einmal persönlich zu inspizieren und startete sein Fahrzeug. Mit einer Dauer-Sondergenehmigung der Stadtverwaltung durfte er, bei Veranstaltungen wie Straßenfesten oder auch öffentlichen Live-Übertragungen von Fußballspielen, in die Fußgängerzone hineinfahren. Er stoppte vor der Hauptbühne, neben dem Eingang zum VIP-Zelt, stieg aus und ging hinein. Alles war für mehr als 300 Personen hergerichtet. Die Tische hatte man mit kleinen Deutschland-Fähnchen dekoriert und die Bierdeckel waren mit dem bekannten schwarz-weißen Fußball-Muster bedruckt. Niemand würde vermuten, dass nicht nur das eigentliche Zeltgerüst, sondern auch die gesamte Rohrkonstruktion, die den Holzfußboden trug, eine einzige, riesige Rohrbombe war. Eines war ganz sicher – hier drin würde heute Abend niemand überleben.

Klaus ging wieder hinaus und wurde kreidebleich. Der Atem stockte ihm und einen Moment lang bekam er keinen Laut heraus, als er einen Polizisten mit einem Hund, etwas weiter hinten, unter der Bühnenkonstruktion hervorkriechen sah.

„Was – was is´ denn los? Is´ was passiert!“, rief er zu dem Beamten – nur scheinbar neugierig – hinüber, während er sich, ohne auffällige Eile, zu ihm hinbewegte. Wenn das jetzt ein Sprengstoff-Suchhund war, dann drohte die ganze Sache aufzufliegen. Ihm wurde ganz komisch in der Magengegend. Inzwischen stand er dem Gesetzeshüter direkt gegenüber und mit gespielter Gelassenheit wiederholte er seine Frage:

„Ist irgendwas passiert?“

„Ach, da hatten sich nur ´n paar Junkies unter der Bühne versteckt. Die sind allerdings abgehauen, als sie mich mit meiner Leika kommen sahen.“

Er tätschelte seinen vierbeinigen Begleiter, während er nicht ohne Stolz fortfuhr:

„Dieser Hund findet garantiert jeden Stoff. Selbst kleinste Mengen Haschisch, Heroin und sogar Crystal Meth[78] erschnüffelt mein Mädchen.“

„Ja, ja – ist ja wirklich ´n toller Hund. Na denn – ich muss weiter“ und während er sich anschickte zu gehen, fügte Klaus in frecher Arroganz noch hinzu: „Hatte schon gedacht, sie suchen nach ´ner Bombe.“

„Wir sind doch hier nicht in Jerusalem“, rief ihm der ahnungslose Beamte lachend hinterher und endete mit

---

[78] **Crystal Meth** ist eine synthetisch hergestellte Substanz. Sie wird als Arzneistoff verwendet und ist Bestandteil nicht-halluzinogener euphorisierender Drogen - umgangssprachlich „Crystal Meth“, „Meth“ oder „Crystal“.

einem „Schönen Tag noch, Herr Nelm!“

Klaus fuhr zur zweiten Videowand. Hier schien alles in Ordnung zu sein. Jetzt noch schnell zum Alten Stadttor hinüber. Dort wollte er einen Blick auf die präparierten Bierfässer an der Mauer des Gebäudes werfen. Er fand alles so vor, wie er es geplant und vorbereitet hatte. Klaus war gerade wieder ins Auto gestiegen, um einen Augenblick abzuschalten, als er nochmal kurz zur anderen Seite, wo die Bühne stand, hinüberschaute: Das gab es doch nicht! Da turnten tatsächlich zwei junge Kerle an der äußeren Traverse herum. Übers Funkgerät rief er sofort einen seiner Männer:

„Erich! Erich, wo steckt ihr denn? – Kommen!“

„Hier Erich! Wir schließen gerade den Screen an der Hauptbühne an und machen mit Reiner dann den letzten Soundcheck! – Kommen!“

„Am Stadttor klettern so ´n paar Idioten an der Traverse rum. Jagt die da sofort weg und stellt an jede Location einen der Männer zum Aufpassen! Die rühren sich dann bis heute Abend nicht mehr von der Stelle! Verstanden? – Kommen!“

„Verstanden, Chef! Wird sofort erledigt. – Ende!“

Nur Augenblicke später sah Klaus drei seiner Leute, aus der Fußgängerzone kommend, zur Videowand am alten Stadttor hinüberflitzten. Manfred, einer seiner jüngeren Vorarbeiter, mit dem gewöhnlich nicht ‚gut Kirschen essen‘ war, schrie zu den Hobby-Alpinisten hinauf:

„Hey – ihr Pfeifen da oben! Seht zu, dass ihr eure kleinen Ärsche sofort wieder hier nach unten bewegt, sonst helfen wir euch dabei!"

Da die beiden Kletterer nicht gleich reagierten, sprang Manfred ins Gerüst und spurtete in einer affenartigen Grazilität und Geschwindigkeit zu den Jungs nach oben.

„Wenn ihr jetzt nicht sofort selbständig hinunterklettert, schwöre ich euch, dass ihr für den Abstieg, bei dem ich euch dann behilflich sein werde, maximal zwei Sekunden benötigen werdet!"

Klaus musste grinsen und bereits nach wenigen Minuten war der ganze Spuk beendet. Die beiden jugendlichen Kletterer hatten es vorgezogen, ohne Mannis Hilfe nach unten zu steigen. Maulend und in gebührendem Abstand provozierend den Stinkefinger zeigend, verzogen sie sich von der Bildfläche. Beruhigt lehnte Klaus sich wieder zurück und schloss die Augen. Wo war er noch gleich mit seinen Gedanken gewesen? Ach ja, bei Elisabeth…

Tschüss Ohrfeigen!

Das war schon eine starke Frau, seine Schwester. Klaus musste lächeln. Die ersten beiden waren wohl zwei ganz gute ‚Würfe' der Alten, dachte er. Weder Georg, noch Elisabeth waren an ihren Quälereien zerbrochen. Natürlich hatten ihre Seelen fürchterliche Verletzungen davongetragen und manche davon würden wahrscheinlich nie wieder verheilen, doch sie waren dadurch wohl auch stark geworden. Kein Erziehungsheim, keine noch so niederträchtige Quälerei oder Gemeinheit hatten die beiden Großen zerstören können.

***

Klaus setzte den brutalen Übergriffen seiner Mutter ein Ende, als er sechzehn war. Ein Lehrlings-Kollege, mit dem er sich gut verstand, riet ihm, das nächste Mal, wenn sie ihn wieder schlagen würde, nicht in Deckung und Abwehr zu gehen, sondern:

„Wenn sie dir wieder eine reinhaut, dann kneif´ die Arschbacken zusammen und fang bloß nicht an zu heulen. Du tust so, als ob du zurückschlagen willst, dich aber gerade noch beherrschen kannst. Du wirst sehen, das wird deine Mutter merken und in Zukunft immer damit rechnen, dass sie selbst welche aufs Maul kriegt, wenn sie dich verprügelt.“

Klaus hatte sich fest vorgenommen, die Sache auszuprobieren. Er musste nicht lange warten, denn bereits am nächsten Morgen ergab sich die Gelegenheit. Er hatte sich gerade für die Berufsschule fertiggemacht und war in die Küche gekommen, um zu frühstücken, als sie ihn wieder wegen einer Nichtigkeit ins Gesicht schlug. Reflexartig holte er aus, bremste sich dann aber scheinbar im letzten Moment. Er baute sich breitbeinig vor der Alten auf. Es kostete ihn echte Überwindung, nicht an die getroffene- und tierisch brennende rechte Wange zu fassen. Er nahm beide Hände provozierend in die Hüften, lachte sie an und sagte in gereiztem, aber sehr festen Ton zu ihr:

„Na, war das schön? Möchtest du nochmal? Vielleicht auf die andere Seite? Los, mach schon! Es macht dir doch Spaß, oder?“

Seit jenem Morgen hatte sie ihn nie wieder geschlagen. Sie hatte tatsächlich Angst, selber welche einzufangen. Die Alte hatte Angst! Sein ganzes bisheriges Leben quälte sie ihn mit ihren Schlägen und Gemeinheiten und jetzt? Jetzt hatte diese, bisher so mächtige, Frau allem Anschein nach wirklich Angst vor ihm! So einfach war das gewesen. Warum er nicht schon viel früher darauf gekommen war? Das sollte doch auch bei seinem Vater funktionieren.

Ok, dessen Schläge waren erheblich härter und taten deutlich mehr weh, doch es war einen Versuch wert. Seinen Bruder Georg hatte der Alte doch auch nicht mehr angefasst, als er befürchten musste, dass der sich wehren könnte. Klaus wollte es auf jeden Fall probieren, denn wenn es tatsächlich das letzte Mal wäre, dass der Alte zulangt, würde er dafür jeden Schmerz gern aushalten. Nun musste nur noch eine passende Gelegenheit her. Wie vermutet, ließ diese nicht lange auf sich warten.

Klaus war ins zweite Lehrjahr seiner Ausbildung zum Radio- und Fernsehtechniker gekommen und sein Lehrlingsgeld wurde von sechzig, auf siebzig Mark im Monat angehoben. Bisher hatten ihm die Eltern immer vierzig Mark abgenommen.

„Du wohnst und isst hier umsonst, deine Mutter wäscht deine Wäsche, das kostet alles Geld“, war die lapidare Begründung des Alten. Wenn Klaus dagegen aufbegehren wollte, hieß es sofort:

„Solange du deine Füße unter meinen Tisch streckst, wird gemacht was ich sage! Ende der Diskussion!“

Klaus würde das in Zukunft nicht mehr mitmachen. Er hatte sich fest vorgenommen, von seinen siebzig Mark in Zukunft zwanzig abzugeben. Fünfzig wollte er für sich behalten.

Er erinnerte sich nur zu gut an den Abend, als er das seinem Vater im elterlichen Schlafzimmer eröffnete. Klaus hatte eine Scheiß-Angst, denn die Schläge des Alten konnten einen direkt von den Beinen reißen. Und doch war diesmal alles anders. Er war auf den Schlag vorbereitet und er wusste genau, was er danach zu tun hatte.

Karl Weynreich dachte anfangs, sein Sohn Klaus mache einen Scherz, als der ihm eröffnete, wie er sich die zukünftige Aufteilung seines Lehrlingseinkommens vorstellte. Der Vater nahm das nicht ernst, grinste seinen Jungen an und wollte das Zimmer wieder verlassen. Klaus freute sich bereits, dass er diese Angelegenheit so einfach hatte regeln können und von dem scheinbaren Verständnis des Alten völlig überrascht, rief ihm ein aufrichtig gemeintes „Danke“ hinterher. Wahrscheinlich begriff der Mann erst in diesem Augenblick, dass sein Sprössling es ernst meinte. Abrupt stoppte er, drehte sich auf dem Hacken um und fixierte Klaus mit einem furchteinflößenden Blick. Der Showdown hatte begonnen.

Jetzt bloß nicht einknicken, dachte Klaus, während seine Knie ganz weich zu werden schienen. Der Alte war inzwischen sehr dicht an ihn herangetreten. Sein Gesicht war rot vor Wut und die dicke Ader an seinem Hals schwoll schlagartig an – das passierte immer, wenn er sich aufregte. Klaus musste sich jetzt zusammenreißen. Ein letztes Mal. Es musste gelingen. Der Alte brüllte los:

„Erzähl hier nicht so einen gequirlten Scheißdreck, du Idiot! Du bekommst in Zukunft fünfundzwanzig Mark und der Rest wandert in die Familienkasse! Hast du mich verstanden, du Pimpf!"[79]

„Man kann dich ja nicht überhören, aber wir machen es trotzdem so, wie ich gesagt habe…"

Diese ungeheuerliche Frechheit brachte beim Alten das Fass zum Überlaufen. Er zitterte vor Erregung und eine wuchtig geschlagene Ohrfeige knallte auf Klaus´ linke Gesichtshälfte. Nur der nahe Kleiderschrank verhinderte, dass er zu Boden ging und Tränen der Wut schossen in seine Augen. Dann lief alles ähnlich ab, wie neulich bei seiner Mutter. Er tat so, als ob er zurückschlagen wollte, was der Alte –wie beabsichtigt – sofort registrierte und ihn, nun deutlich leiser, anzischte:

„Willst du mich etwa schlagen, du halbe Portion? Willst du deinen eigenen Vater schlagen?"

Dann drehte sich Vater Karl plötzlich um und verließ das Zimmer mit den Worten:

„Macht doch alle, was ihr wollt!"

Genau das tat Klaus von da an dann auch. Er hatte gewonnen und es war ein echt gutes Gefühl, kein Schlappschwanz – kein Verlierer zu sein.

Der Gedanke, dass der Alte ihn nach dieser Auseinandersetzung nie wieder anrührte, verschwand schlagartig durch ein rhythmisches piep – piep -piep…

---

[79] **Pimpf** ist eine heute nicht mehr übliche umgangssprachliche Bezeichnung für einen Jungen vor dem Stimmwechsel. Belegt seit dem 19. Jahrhundert, zunächst lautmalerisch mit der Bedeutung „(kleiner) Furz", danach auch „Halbwüchsiger".

Der Filmemacher des Teufels

Das unüberhörbare Alarmsignal der Weckfunktion seines iPhones holte ihn ins hier und jetzt zurück. Er öffnete die Augen, schaltete das Gepiepse aus und versuchte sich zu orientieren: Er stand mit seinem Auto beim Alten Stadttor. Ach ja, Manni hatte ja gerade diese zwei Kletterer verjagt.

Klaus schaute auf das Display seines Taschencomputers: „V bei A" war dort als Hinweis zu lesen. Es war höchste Zeit. Er musste los. ‚V bei A' stand für ‚Videoaufnahmen bei Andreas'. Sein Freund Andi, der Koranexperte und Fotograf, der sich nur im engsten Kreis als Djalil Adi Haidar ansprechen ließ, wollte mit ihm heute noch ein Bekennervideo drehen, das er nach dem Anschlag einer Presseagentur zuspielen würde. Dadurch sollten alle Ungläubigen erfahren, dass der Dschihad im Namen Allahs auch in Deutschland angekommen ist und zuschlägt, wann und wo er will. Sie sollten in Zukunft möglichst viel Angst haben. Ja, so ein Bekennervideo musste auf jeden Fall sein.

Klaus startete den Wagen und meldete sich über Funk

bei seinem Vorarbeiter ab. Er schaltete das Radio ein – sie spielten gerade ‚Street Fighting Man' von den Rolling Stones[80]. Er mochte die Stones und speziell dieses Lied. Es war ein politischer Song, zu dem sich die Bandgründer Mick Jagger und Keith Richards durch die Demonstration gegen den Vietnamkrieg, am 17. März 1968 in London, inspiriert fühlten. Diese Demo war damals in eine blutige Straßenschlacht mit der Polizei ausgeartet.

Er drehte die Musik lauter und fuhr los. Über den alten Zubringer verließ er die Innenstadt, während seine Hände im Takt der Musik auf das Lenkrad trommelten und er den Text, den er seit seiner Jugend auswendig kannte, mitgrölte:

"…Well what can a poor boy do
Except to sing for a rock 'n' roll band
'Cause in sleepy London town
There's just no place for a street fighting man …" [81]

Er fuhr an der Städtischen Volksbühne vorbei, in Richtung Süderstadt, einem riesigen Neubaugebiet am südlichen Rande Lönshausens. Eine viertel Stunde später hatte er sein Ziel erreicht, als er in den Vallentiniweg einbog und bei der Hausnummer 47 stoppte.

Die vielen langen- und ernsten Gespräche über den Islam, die Klaus mit dem Cousin seiner Frau Ayana geführt hatte, waren nicht ohne Wirkung geblieben. Seit-

[80] **The Rolling Stones** sind eine 1962 gegründete britische Rockband. Die Band zählt zu den langlebigsten und kommerziell erfolgreichsten Gruppen in der Rockgeschichte.

[81] …Aber was kann ein armer Junge tun - Außer in einer Rock'n'Roll-Band zu singen - Denn in der schlafenden Stadt London - Ist kein Platz für Straßenkämpfer…

dem die beiden mit der konkreten Planung des Anschlages begonnen hatten, redete er sich ein, dass es nur folgerichtig- und eigentlich längst überfällig wäre, einen Anschlag, wie sie ihn geplant hatten, tatsächlich durchzuführen. Abgesehen davon vermutete Klaus, dass sich Andy – in seiner Eigenschaft als Fotograf – sensationelle Fotos von dem zu erwartenden Inferno versprach.

Er stieg aus dem Auto und ging zielstrebig durch den Garten von Andys Reihenendhauses zum Kellereingang, durch den man in dessen Foto-Atelier kam. Er betätigte den Taster der Funk-Klingel und Augenblicke später wurde die Tür von innen geöffnet.

„Hi Andy, altes Haus! Alles klar, mein Freund? Können wir loslegen?“

„Möge Friede, Erbarmen und Segen von Allah auf dir sein, Abdullah“, antwortete Andy, wie man es von einem guten Muslim erwartete. Er wollte Klaus damit signalisieren, dass es nun ernst wurde. Er wollte weg, von dem unverbindlichen „Hi Andy“ und „Hi Klausi“ der Ungläubigen. Immerhin würden sie heute ganz praktisch – ganz real – in den Dschihad ziehen. Da sollte man sich doch auch mit seinem islamischen Kampfnamen ansprechen.

„Oh, Scheiße! Ich meine - na klar – und Friede, Erbarmen und Segen von Allah – gepriesen und erhaben ist er – auf dir, mein Freund Djalil.

Klaus ließ sich in den alten Ohrensessel fallen, den Andy nach seiner Konvertierung zum Islam vor Jahren mal mit orientalisch gemustertem Stoff hatte neu beziehen lassen.

„Höre, was der heilige Koran sagt, mein Bruder:

Allah – gepriesen und erhaben ist er – hat den Gläubigen ihre Person und ihr Vermögen dafür abgekauft, dass sie das Paradies haben sollen. Nun müssen sie um Allahs Willen - Friede und Segen auf ihm - kämpfen und dabei töten, oder den Tod erleiden.

Und – bist du wirklich bereit?“ fragte Andy fast feierlich.

„Natürlich bin ich bereit“, antwortete Klaus ein wenig genervt, „wäre ich denn sonst hier?“

„Gut, dann komm. Lass uns rüber ins Studio gehen. Ich habe schon alles vorbereitet.“

Vor einem grünen, halbrunden Hintergrund stand ein kleiner orientalischer Tisch, auf dem eine arabische Ausgabe des Heiligen Korans lag. Mehrere Scheinwerfer leuchteten das Set[82] aus. Davor stand eine kleine Videokamera auf einem Stativ, mit der Andy den Clip aufnehmen würde. Klaus zog sich eine bereitliegende Dschellaba über – ein helles, lang wallendes Gewand aus Kammgarn, das muslimische Männer häufig zur Demonstration ihres Glaubens tragen. Zusätzlich band Andy ihm aus einem langen schwarzen Tuch einen Turban, so dass er mit seinem, ohnehin dunklen, Vollbart bereits nach wenigen Minuten wie ein echter Glaubenskrieger aussah. Als der Andy ihm dann die Patronengürtelattrappe mit

[82] Das Filmset, kurz ***Set*** genannt, bezeichnet ein Filmmotiv, an dem gerade Dreharbeiten durchgeführt werden.

den 7,62er-Nachbildungen umhängen wollte, drehte sich Klaus abwehrend weg:

„Muss das wirklich sein, Djalil? Die Leute werden doch denken, ich bin ein Spinner."

„Das werden sie ganz sicher nicht denken. Sei ganz sicher, mein Bruder! Nachdem mehrere tausend Tote im Zentrum Lönshausens liegen, wird niemand mehr sagen, dass du ein Spinner bist. Außerdem können uns diese Ungläubigen doch sowieso egal sein."

Andy sah Klaus nun fest in die Augen und fuhr fort:

„Millionen muslimischer Brüder und Schwestern werden uns als Helden feiern. Man wird Lieder über uns singen."

Widerwillig ließ er sich zwei Patronengurte umhängen, die sich vor seiner Brust kreuzten. Er fand das nach wie vor albern.

„Los, setz´ dich an den Tisch und…"

„Die Wumme nehm ich aber auf gar keinen Fall in die Hand!" empörte sich Klaus, als Andy die täuschend echt wirkende Attrappe des russischen AK-47 Sturmgewehrs auf den Tisch legte.

„Brauchst du ja auch nicht. Wir lassen sie einfach auf dem Tisch liegen. Das sieht dann schon gut aus."

„Sollten wir nicht irgendwas an die grüne Wand hängen? Einen Koran-Vers oder so was?" fragte Klaus.

„Die grüne Wand, wie du sie nennst, ist ein

Greenscreen[83]. Das Grün mach´ ich hinterher im Computer weg und baue da ´nen passenden Hintergrund ein. Wahrscheinlich werde ich dich in eines der pakistanischen Ausbildungscamps montieren. So was sieht immer gut aus und wir müssen die Bullen ja nicht direkt zu mir in den Vallentiniweg lotsen. Kannst du denn deinen Text?"

Ja, den Text konnte Klaus! Er hatte ihn auswendig gelernt und tagelang vor dem Spiegel geübt. Da saß jedes Wort, jede Geste. Andy startete die Kamera und zählte die Aufnahme an:

„Drei, zwei, eins – und bitte!"

Klaus rückte nochmal die Patronengurte zurecht, lächelte und begann:

„Die ungläubigen deutschen Teufel sind die Flaggenträgerin beim Kreuzzug gegen…"

„Stopp, Stopp!" rief Andy. „Also ehrlich, du siehst aus wie dieses Grinsbackengesicht aus dem Musikantenstadl. Das kannst du so nicht bringen! Da lächelt der Kerl wie ein Honigkuchenpferd! Du bist Abdullah Azmi Walid! Konzentrier dich also bitte und grins nicht so dämlich, wenn du sprichst. Das ist ´ne große Sache, die wir hier abziehen, Abdullah. Du bist ein Gotteskrieger und kämpfst für Allah! Also los – nochmal!"

„Jetzt hast du mich total aus ´m Konzept gebracht!

[83] **Greenscreen** - die farbbasierte Bildfreistellung (engl. *chroma keying*) ist ein Verfahren in der Film- und Fernsehtechnik, das ermöglicht, Gegenstände oder Personen nachträglich vor einen Hintergrund zu setzen, der entweder eine reale Filmaufnahme (beispielsweise Landschaft) oder eine Computergrafik (beispielsweise Hintergrund bei Nachrichtensendungen) enthalten kann.

Ich muss jetzt erstmal pissen."

Klaus ärgerte sich, dass Andy ihn unterbrochen hatte. Er stand auf und ging zur Toilette. Aufgrund altersbedingter Prostatabeschwerden, hatte er sich in den letzten Jahren zum ‚Sitzpinkler' entwickelt. Dschellaba nebst Patronengurten waren deshalb äußerst hinderlich und schnell entledigte er sich dieser Sachen. Ein wohltuendes Gefühl, als sich seine Blase – wie seit Jahren viel zu langsam – zu leeren begann. Da saß er nun auf dem Pott, der große Glaubenskrieger Klaus Nelm, geborener Weynreich, alias Abdullah Azmi Walid und hatte das Gefühl, dass das Pinkeln heute mal wieder ewig dauern würde. Als er die Augen für einen Moment schloss, um sich auf die Vorgänge in seinen Unterleib zu konzentrieren, waren seltsamerweise die Bilder aus seiner Vergangenheit sofort wieder da…

Einberufung mit Bratkartoffeln

1971 war Klaus gerade achtzehn Jahre alt geworden und saß ebenfalls auf dem Klo, als eine, dort zwischen anderen Zeitschriften herumliegende, Werbebroschüre der Bundeswehr seine Aufmerksamkeit erregte. Interessiert blätterte er sie durch und urplötzlich schoss ihm der Gedanke durch den Kopf, dass in diesem Heftchen seine Chance lag, von den Alten wegzukommen.

Erst vor wenigen Wochen hatte er seine Ausbildung zum Radio- und Fernsehtechniker mit Auszeichnung beendet und besuchte bereits seit einem Jahr die Berufsaufbauschule in Abendform, um die Fachhochschulreife zu erlangen. Diplomingenieur wollte er werden – bloß nicht so ´ne arme Sau bleiben, wie der Alte.

Diese Sache mit ‚den Soldaten' schien ihm allerdings plötzlich eine wirklich sehr gute Idee zu sein. Interessiert verschlang er den Inhalt des kleinen Heftchens, in dem die Bundeswehr ihre unterschiedlichen Teilstreitkräfte vorstellte und um Freiwillige für Heer, Luftwaffe und Marine warb. Wenn die Armee ihn für achtzehn Monate hier rausholte, dann war er nach Beendigung des Wehrdienstes fast volljährig. Das bedeutete letztendlich, dass er den beiden Alten den Stinkefinger zeigen könnte. Das mit der Abendschule und dem Fachabitur musste eben noch ein bisschen warten.

Bereits am nächsten Tag nahm er sich heimlich auf der Arbeit einen halben Tag frei und fuhr mit dem Fahrrad zum Kreiswehrersatzamt. Nach kurzer Wartezeit saß er bei einem der Sachbearbeiter im Büro und bat darum, so schnell wie möglich zum Wehrdienst eingezogen zu werden. Er begründete seine Bitte mit der Absicht, den Militärdienst auf jeden Fall vor dem Besuch der Ingenieursschule absolvieren zu wollen. Einigermaßen verblüfft antwortete der Mann:

„Komisch – die meisten erzählen mir immer, warum sie nicht zum Militär kommen können. Schön, dass es auch solche Ausnahmen wie Sie gibt. Werde sehen, was ich für Sie tun kann."

Bereits zwei Wochen später lag der Einberufungsbescheid im elterlichen Briefkasten. Natürlich hatte die Alte den an ihn gerichteten Brief sofort geöffnet und gelesen. Sie gab ihm das Schreiben dann abends, als er von der Arbeit gekommen war und sich gerade zum Essen hingesetzt hatte.

„Hier!"

Herablassend schmiss die Alte ihm den Brief neben den Teller mit Bratkartoffeln und drehte sich wortlos um. Sie hatte wohl begriffen, dass das ‚Kapitel Klaus' in ihrem Leben nun endgültig und vorzeitig zu Ende ging.

Er jubelte innerlich und obwohl er genau wusste, worum es in dem Brief ging, fragte er scheinheilig:

„Was isses denn?“

Keine Antwort!

Betont langsam, fast feierlich zog er den Brief aus dem geöffneten Umschlag. Da stand es schwarz auf weiß: Er hatte am 1. Oktober 1971, beim 5. Pionierbattalion 12, in Köln Longerich seinen achtzehnmonatigen Grundwehrdienst anzutreten.

„Ach du Schreck! Ich muss in sechs Monaten zur Bundeswehr. Wer hätte das gedacht?“

Es fiel ihm schwer, das Grinsen zu verbergen. Deshalb senkte er den Kopf zu den Bratkartoffeln hinunter und begann, schnell seinen Mund damit zu füllen, um bloß nicht laut loslachen zu müssen. Er hatte es geschafft! Ab dem 1. Oktober wäre er endlich frei!

***

Nur wenige Wochen später wurde die freudige Erwartung des herbeigesehnten Einberufungstermins allerdings, durch ein für ihn unerwartetes Ereignis, ganz erheblich getrübt: Er lernte, die damals erst fünfzehnjährige, Irene kennen und die beiden verliebten sich Hals über Kopf ineinander. Ein solch intensives Gefühl der Zuneigung für einen anderen Menschen hatte Klaus zuvor noch nie erlebt. Wenn er mit seiner Liebsten nicht zusammen sein konnte, quälte ihn eine fast unerträgliche Sehnsucht nach ihr. Irgendwann waren sich die beiden einig, dass sie ‚mehr' voneinander wollten, als nur herumknutschen. Da zeigte sich, dass seine Aufklärung in Sachen ‚weibliches Geschlecht' nicht im Entferntesten der Realität entsprach. Sein Wissen zu diesem Thema hatte er aus drei unterschiedlichen Quellen:

Zum einen hatte ihnen der Pastor damals im Konfirmandenunterricht erklärt, dass der männliche Penis in die weibliche Vagina eingeführt würde, um Kinder zu zeugen.

Zum anderen hatte er natürlich von seinen Kumpels ‚einiges' gehört und auch den einen, oder anderen Pornofilm mit ihnen angeschaut.

Zu guter Letzt hatte er sich dann auch noch in Zeitschriften wie ‚Praline', oder ‚St. Pauli Nachrichten' darüber informiert, wie denn nun richtige Männer wirklich sein sollten und was sich Frauen so insgeheim alles von einem echten Kerl wünschten.

Mit diesem ‚exzellenten Fachwissen' wurde denn auch die erste sexuelle Begegnung mit Irene für den jungfräulichen Klaus zu einem totalen Desaster. Sein ‚kleiner Freund', der noch kurz vorher pochend Bereitschaft signalisierte, spielte – als es darauf ankam – auf der Rückbank des alten DKW Junior[84] nicht mit. Das war so ungefähr das Allerpeinlichste, was man sich als junger Mann vorstellen konnte. Und ausgerechnet ihm musste das passieren. Irene zeigte zwar viel Verständnis und versuchte ihn zu trösten, doch Klaus sah sich – im Sinne des

[84] Der **DKW Junior** war ein Kleinwagen der „Auto Union“. Rund 240.000 DKW Junior und Junior de Luxe wurden in der knapp vierjährigen Bauzeit bis 1963 verkauft.

Wortes – als Schlappschwanz. Er war eben doch der Sohn vom Alten: Ein echter Versager!

***

Es war zur damaligen Zeit nicht einfach, mit irgendjemand über sexuelle Probleme zu sprechen. Zwar war man 1971 gerade dabei, sich von der heuchlerischen Prüderie[85] der 1950er-Jahre zu befreien, doch über solche Dinge, wie sie Klaus erlebt hatte, sprach man nicht.

In jener Zeit galt noch das alte Sexualstrafrecht, welches ‚Verbrechen und Vergehen gegen die Sittlichkeit' unter Strafe stellte. Sex gehörte, bis zur Reform im Juni 1973, grundsätzlich in die Ehe. So galten damals zum Beispiel homosexueller Verkehr, Pornographie und Ehebruch als Verbrechen und wurden dementsprechend bestraft.

Allein wegen der vielen Nächte, die er mit seiner Irene im Haus deren Eltern verbrachte, hätten diese verurteilt werden können. Der sogenannte Kuppelei-Paragraf drohte nämlich all jenen Strafe an, die unverheirateten Paaren Räumlichkeiten zur Verfügung stellten. Klaus war seinen späteren Schwiegereltern deshalb sehr dankbar, denn es blieb nur noch wenig Zeit für intime Stunden mit Irene. Die militärische Grundausbildung dauerte damals immerhin drei lange Monate und Köln war für einen verliebten Jungen wie ihn, ziemlich weit weg von

[85] **Prüderie** bezeichnet eine sehr empfindliche Einstellung und Engherzigkeit gegenüber Sitte und Moral. Pierers Universallexikon von 1861 beschreibt Prüderie als *„auf eine übertriebene und affektierte Weise sittsam; scheinspröde, zimperlich"*.

Lönshausen und seinem Mädchen.

Er bekam heftige Zweifel, ob das mit der Bundeswehr tatsächlich so eine gute Idee gewesen war. Wie auch immer – jetzt ließ sich die Sache nicht mehr rückgängig machen. So saßen Irene und er denn auch am Vorabend seiner Abreise engumschlungen in ihrer gemeinsamen Stammkneipe. Aus der Musikbox plärrte Drafi Deutschers Nummer-eins-Hit ‚Weil ich dich liebe' und trotz aller Bemühungen wollte es den beiden einfach nicht gelingen, die gedrückte Abschiedsstimmung wegzuknutschen. Sehr spät war Klaus an diesem Abend nach Hause gefahren und als er sich am nächsten Morgen, mit seiner Reisetasche und dem kleinen Koffer auf den Weg machte, brannte bereits heftige Sehnsucht nach Irene in ihm.

Überraschenderweise hatte der Alte in der Frühe seinen Kopf durch die Zimmertür gesteckt und zu ihm „Alles Gute, mein Junge" gesagt. Zuerst meinte Klaus, er habe nicht richtig gehört. Er konnte sich beim besten Willen nicht daran erinnern, dass sein Vater jemals „mein Junge" zu ihm gesagt hätte. Er setzte sich aufs Bett und Tränen liefen ihm übers Gesicht. Scheiße! Gerade jetzt, wo er doch eigentlich froh sein müsste, endlich aus diesem Stall herauszukommen.

Doch das war an diesem seltsamen Morgen noch längst nicht alles, was anders war als sonst. Seine Mutter hatte ihm ein wirklich fürstliches Frühstück bereitet: Rührei mit gebratenem Schinken, Brötchen, gute Butter – wo es doch sonst immer nur Margarine gab – Marmelade, Honig, Wurst, Käse. Dass es solche Frühstücke in einigen Hotels gab, hatte er schon mal im Fernsehen gesehen. Nun jedoch stand das alles für ihn auf dem Tisch. Jetzt bloß nicht nochmal heulen, dachte er und bekämpfte das seltsame Gefühl, das sich in Form eines dicken Kloses in seinem Hals breitmachen wollte.

Schwule 79 cm

Nachdem Klaus sich am 1. Oktober 1971 in Köln-Longerich, beim 5. Pionierbattalion 12, zum Dienst gemeldet hatte, begann die dreimonatige Zeit der Grundausbildung. Erst nach acht langen Wochen, die dem verliebten Klaus wie eine grausame Ewigkeit vorkamen, durften er und seine Kameraden – so nannte man die neuen Kumpels beim Bund – das erste Mal wieder, für ein Wochenende, heim fahren.

Schnell hatte er begriffen, dass beim Militär ‚Alles und Jedes' in dicken Büchern mit Vorschriften aufgeschrieben und geregelt ist. Selbst bei der Formalausbildung – so hieß das Üben von Marschieren, Strammstehen, rechts- und linksum machen – wurde der genaue Abstand zum Vordermann in einer sogenannten Heeresdienstvorschrift festgelegt.

Ihr Zugführer[86], Hauptfeldwebel Kapplitz – ein Mann, der grundsätzlich in der dritten Person von sich

[86] Der **Zug** ist im militärischen Bereich die Bezeichnung für eine Teileinheit von zwölf bis sechzig Soldaten. Als Teileinheit einer Ausbildungskompanie kann die Personalstärke auch über 100 Personen betragen. Der Zug besteht in der Regel aus zwei bis acht Gruppen, Trupps, Bedienungen oder Besatzungen.

selbst sprach – hatte es ihnen mit lauter Kommandostimme unvergesslich eingebläut:

„Meine Herren! Gut zuhören! Der Hauptfeld wird es Ihnen nur einmal erklären! Der Abstand zu ihrem Vordermann beträgt genau achtzig Zentimeter! Und wenn ich 80 cm sage, dann meine ich auch 80 cm! Einundachtzig Zentimeter bedeuten: Sie sind fahnenflüchtig! Neunundsiebzig Zentimeter bedeuten: Sie sind schwul! Ist das klar, meine Herren?"

Klaus hatte laut loslachen müssen.

„Pionier Weynreich!", brüllte der Ausbilder, „was finden Sie denn so lustig? Lassen Sie ihre Kammeraden an Ihrer Freude teilhaben!"

„Nichts, Herr Hauptfeldwebel! Gar nichts", antwortete Klaus in normalem Tonfall.

„Was sagen Sie? Ich kann Sie nicht hören, Pionier Weynreich! Machen Sie mir die Freude und sprechen Sie nicht wie ein Mädchen!"

„Ich sagte: Nichts, Herr Hauptfeldwebel! Gar nichts", wiederholte Klaus seine Antwort – nun allerdings deutlich lauter.

„Wenn Sie ‚nichts' lustig finden, Weynreich, dann drehen Sie mal zwei Runden um den Exerzierplatz! Vielleicht finden Sie das ja lustig! Also Pionier Weynreich: Im Laufschritt marsch, marsch!"

So lief er – wie befohlen und mit vollem Sturmgepäck – seine zwei Extrarunden um sich anschließend bei

Hauptfeldwebel Kapplitz zurückzumelden:

„Pionier Weynreich vom Abendspaziergang zurück, Herr Hauptfeld!"

Der konnte sich ein leichtes Grinsen nicht verkneifen, als er – vor den noch immer angetreten dastehenden Kameraden – mit lauter Kommandostimme antwortete:

„So, so – vom Abendspaziergang kommen Sie! Wir haben hier also einen Witzbold unter uns! Na, dann drehen Sie mal noch fünf Runden, Pionier Weynreich! Im Laufschritt marsch, marsch! Der Rest des Zuges zum Dienstschluss auf die Stuben weggetreten!"

Während seine Kameraden Feierabend machen durften und sich auf das abendliche Bier in der Kantine vorbereiteten, umkreiste Klaus, in der herbstlichen Dämmerung, Runde um Runde den Exerzierplatz.

***

Von Hauptfeldwebel Kapplitz hatten er und seine Kameraden vor wenigen Tagen einen neuen ‚besten Freund' zugeteilt bekommen: Jeder von ihnen bekam ‚sein Gewehr'. Diese Schusswaffe, ein G3, das er mittlerweile mit verbundenen Augen auseinander- und wieder zusammenbauen konnte, war laut Befehl des Zugführers ab sofort sein bester Freund.

Von Oberfähnrich Stoltenburg, einem der Ausbilder, der an jenem Tag UvD war, hatten alle Rekruten[87], nach

[87] **Rekrut** bezeichnet im Militär die Dienststellung und gegebenenfalls auch den Dienstgrad eines neueingestellten Soldaten – in der Regel für die Dauer seiner Grundausbildung.

dem Empfang ihrer Waffe, einen Zettel erhalten, auf dem ein ‚Gewehr-Gebet' stand, das sie gemäß seinem Befehl, bis zum nächsten Morgen auswendig zu lernen hatten. Als er und seine Kameraden, gegen 17 Uhr, zur ‚Putz- und Flickstunde' auf ihrer Stube waren, machten sie ihrem Unmut über diesen „Scheißbefehl" des UvDs Luft:

„Der Penner hat doch nicht mehr alle Tassen im Schrank! Ich werde auf keinen Fall so eine Scheiße auswendig lernen…"

„…und dann auch noch feierlich vortragen. Hier, hört euch das mal an:

Dies ist mein Gewehr.
Es gibt viele wie dieses, aber dieses ist meins.
Mein Gewehr ist mein bester Freund.
Es ist mein Leben.
Ich muss es meistern,
so wie ich mein Leben meistern muss.
Mein Gewehr ohne mich ist nutzlos.
Ohne mein Gewehr bin ich nutzlos.
Ich muss mein Gewehr richtig abfeuern.
Ich muss besser schießen als mein Feind,
der versucht, mich zu töten.
Ich muss ihn erschießen, bevor er mich erschießt.
Das werde ich!

Das werde ich ganz bestimmt nicht! Ein Gewehr-Gebet – das ich nicht lache!"

Viele Jahre später, im Jahre 1987, wurden diese Zeilen,

durch Stanley Kubricks Anti-Kriegsfilm ‚Full Metal Jacket', weltbekannt und Klaus erfuhr, dass ‚sein Gewehr-Gebet' nach dem japanischen Überfall Pearl Harbours, von William Henry Rupertus, einem amerikanischen Major General, als Gedicht verfasst wurde. Das war Klaus allerdings ziemlich egal. Auch er fand es albern und beinahe obszön, solch ein Gedicht – der Ausbilder hatte sogar von einem ‚Gebet' gesprochen – lernen zu müssen. Besonders die letzte Zeile mit *„Ich muss ihn erschießen, bevor er mich erschießt"* ging ihm nicht ohne Weiteres über die Lippen.

Sie waren am nächsten Morgen zum Apell[88] in Dreierreihen angetreten und als er dem Ausbilder seine Bedenken, bezüglich des Gewehrgebetes, mitteilen wollte, schrie ihn Oberfähnrich Stoltenburg an, er solle sich bloß nicht so mädchenhaft anstellen! Schließlich sei man hier ja nicht bei der Tanzstunde und außerdem gelte es, im Kriegsfall das Vaterland zu verteidigen. In der Reihe hinter Klaus flüsterte genau in diesem Augenblick jemand einen Limerick[89]:

„Der Vater schwul, die Mutter dämlich. Der Sohn beim Bund und Oberfähnrich!"

Klaus konnte sich das Grinsen wiedermal nicht völlig verkneifen. Obwohl er es diesmal schaffte, nicht laut los-

---

[88] In Heeren treten Kompanien, Bataillone und manchmal Regimenter zum Appell an. Für Kompanien (und Batterien) beginnt mit dem Appell die Tagesroutine. Der Kompaniefeldwebel und der Kompaniechef begrüßen die Soldaten und prüfen ihre Vollzähligkeit und die Vollständigkeit der jeweils befohlenen Ausrüstung. Sie nehmen Meldungen und Bitten entgegen, unterrichten über Neuigkeiten und geben das Tagesprogramm im Sinne einer Befehlsausgabe bekannt.

[89] Ein **Limerick** ist ein kurzes, in aller Regel scherzhaftes Gedicht in fünf Zeilen mit dem Reimschema *aabba* und einem (relativ) festen Rhythmusschema.

zulachen, fühlte sich der Oberfähnrich dennoch von ihm verarscht. Zur ‚Belohnung' verlangte der Vorgesetzte auf der Stelle zwanzig Liegestütze, von denen Klaus dann – unter dem Gelächter seiner Kameraden – mit Hängen und Würgen fünf hinbekam.

***

Nach drei Monaten war die Grundausbildung endlich überstanden und Klaus wurde auf den Fliegerhorst Lönshausen-Oehrebruch versetzt. Das blöde Gewehr-Gebet wollte nie wieder irgendjemand von ihm hören. War wohl eine Privat-Spezialität von diesem komischen Oberfähnrich gewesen. Was sollte es schon – er hatte die blöde Grundausbildung hinter sich und war sehr glücklich, dass er so nah bei seiner Irene stationiert wurde.

Vier Monate später, im Frühjahr 1973, verlobten sich die beiden. Sie versprachen einander, in genau einem Jahr zu heiraten. Dann wäre Klaus mit einundzwanzig endlich volljährig und bräuchte niemanden mehr um Erlaubnis zu fragen. Sie nahmen sich vor, bis zur Hochzeit noch ein bisschen Geld an die Seite zu legen. Irene hatte zwar eine ganz anständige Aussteuer[90] – so wie es bei Mädchen damals üblich war – doch davon konnten sie sich keine Möbel kaufen. Die einzige Möglichkeit, innerhalb eines Jahres eine nennenswerte Summe Geld zu beschaffen, war eine Weiterverpflichtung als Zeitsoldat. Ja – er

[90] In Deutschland war bis ins späte 20. Jahrhundert üblich, dass junge Frauen bis zum Zeitpunkt ihrer Heirat eine Grundausstattung an Gütern für den zukünftigen Haushalt angesammelt hatten. Diese als *Aussteuer* bezeichneten Güter bestanden häufig aus hochwertigen Heimtextilien, Essgeschirren und anderen im Haushalt benötigten Gegenständen („Aussteuerqualität"), die meist in Form von Geschenken erworben und bis zur eigenen Heirat aufbewahrt wurden.

würde bei seinem Kompaniefeldwebel einen Antrag stellen und sich für vier Jahre bei der Bundeswehr verpflichten. Das gab dann ein paar Tausender als Verpflichtungsprämie und statt des kärglichen Wehrsoldes bekam man ein ordentliches, monatliches Gehalt. Bereits zwei Wochen später wurde er dann, vor der zum Apell angetretenen Kompanie, als Zeitsoldat übernommen und da er sich für die Unteroffizierslaufbahn beworben hatte, zum Gefreiten UA[91] befördert.

Klaus absolvierte in den folgenden Wochen den Unteroffizierslehrgang und war bereits nach sechs Monaten Unteroffizier. Das bedeutete nicht zuletzt, dass sich seine Dienstbezüge deutlich erhöhten, was Irene und ihn – in Bezug auf die gemeinsamen Hochzeitspläne – sehr freute. Die beiden waren noch immer ‚schwer verliebt' und was die gemeinsame Zukunft anging, äußerst zuversichtlich.

***

Nach einem Jahr wurde Klaus zum leichten Pionierbataillon 23, in die Abteilung von Oberleutnant Manfred Neder, einem ausgebildeten Sprengmeister, abkommandiert. Die Aufgabe ihrer Einheit war es, im Kriegsfall die Kampftruppen direkt mit Sprengmitteln zu unterstützen und wichtige Geländeabschnitte, Straßen und Brücken, zeitlich begrenzt unpassierbar zu machen. Klaus lernte damals sehr viel über Sprengstoffe und deren Zusam-

[91] **UA (Unteroffizieranwärter)** ist der Zusatz zur Dienstgradbezeichnung für einen Soldaten der Bundeswehr, bis zur Beförderung in den Dienstgrad *Unteroffizier*.

mensetzung.

Bereits nach kurzer Zeit kannte er das Geheimnis, wie man mit einer entsprechenden Hohlladung eine dicke Betonwand durchschlagen konnte. Bald wusste er alles über Quellsprengen und Fallmäuler– über Brisanzsprengen und Brückenzünder. Es gefiel seinem Vorgesetzten sehr gut, wie schnell der neue Unteroffizier sich in die Materie einarbeitete und selbst komplizierte Techniken schnell begriff. Wahrscheinlich kam Klaus gerade deshalb mit seinem Oberleutnant hervorragend zurecht. Zwischen den beiden entwickelte sich im Laufe der Zeit so etwas, wie eine echte Männerfreundschaft und es dauerte nicht lange, bis ihm Oberleutnant Neder das ‚Du' anbot. „Manni" sagte Klaus allerdings nur zu ihm, wenn sie allein waren, denn es war ihm sehr wohl bekannt, dass Freundschaften zwischen Offizieren und Unteroffizieren nicht gern gesehen wurden.

Die Prophezeiung

Am 3. Mai 1974, einem wunderschönen, sonnigen Freitag, fand die Hochzeit statt. Irene und er hatten diesem Tag sehnsüchtig entgegengefiebert und waren – nun, wo er endlich gekommen war – unglaublich nervös. Klaus liebte seine Irene so sehr, dass ihm die Worte dafür fehlten und auch seine Irene sagte und zeigte ihm immer wieder, wie sehr sie ihn begehrte – ihn, den ungewollten- und ungeliebten Sohn der Alten!

Als Klaus an diesem Morgen wach wurde, stellte er sich vor, wie es wohl sein würde, wenn er in Zukunft für immer und ewig mit Irene zusammenleben könnte. Es ergriff ihn eine freudig-erwartungsvolle Nervosität, so, wie er es bisher noch nie erlebt hatte. Für den Vormittag war die Zeremonie auf dem Standesamt vorgesehen und am Nachmittag sollte dann die kirchliche Trauung stattfinden. Klaus machte den Zirkus in der Kirche nur seiner Irene zuliebe mit, denn eigentlich hatte er die Sache mit dem Glauben, bereits vor einigen Jahren, für sich persönlich abgehakt. Ihm jedenfalls gaben diese – wie er fand – verlogenen christlichen ‚Gottesdienst-Aufführungen' nichts. Andererseits gehörte sich das bei einer Hochzeit wohl ‚so' und seinem Schatzi zuliebe machte er natürlich auch dabei mit…

Gegen 10 Uhr kam Irene dann endlich vom Friseur zurück. Sie sah in ihrem knall-grünen Minirock-Kostüm mit dem figurbetonten Oberteil einfach umwerfend aus. Klaus konnte sich gar nicht sattsehen. Mit ihren langen, kunstvoll hochgesteckten Haaren, der dezenten Schminke und dem zauberhaften Lächeln war sie für ihn die hinreißendste Frau der Welt und – sie schien auch wirklich glücklich zu sein. Glücklich, wie er selbst. Was für ein wunderbarer Tag.

Plötzlich verfinsterte sich Klaus´ Gesichtsausdruck. Er erinnerte sich an eine kleine Boshaftigkeit seines Vaters, unmittelbar vor der kirchlichen Trauung, von der er selbst allerdings erst Tage später erfuhr. Vermutlich musste der Alte damals noch nicht einmal lange überlegen, wie er die gute Stimmung seiner zukünftigen Schwiegertochter zerstören konnte. Seine Beweggründe hatte Klaus bis heute nicht begriffen. Auf jeden Fall hatte der Alte Glück, dass Irene ihrem Klaus von diesem Vorfall erst einige Tage später erzählte. Was war vorgefallen?

Dieser verbitterte Mann, der Alte, der für seine Mitmenschen den guten Christen- und treusorgenden Vater spielte, hatte es tatsächlich kurz vor der kirchlichen Trauung fertiggebracht, der gerade das weiße Hochzeitskleid anlegenden Irene in zynisch-sarkastischem Tonfall zuzuflüstern:

„Du kannst dich rausputzen wie Du willst – deiner

Ehe gebe ich sowieso keine drei Monate. Denk´ an meine Worte."

Das alles geschah – von Klaus unbemerkt – im Schlafzimmer seiner Eltern, wo die Alte, zusammen mit Schwester Elisabeth, seiner zukünftigen Ehefrau gerade beim Anziehen des Brautkleides behilflich war. Sein Vater betrat damals den Raum und gab vor, etwas aus dem Kleiderschrank holen zu müssen, um dann seinen gemeinen Spruch loszuwerden. Das war wohl seine Art, die Schwiegertochter als neues Familienmitglied zu segnen. Noch viele Jahre später, wenn sich die beiden an ihre Hochzeit erinnerten, brachte diese Begebenheit Irene regelmäßig zum Weinen. Einmal schluchzte sie sogar:

„Weißt du Klaus, ich war in diesem Moment so schrecklich allein in diesem Zimmer. Von deiner Mutter habe ich ja keine Unterstützung erwartet, aber dass deine Schwester mir nicht beistand, das habe ich bis heute nicht verstanden."

Solche Sachen trafen Klaus jedes Mal mitten ins Herz. Er konnte es nur schwer ertragen, wenn seine Frau weinte und auch dieses Mal wurde der latente Zorn, der sich im Laufe der Jahre gegen seine Eltern verfestigt hatte, erneut spürbar befeuert. Irene hatte recht: Elisabeth hätte wirklich den Mund aufmachen können. Ein einfaches: „Jetzt ist aber gut", in Richtung des Alten hätte Elisabeths Schwägerin signalisiert, dass sie nicht allein war.

***

Nach der Hochzeit zogen die beiden in ihre erste eigene Wohnung: Zwei Zimmer, Küche, Bad, Balkon. Entgegen der ‚3-Monats-Prophezeihung' des Alten bestand ihre Ehe nun bereits über ein Jahr und Klaus, der Soldat, war seit der Hochzeit ‚Heimschläfer'[92]. Das bedeutete, dass er jeden Tag mit seiner Frau zusammen sein konnte und so brannte das Feuer ihrer Liebe nach wie vor lichterloh.

Es war genau diese Zeit, in der die Ehe seiner Schwester Elisabeth zerbrach. Materiell ging es ihr und ihrem damaligen Mann ziemlich gut, da dieser als selbständiger Handwerksmeister in Sachen ‚Gas-Wasser-Scheiße' nicht schlecht verdiente. Sie hatten sich ein schönes, großes Haus gebaut, in dem jedes ihrer vier Kinder ein eigenes Zimmer hatte. Allein das Wohnzimmer war fast so groß, wie Klaus´ und Irenes gesamte Wohnung. Zusätzlich gab es zwei Büroräume, sowie einen großzügigen Verkaufsraum mit angrenzendem Lager für Heizungs- und Sanitärartikel. Sozusagen als Sahnehäubchen obendrauf, hatten sie sich eine beheizte Schwimmhalle an ihr Eigenheim angebaut. Doch, doch – die hatten eigentlich alles, was man sich als Familie wünschen konnte. Doch selbst all´ dieser materielle Wohlstand hatte nicht verhindern können, dass Elisabeth ausziehen wollte. Sie wollte weg von diesem Mann, von dem sie sich vor einigen Jahren ein Kind hatte machen lassen, um der elterlichen Hölle

[92] Als **Heimschläfer** werden Soldaten der Bundeswehr bezeichnet, die von der Pflicht zum Wohnen in der Gemeinschaftsunterkunft (Kaserne) befreit wurden und zu Hause übernachten dürfen. Grundsätzlich sind bei der Bundeswehr unverheiratete Soldaten bis zum vollendeten 25. Lebensjahr sowie Teilnehmer an dienstlichen Lehrgängen „kasernenpflichtig", also zum Wohnen in der Gemeinschaftsunterkunft verpflichtet.

zu entfliehen. Wahrlich kein gutes Fundament für eine Ehe, die nach den Worten des Pfarrers doch ein ganzes Leben halten sollte.

Elisabeth besuchte Irene und ihn damals sehr oft. Bei den beiden konnte sie sich aussprechen, ausheulen und ihre Ängste vor einer ungewissen Zukunft äußern. Hier berichtete sie von den neuesten Gemeinheiten der Alten, wenn die mal wieder unangemeldet im Laden aufgetaucht war und ihre Tochter vor den Angestellten als Hure betitelte, die sich gefälligst um ihre Kinder zu kümmern habe und nicht in der Gegend herumvögeln solle. Oft hatte gerade Irene sie dann in den Arm genommen, sie getröstet und ihr Mut gemacht. Ja – seine Frau war zwar noch jung, doch sie wusste scheinbar immer einen Ausweg, wenn es mal schwierig wurde.

Als die Schwägerin wieder einmal heulend bei Irene im Wohnzimmer saß, weil ihr Mann sie verprügelt hatte, entschied seine Frau, dass Elisabeth einen Wohnungsschlüssel bekommen sollte. So war es Klaus` Schwester in Zukunft möglich, sich immer und zu jeder Zeit, vor den Attacken ihres Ehemannes, oder denen der Alten, in Sicherheit zu bringen. Die Unglückliche nahm diese Möglichkeit dann auch viele Monate in Anspruch. Während dieser Zeit trug es Irene ihrer Schwägerin nicht einmal nach, dass diese sie damals, an ihrem Hochzeitstag, so hatte hängen lassen. Sie war einfach nur da und half – ohne großartiges Wenn und Aber. Ja, seine Irene, die hatte das Herz wirklich am rechten Fleck und nie hätte er sich vorstellen können, dass er sich jemals von dieser Frau trennen würde…

Das Bekennervideo

„Was ist denn los? Bist du eingeschlafen, Abdullah?“

Djalil Adi Haidar klopfte vehement an die Toilettentür, hinter der Klaus gerade seinen Gedanken nachhing, hochschreckte und reflexartig antwortete:

„Gib mir drei Minuten!“

„Ich hatte schon befürchtet, du bist eingeschlafen, oder noch schlimmer – du hättest es dir anders überlegt!“

Schnell zog Klaus die Hose hoch und schlüpfte wieder in sein ‚Heiliger-Krieg-Kostüm‘, während Djalil zurück ins Atelier ging. Er wusch sich kurz die Hände und blickte in den Spiegel. Genau – er würde den Text eben nochmal schnell hier vor dem Spiegel aufsagen. Kein Lächeln, kein Anflug von Mitgefühl sollte Andy entdecken, wenn es gleich ernst würde. Er wusste, dass er das konnte und achtete sehr genau auf seine Mimik und Gestik, als er anfing:

„Die ungläubigen deutschen Teufel sind die Flaggenträger beim Kreuzzug gegen das islamische Emirat in Afghanistan! Heute bin ich, Scheich Abdullah Azmi Walid, als ein nach Vollkommenheit strebender Mudschahid, in die Höhle der Teufel eingedrungen und habe mir einen Platz im Paradies gesichert, indem ich für Allah – gepriesen und erhaben ist er – und alle Muslime der Welt einen neuen Feiertag geschaffen habe.

Seid euch klar darüber – meine Brüder und ich werden auch in Zukunft nicht zögern zuzuschlagen, egal an welchem Ort ihr euch befindet und unabhängig von euren Befestigungsanlagen. Ihr könnt euch vor uns und vor Allah – gepriesen und erhaben ist er – nicht verstecken. Der Tag ist nicht mehr fern, an dem wir alle Feinde Allahs – gepriesen und erhaben ist er – geschlachtet haben werden."

Na bitte, es klappte doch! Zufrieden ging er wieder zu Andy hinüber, der gerade das Mittagsgebet verrichtet und seinen Gebetsteppich wieder aufgerollt hatte. Er hielt ihn Klaus hin, der jedoch dankend ablehnte:

„Danke lieber Bruder. Hab´ vorhin schon draußen gebetet. Da brauchte ich ja keinen Teppich."

Das war eine glatte Lüge. Es war zwar richtig, dass er im Freien keinen Gebetsteppich benötigte, weil im Islam die Erde als reinigend gilt – allerdings hatte er weder das Morgen- noch das Mittagsgebet gesprochen. Diese Sache mit dem dauernden ‚beten müssen' ging Klaus nämlich nach wie vor mächtig auf den Sack. Sein Freund Andy, wie auch seine Frau Ayana, hatten ihm zwar mehrfach erklärt, dass die ‚Unterlassung des Gebets aus Überzeugung' als Abfall vom Islam gelte und mit Unglauben gleichgesetzt wird, doch er drückte sich trotzdem meistens davor. Andy hatte, bei einer späteren Gelegenheit, wieder den Fundamentalisten raushängen lassen und noch ‚Einen draufgesetzt'. Er erklärte Klaus, dass die islamische Rechtslehre sage, dass diejenigen, die das Gebet nicht verrichten, getötet werden können, denn das Gebet sei einer der Grundpfeiler des Islam.

Ihm war das offen gestanden scheißegal. Er konnte dieses ganze Gelaber übers Beten nicht mehr hören. Die Gebetszeiten hielt er ohnehin nur dann ein, wenn es sich wirklich nicht vermeiden ließ – zum Beispiel, wenn er sich gelegentlich zum Freitagsgebet in der Lönshausener Moschee sehen ließ. Er ging dort sowieso nicht aus innerer Überzeugung hin – nein – er glaubte so wenig an Allah, wie er an Jesus Christus glauben konnte. Es gab allerdings eine nicht unwichtige Gegensätzlichkeit zwischen Jesus und Allah. Dieser Unterschied war auch der Grund, warum er nach wie vor – zumindest gelegentlich – dorthin ging: Niemand hatte ihn je mit dem Tode bedroht, als er vor Jahren aus der Landeskirche austrat. Bei seinem Versuch, den Islam zu verlassen, war aber genau das geschehen. Man hatte ihm sehr deutlich zu verstehen gegeben, dass er sterben würde. So besuchte er halt bisweilen die Moschee, damit man ihn danach wieder eine Zeitlang in Ruhe ließ. Trotzdem war er, durch die offenen- und versteckten Drohungen der Glaubensbrüder, der ständigen Indoktrination[93] durch Andy und Ayana,

[93] **Indoktrination** (lat. *doctrina* ‚Belehrung') ist eine besonders vehemente, keinen Widerspruch und keine Diskussion zulassende Belehrung. Dies geschieht durch gezielte Manipulation von Menschen

immer tiefer in diesen islamischen Sumpf geraten und fand kein Mittel, sich daraus zu befreien.

„Dann setz´ dich mal wieder hin, Abdullah und konzentriere dich bitte. Die Leute sollen dich doch in guter Erinnerung behalten, oder?"

Es hatte schon einen deutlichen Zug in Richtung Skurrilität[94], als Andy Klaus das Gesicht mit Theaterschminke abpuderte, um Reflektionen des Scheinwerferlichts zu vermeiden. Wie gesagt, die beiden drehten das Bekennervideo für einen mörderischen Terroranschlag!

„Drei, zwei, eins – nicht grinsen – und bitte!"

Klaus brachte seinen Text, nun im zweiten Anlauf, als Abdullah Azmi Walid fehlerfrei und überzeugend. Djalil, alias Andy war begeistert.

„Im Namen Allahs des Allerbarmers, des Barmherzigen – Friede und Segen auf ihm. Du bist wirklich gut, Abdullah", bemerkte Djalil anerkennend und fuhr fort:

„Sie werden uns mit allem was sie haben jagen. Auch du wirst für sehr lange Zeit untertauchen müssen, doch mach dir keine Sorgen – bis die sich vom ersten Schrecken erholt haben, sitzt du bereits im Flieger. Die Brüder in Damaskus werden dir dann weiterhelfen. Freue dich, mein Bruder das wird ein mächtiger Schlag mitten ins Herz der Ungläubigen. Das ist die reinste Form des Dschihad! Möge Allah – gepriesen und erhaben ist er –

---

durch gesteuerte Auswahl von Informationen, um ideologische Absichten durchzusetzen oder Kritik auszuschalten.

[94] **Skurrilität** bezeichnet eine auffallend unkonventionelle oder seltsame Idee, Situation, Sache oder Verhaltensweise.

dich mit Segen belohnen!“

Andys Worte ließen so etwas wie einen elektrischen Stromschlag durch Klaus´ Körper fahren. Darüber sollte er sich freuen? Konnte es tatsächlich im Sinne eines höheren Wesens sein, was er da tat? Irgendwie schien ihm das, was er vorhatte, surreal[95] und nicht richtig zu sein. All´ die Menschen, die ihm doch eigentlich nichts getan hatten. Es würde entsetzlich viele Tote geben, nachher. Doch andererseits war es jetzt viel zu spät, die Sache noch abzublasen. Alles war schließlich vorbereitet – der Sprengstoff war allein durch ihn, durch Klaus, an Ort und Stelle gebracht worden. Das Bekennervideo war mit ihm gedreht – sozusagen mit ihm in der Hauptrolle. Auch Andy, den er wegen seiner Geradlinigkeit irgendwie bewunderte, setzte voll auf ihn. Zusätzlich erwarteten einige einflussreiche Leute in Pakistan, dass er seinen Job absprachegemäß ausführen würde. Diese Männer verstanden keinen Spaß. Und dann – dann war es wieder da, das ‚Schlappschwanz-Versager-Gespenst‘ in Gestalt seines Vaters, der ihm zuzurufen schien:

„Du schaffst das doch sowieso nicht, du Niete!“

Ihm wurde augenblicklich schwindlig und er musste sich an der Wand abstützen. Egal wie er es auch drehte, es gab kein zurück.

„Was ist los, Bruder? Ist dir nicht gut? Kipp´ mir hier bloß nicht um! Willst du dich einen Augenblick hinlegen?“

---

[95] **surreal**, fern der Realität; zur Fantasie- oder Traumwelt gehörig (Quelle: Wiktionary)

Djalil machte sich tatsächlich Sorgen. Allerdings nicht so sehr um die Gesundheit seines Glaubensbruders Abdullah, sondern mehr darum, dass die Aktion am Abend gefährdet sein könnte. Bei einigen Brüdern, von denen Klaus nichts wusste, war Andy im Wort[96]. Diese hatten nicht nur das Untertauchen für die beiden organisiert, sondern auch das erforderliche Geld für Planung und Durchführung der gesamten Aktion gegeben. Offiziell wusste natürlich niemand etwas: Geldgeber in Pakistan? Was für Geldgeber?

***

Andreas Seppmann war ein ziemlich guter Fotograf und wusste einigermaßen sicher, dass der Verkauf der Fotos des bevorstehenden Infernos eine Menge Geld bringen würde – mehr noch – diese Bilder würden ihm internationales Prestige verschaffen. Als gläubiger Muslim war das für ihn freilich völlig nebensächlich – als Fotograf, der mit seiner Arbeit Geld verdienen musste, war das jedoch zumindest sehr hilfreich. Dazu kam, dass mit dem größten Teil des finanziellen Erlöses die Renovierung der örtlichen Moschee bezahlt werden sollte. Den anderen Teil des Geldes würde Andy für neue Reisen in die islamische Welt verwenden.

Als er vor mehr als vier Jahren die Suche nach jemandem begann, der fähig und geeignet war, mit ihm gemeinsam ein solch unvorstellbares Projekt vorzubereiten und dann auch durchzuführen, stieß er irgendwann auf

[96] **Im Wort sein** – etwas fest versprochen haben

Klaus Nelm. Zuerst war es nur rein menschliche Sympathie, die sie ins Gespräch kommen ließ. Dann stellte Andy aber Nachforschungen über seinen neuen Freund an und schon bald wurde ihm klar, dass Klaus genau der Richtige für solch einen Job war: Islam-Konvertit, kaputte Familie, traurige Kindheit, Ex-Soldat mit Sprengmittel-Erfahrungen, beruflich selbständig, aber von der dauernden Angst geplagt, als Versager angesehen zu werden. Klaus schien wirklich ideal für das geplante Projekt zu sein.

Klaus selbst verdrängte inzwischen – mehr oder weniger erfolgreich – die ihn schwer demütigende Tatsache, nicht aus der islamischen Glaubensgemeinschaft wieder austreten zu können. Die Angst vor der Drohung, ihn als Abtrünnigen umzubringen, führte dann ja auch zum endgültigen Verlust seiner großen Liebe Irene. Selbst seine Kinder verstanden ihn nicht mehr. Tief in seinem Unterbewusstsein hatte all das einen brennenden Zorn heranreifen lassen. Ohne ein selbstbestimmtes Leben – durch den Islam entmündigt und ohne vernünftige Lebensperspektive wurde aus diesem, für ihn bisher noch lenkbarem Zorn, eine fast ohnmächtig machende, zügellos-enthemmende und unkontrollierbare Wut! Er war das, was man ‚eine tickende Zeitbombe' nennt.

Für Andy, alias Djalil Adi Haidar, war die Situation des Glaubensbruders wie ein Geschenk: Nach genau solch einem Mann hatte er Ausschau gehalten! Er musste die Wut des Freundes nur noch in die gewünschte Richtung lenken. Das tat Andy dann auch sehr geschickt und nach unzähligen Gesprächen zwischen den beiden, war es für den fundamentalistischen Muslim möglich geworden, über die Firma ‚Nelm Soundrevolution GmbH' die benötigten großen Mengen an Chemikalien einzukaufen. Mit Klaus´ Fachkenntnissen aus der Soldatenzeit war es dann kein Problem mehr, Sprengstoff daraus herzustellen. Zudem erwies sich seine berufliche Tätigkeit als Veranstaltungsunternehmer als geradezu ideal, um das Teufelszeug unauffällig in einer riesigen Menschenmenge zu dcponieren.

***

Djalil war inzwischen von der Kamera zu Klaus herübergekommen und half ihm aus seiner Verkleidung. Anschließend brachte er den kreidebleichen Freund nach oben, ins Gästezimmer, wo dieser sich auf die Schlafcouch fallen ließ und bat:

„Gib mir nur ein paar Minuten, Djalil. Das ist gleich wieder in Ordnung. Ich brauch nur zehn Minuten Ruhe."

„Na klar! Ruh´ dich richtig aus, mein Bruder. Es ist ja noch genügend Zeit. Schlaf nochmal ein bisschen. Ich weck´ dich dann schon rechtzeitig. Möge Allah dich mit Gutem belohnen!"

„Und dich auch – möge Allah dich auch mit Gutem belohnen."

Während Andy das Rollo vor dem Fenster herunterließ und leise aus dem Zimmer ging, zog sich Klaus die Decke übers Gesicht und schloss die Augen. Ihm ging nochmal der soeben beendete Dreh des Bekennervideos durch den Kopf. Wenn das später im Fernsehen laufen würde, wäre es ja möglich, dass ihn jemand erkennt:

„Ach sieh mal, das ist doch der Klaus Nelm! Wie sieht denn der aus?“

Dann bestünde die realistische Möglichkeit, von einem Sondereinsatzkommando erschossen zu werden. Doch nein – das wird schon nicht passieren. Andererseits war es ihm eigentlich scheißegal, ob er bei dem Anschlag mit in die Luft fliegen würde, bei der Festnahme durch eine Polizeikugel umkäme, oder ob die islamischen Brüder ihn wegen irgendwelcher Verfehlungen gegen Allah umbrächten. Er hatte sowieso nichts mehr zu verlieren. Was er allerdings – laut Andy – gewinnen konnte, war grenzenlose Berühmtheit in der islamischen Welt. Für sie würde er in wenigen Stunden ein echter Held sein. Im abgedunkelten Gästezimmer sah er im Geist bereits ihm zujubelnde Menschenmassen in den Straßen von Damaskus. Er fühlte eine wohlige Wärme in sich aufsteigen und wollte gerade mit dem Gefühl einschlafen, dass er eine gefeierte Berühmtheit sein würde, als plötzlich Oma Kläres Gesicht vor seinem inneren Auge auftauchte und kopfschüttelnd zu weinen begann…

Konfirmation mit Benno Ohnesorg

Eigentlich hatte sich das mit dem *Christ-sein* für Klaus schon vor vielen Jahren erledigt. Damals – es war Ende der 1950er Jahre und er war noch ziemlich klein – vielleicht fünf, oder sechs Jahre alt – als Oma Kläre regelmäßig an den Wochenenden zu Besuch kam. Er konnte sie ganz gut leiden, weil sie immer zuhörte, wenn er etwas erzählte und – weil Oma nie herumschrie, wie seine Mutter.

Die alte Dame bemühte sich tatsächlich sehr, ihm das Christentum näherzubringen. Immer wieder las sie ihm die Geschichten aus der Bibel vor und eigentlich fand er diesen Jesus auch ziemlich in Ordnung. Dass der nie irgendjemanden schlug, nie herumbrüllte und immer gerecht und freundlich war, fand Klaus richtig gut. Dass dieser Jesus die Menschen so liebhatte – sie gesundmachte und mit ihnen feierte – das alles beeindruckte ihn damals sehr. Auch diese zehn Gebote, die ihm seine Großmutter immer ganz zu Anfang vorlas und die für sie ziemlich wichtig zu sein schienen, fand der Kleine anfangs toll. Schließlich waren das ja relativ einfach verständliche Handlungsanweisungen fürs Leben, die man von ihrem Inhalt her eigentlich nur gut finden konnte. Na ja, diese Sache mit dem ‚ehren von Mutter und Vater' war wirklich nicht so einfach. Da die ja dauernd prügelten und rumschrien, war es wirklich nicht leicht, sie zu mögen. Seine diesbezüglichen Versuche wurden mit der zunehmenden Zahl der Narben auf seiner kleinen Kinderseele weniger und weniger, bis er schließlich ganz aufhörte, um ihre Liebe zu buhlen.

Irgendwann war durch die vielen Schläge und Demütigungen der beiden Alten, die nach wie vor von sich behaupteten, gute Christenmenschen zu sein, ein kleines Samenkorn des Zorns in seine Seele gefallen, dass schon sehr bald anfing zu keimen: Wenn Christen tatsächlich so waren wie die Alten, dann wollte er auf gar keinen Fall ein Christ sein. Diese Heuchler gingen doch tatsächlich in den Heilig-Abend-Gottesdienst, feierten dort die Geburt dieses Jesus und prügelten anschließend ihre eigenen Kinder unterm Weihnachtsbaum grün und blau. Das alles nur, weil die den Text eines Weihnachtsliedes nicht richtig auswendig kannten.

Oder später – 1967 – Klaus war gerade 14 Jahre alt und ging zum Konfirmandenunterricht. Wer dort nicht richtig aufpasste, dem flog ganz schnell das viertelpfündige, kircheneigene Schlüsselbund des Pastors an den Kopf. Wahrscheinlich wurde es von seiner christlichen Nächstenliebe angetrieben. Bei einem der Konfirmanden musste, nach solch einem Liebesbeweis, sogar mal die entstandene Kopfwunde genäht werden. Dem Arzt hatte der Herr Pastor damals gesagt, dass der Junge sich beim

Toben an einer Schrankecke verletzt hätte. Soviel zum Gebot ‚Du sollst nicht lügen'.

Beliebt war seinerzeit auch das mehrmalige, kräftige ‚auf-den-Kopf-schlagen' der Heiligen Schrift. Vielleicht glaubte der Herr Pfarrer ja, dass die Texte der Evangelien auf diese Weise schneller in die Köpfe seiner dummen Konfirmanden gelangen würden.

Nein, nein! Niemals wollte Klaus so sein, wie diese Christen! Denen ging ganz offensichtlich all´ das Gute, was in der Bibel stand, am Arsch vorbei. Selbst wenn man mal über den Tellerrand des eigenen kleinen Umfeldes hinwegschaute, wurde es nicht besser, sondern eher noch schlimmer.

Wie war es sonst möglich, dass amerikanische Christen damals bereits seit zwei Jahren einen mörderischen Krieg in Vietnam führten und als Ziel angaben, die Menschen Nordvietnams wieder in die Steinzeit bomben zu wollen?

Warum vertrieben machtgeile griechische Christen, in einem blutigen Putsch, die demokratisch gewählte Regierung des Landes aus dem Amt?

Wie konnte der Berliner Polizeipräsident, der angeblich jeden Sonntag den Gottesdienst besuchte, bei einer Demonstration gegen den Besuch des Schahs von Persien den Befehl „Knüppel frei" geben, woraufhin ‚Christen in Uniform' wahllos auf Demonstranten und Schaulustige einschlugen und der 26jährige Student Benno Ohnesorg erschossen wurde?

Wie war so etwas nur möglich?

Seine Konfirmation jedenfalls, die eigentlich die persönliche Bestätigung der Taufe und damit das bewusste „Ja" zum christlichen Glauben und zur Kirchenzugehörigkeit sein sollte, blieb Klaus nur als der Tag in Erinnerung, an dem er eine Menge Geschenke und Glückwunschkarten bekam.

Bereits nachdem sie aus dem Gottesdienst zurückgekommen waren, stand für ihn fest, dass sich die Sache mit dem ‚Christ-sein' und der Kirche für ihn erledigt hatte. R würde auf keinen Fall…

„Salām, Abdullah, mein Freund – wach auf!"

666 Engel

Djalil zog ihm die Decke weg und grinste ihn an.

„Komm und sieh dir mal unseren Film an. Der kommt richtig gut. Allah – gepriesen und erhaben ist er – wird stolz auf uns sein."

Klaus hatte sich aufgerichtet, streckte sich und blickte zur Uhr: Sie stand auf Vier. Es waren noch gut fünf Stunden bis zum ‚großen Finale'. Genügend Zeit, gedanklich alles nochmal genau durchzugehen. Die beiden Männer begaben sich nach unten. Djalil startete die DVD mit dem fertigen Bekennervideo. Klaus saß darin scheinbar vor einer Felswand, an der ein Tuch mit Koranversen aufgehängt war.

„Wie du das immer hinkriegst", sagte er anerkennend zu Djalil, „das sieht ja wirklich aus, wie die Videos von Osama. Du bist ein echter Künstler. Gepriesen sei Allah!"

Er war tatsächlich beeindruckt. Entspannt lehnte er sich zurück und fuhr fort:

„Die werden glauben, ich sei da irgendwo in den pakistanischen Bergen.“

„Im Namen Allahs des Allerbarmers, des Barmherzigen. Ja, das sollen sie auch. In ‚Abdullah Azmi Walid‘ erkennt sowieso niemand Klaus Nelm. So werden sie dich hier nicht suchen. Gib mir die Nummer – nur zur Sicherheit“, fügte Andy dem Satz noch, wie beiläufig, an.

„Wie bitte?“

„Sie werden dich nicht erkennen…“

„Nein, nein – das meine ich nicht. Ich meine das, was du zuletzt gesagt hast.“

„Du sollst mir zur Sicherheit die Nummer geben. Schließlich kämpfen wir doch gemeinsam für die Sache Allahs! Wir sind zwei Mudschaheddin im Dschihad! Wir beide sind doch ein Team, oder?“

Fragend sah er Klaus in die Augen, bevor er beruhigend anfügte:

„Es ist ja nur für den Fall, dass dir irgendwas passiert, verstehst du? Los, mach schon.“

„Mir was passiert? Was sollte mir denn passieren und was ist denn, falls mir tatsächlich was passiert? Was ist denn dann, Djalil, mein Bruder?” fragte Klaus ihn ein wenig gereizt zurück.

„Was weiß ich? Bei Allah! Du könntest einen Autounfall haben, oder einen Herzinfarkt bekommen – das ist schon viel Jüngeren passiert. Was glaubst du denn, Abdullah? Und wenn du aus irgendeinem Grund nicht in der Lage bist, dieses Werk für Allah zu beenden, dann wird dein Bruder Djalil da sein. Mach dir also bloß keine Sorgen, mein Bruder – der Ruhm für diesen fantastischen Schlag gegen die Ungläubigen gehört doch sowieso uns beiden, so wie Allah – gepriesen und erhaben ist er – es wollte."

„666ENGEL!" offenbarte Klaus die den Zünder auslösende Handynummer.

„666 was?"

„666ENGEL! Schau auf deine Handytastatur. Du drückst einfach die Tasten, über denen der betreffende Buchstabe steht. Also 666 und dann weiter 36435. Die Nummer darf nirgends aufgeschrieben werden – aus Sicherheitsgründen, verstehst du? Also merkst du dir einfach 666ENGEL. Das kann man sich doch gut merken, oder?"

„Masha Allah!" rief Andy, um auszudrücken, dass er von Klaus´ Vorbereitungen beeindruckt war. „Du bist wirklich sehr clever, mein Bruder. Mögest du im Schutze Allahs bleiben!"

Zweifel

Hier oben, vom obersten Stockwerk des City-Parkhauses, hatte er einen phantastischen Blick auf die Lönshausener Innenstadt. Er schaute hinüber zum Triumphbogen, der genau gegenüber dem Parkhaus stand und teilweise von der riesigen, zentralen Videowand verdeckt wurde, auf der nachher das Fußballspiel zu sehen sein würde. Unmittelbar davor, auf der Hauptbühne, spielte bereits seit geraumer Zeit eine Coverband aktuelle Tophits. Schräg links konnte er in die Limesstraße hineinsehen, in der sie einen zweiten großen Videoscreen aufgebaut hatten. Zwischen ihm hier oben und dem großen Platz vor dem geschichtlichen Bauwerk befand sich eine breite, sechsspurige Straße, in deren Mitte die Trasse der Straßenbahn verlief.

Die Polizei hatte das riesige Areal dort drüben bereits seit dem frühen Morgen für die Public Viewing Veranstaltung abgesperrt. Immer mehr Menschen drängten aus der angrenzenden Fußgängerzone auf den zentralen Platz. Inzwischen mussten es wohl bereits mehrere tausend sein und scheinbar unaufhörlich kamen weitere hinzu. Sie alle waren gekommen, um ein riesiges Fußballfest zu feiern.

Erneut kamen Klaus Zweifel: War es tatsächlich richtig, diese Aktion durchzuführen? Durfte er so etwas wirklich tun? All´ die vielen Menschen töten? Ok – der Koran sagte eindeutig „ja" dazu. Sie alle waren ja doch nur ‚Tiere'[97] und die ‚schlechtesten Geschöpfe'[98] überhaupt. Die heilige Pflicht eines jeden guten Muslims war es, diese Ungläubigen für Allah zu töten[99]. Töten, töten, immer wieder töten! Was hatten diese brutalen Kriegs- und Mordaufrufe des ‚Heiligen Buches' der Muslime in ihm verändert? War sein Gewissen tatsächlich so sehr abgestumpft? Hatte er sich nicht bereits vor Jahren innerlich von dieser Religion verabschiedet, für die Liebe und Mitmenschlichkeit Fremdworte sind? Klaus erinnerte sich sehr genau an seinen erfolglosen Versuch, den Brief mit der Austrittserklärung, in der hannoverschen Moschee, abzugeben. War es die Angst vor ihren Todesdrohungen, die ihn hierher gebracht hatten? War es die – für ihn eigentlich unerklärliche – Freundschaft mit dem islamischen Hardliner Andy, der sich am liebsten mit seinem muslimischen Namen ‚Djalil' ansprechen ließ? Ordentlich zugequatscht hatte der ihn ja in den letzten Monaten. Oder war es am Ende seine Ehefrau Ayana – immerhin Andys Cousine – mit ihren ständigen Koran-Rezitationen? Vielleicht waren es aber auch die Versagensängste, die er nicht nur seinen Eltern gegenüber hat-

[97] *„Als die schlimmsten Tiere gelten bei Allah diejenigen, die ungläubig sind und nicht glauben werden."* (Quelle: Koran, Sure 8,55, nach Muhammad Rassoul)

[98] *„Siehe die Ungläubigen vom Volk der Schrift (Juden und Christen): sie sind die schlechtesten der Geschöpfe."* (Quelle: Koran, Sure 98, Vers 6)

[99] *„Und wenn die heiligen Monate abgelaufen sind, dann tötet die Ungläubigen, wo ihr sie findet, greift sie, umzingelt sie und lauert ihnen überall auf!"* (Quelle: Koran, Sure 9,5 nach Rudi Paret)

te? – Wahrscheinlich war es von allem etwas und er hätte all diese Bedenken gern weggewischt, doch es gelang ihm nicht. Je näher der Zeitpunkt rückte, an dem er die Nummer auf seinem Handy wählen würde, je stürmischer attackierten die Zweifel sein Gewissen und heftige Skrupel marterten seine vernarbte Seele. Er fühlte sich absolut schlecht.

Er beobachtete die Menschen auf dem Platz da unten – jeder einzelne von ihnen hatte eine eigene Geschichte. Sie alle waren wahrscheinlich heute Morgen aufgestanden und freuten sich den ganzen Tag auf das Event am Abend, hier in der Lönshausener Innenstadt. Natürlich hatten sie alle auch Pläne für morgen – für das nächste Wochenende – für den nächsten Urlaub – für den Rest des Lebens. Niemand von ihnen konnte ahnen, dass sich alle Wünsche und Träume für sie erledigt hatten, weil es da einen Mann auf dem Dach des Parkhauses gegenüber gab, der gleich eine Telefonnummer wählen würde. Klaus bemerkte nicht, dass ihm der Schweiß in wahren Sturzbächen übers Gesicht lief und Hemd und Hose inzwischen völlig durchnässt waren.

„Scheiße, Scheiße, Scheiße! Jetzt bloß nicht schwach werden. Jeder muss irgendwann mal sterben."

Er stütze sich, mit beiden Händen haltsuchend, auf der Brüstung der Begrenzungsmauer ab und beugte sich hinüber. Sein Blick verfolgte die Schweißperlen, die von seiner Stirn direkt in die Tiefe tropften:

„Wenn ich denen jetzt einfach hinterherspringe, ist

Ruhe. Dann können sie mich alle kreuzweise am Arsch lecken."

Selbst wenn das Gesülze vom Paradies, mit reichlich Jungfrauen, Lustknaben und saufen ohne Ende nicht stimmen sollte – wovon er eigentlich ausging – selbst dann hatte er nicht sehr viel zu verlieren. Da war eigentlich nur noch seine Frau Ayana. Von ihr war er sich noch nicht mal sicher, dass sie ihn liebte. Ayana hatte ihn geheiratet, weil ihr Cousin Andy diese Ehe vermittelt hatte. Ayana war, nach islamischer Denke, seine Frau, so wie sein Auto sein Auto war. Sie war eben nicht die gleichrangige Partnerin, mit der er sich ergänzen konnte. Sie war nicht die emotionale-, intuitive Komplettierung seines rationalen- und kämpferischen Wesens. Sie war nicht… – ja, sie war eben nicht wie Irene. Ob sie nun da war oder nicht, war eigentlich egal. Deshalb hatte er auch nichts zu verlieren.

Andererseits – die ganze viele Arbeit wäre dann umsonst gewesen. Es hatte schließlich nicht nur Monate gedauert, die ganzen Chemikalien zusammenzubringen, nein – auch die Herstellung des hochexplosiven Sprengstoffes, sowie das Präparieren der Traversen und Zeltstangen war sehr zeitaufwendig- und nicht ungefährlich gewesen. Und außerdem war es nun wirklich ein bisschen spät für Gewissensbisse. Schließlich war alles aufgebaut und vorbereitet. Mit einem einzigen kleinen Telefonat konnte er die Sache nun vollenden. Er musste nur ‚666ENGEL' auf der Handytastatur eintippen, die Wähltaste drücken und 20 Sekunden später – rumms!

Eigentlich ganz einfach.

Überraschenderweise verspürte Klaus plötzlich tatsächlich so etwas, wie eine ‚freudige Erwartung' in sich aufsteigen. Ein ganz seltsames, in dieser Situation unerwartetes Gefühl, dessen er sich eigentlich schämen müsste. Doch selbst das gelang ihm heute nicht. Entschlossen drückten seine Hände die Haltestange der Brüstung, an der er sich festhielt, als ob er sie zusammenquetschen wollte. Jeder Muskel seines Körpers war aufs Höchste angespannt und seine Augen starrten entschlossen zum VIP-Zelt hinüber. Es durfte auf keinen Fall alles umsonst gewesen sein. Ein Rückzieher? Ausgeschlossen! Nein, nein – das konnte er jetzt nicht bringen. Jetzt bloß keinen Rückzieher! Nicht wieder Schlappschwanz sein. Bloß nicht wieder zum Versager werden. Es gab kein Zurück für ihn!

Inzwischen hatte die Übertragung des Fußballspiels begonnen und man konnte von hier oben alles sehr gut verfolgen. Nach 20 Minuten ging die deutsch Nationalmannschaft mit 1:0 in Führung und Klaus hatte sich inzwischen etwas entspannt. Er schaute zur Uhr. Noch eine halbe Stunde, dann war es soweit. Er baute das kleine Teleskopstativ auf, das Andy ihm, zusammen mit einer dieser neumodischen Handycams, mitgegeben hatte. Der Freund hatte ihn gebeten, die ganze Aktion, für die Brüder in Pakistan, von hier oben aus, aufzunehmen. Die würden dann dafür sorgen, dass der Schlag gegen die Feinde Allahs, über Al Jazzera TV, in der gesamten islamischen Welt verbreitet wird.

So befestigte er die kleine Kamera auf der Stativplatte, klappte den Kontrollmonitor auf und schaltete das Gerät auf Standby…

Die späte Umkehr

Um 20 Uhr 18 pfiff der Schiedsrichter, am Ende einer dreiminütigen Nachspielzeit, schließlich zur Halbzeitpause. Die deutsche Mannschaft lag, nach wie vor, mit 1:0 knapp vorne. Aus allen Lautsprechern grölte es „We are the Champions“, als die Kicker in den Kabinen verschwanden. Gleich würden Oberbürgermeister Doktor Hagen Neumüller und Ministerpräsident Benjamin Gordon in der VIP-Lounge vor die Kameras treten, um ihr Wahlkampfgesülze abzulassen. Das Gequatsche würde dann, wie vorgesehen, nach draußen, auf alle drei Videowände übertragen werden.

Klaus schaltete die Handycam ein. Er zoomte die Menschenmenge ein bisschen näher heran und schwenkte ganz langsam über sie hinweg. Es war ein bisschen so, als ob er Abschied von ihnen nehmen wollte. Plötzlich erschrak er. Das war doch nicht möglich! Er stoppte die Schwenkbewegung abrupt und zoomte ganz nahe auf das Gesicht einer jungen Frau: Tatsächlich – das war Melanie! Seine jüngste Tochter Melanie, mit Ehemann und Kind! Fassungslos und wie in Trance holte er sein iPhone hervor, suchte im Speicher die Mobil-Nummer seiner

Tochter und drückte die Wahltaste:

„Nun mach schon! Geh´ ran, Mädel!“

Erneut begann sich der Schweiß in Sturzbächen über sein Gesicht zu ergießen. Ausgerechnet heute mussten die beiden hierher kommen. Solange er zurückdenken konnte, hatten sich Melanie und ihr Mann niemals für Fußball interessiert. Tennis, ja Tennis – das war doch ihre Sportart! Klaus sah auf dem Kontrollmonitor der kleinen Kamera, wie seine Tochter ihr Handy hervorholte und ans Ohr nahm. Dann hörte er ihre Stimme:

„Ja bitte?“

„Hier ist Klau… - ich meine Papa! Ihr müsst sofort nach Hause gehen! Sofort! Es ist was passiert! Man hat bei euch eingebrochen!“ log er ins Telefon, um so seinen Worten Nachdruck zu verleihen, „also los – bitte beeilt…!“

„Hallooo! Ich verstehe nichts! Halloooo! Tut mir leid, es ist so laut hier! Hallo! Wer ist denn da…?“

„Ihr sollt sofort nach Hau…“

Mist! Auf dem kleinen Bildschirm sah er, wie Melanie ihr Handy zurück in die Tasche steckte und ihrem Mann irgendetwas ins Ohr sagte. Der bückte sich und nahm einen kleinen Jungen auf den Arm: Seinen fünfjährigen Enkelsohn Benjamin.

Inzwischen hatte die Übertragung der Rede des Ministerpräsidenten begonnen. Klaus drückte auf Wahlwiederholung…

„Geh schon ran, Kind. Los mach schon."

Auf dem kleinen Kontrollmonitor sah er, wie Melanie reagierte und erneut ihr Handy aus der Tasche zog. Doch anstatt es ans Ohr zu nehmen, schaltete sie es ab. Sie schaltete es einfach aus. Klaus drohten die Knie zu versagen. Er schrie hinunter, wohlwissend, dass bei dem Lärm und der Entfernung niemand sein Rufen hören würde:

„Nein! Nein! Mach keinen Blödsinn, Mädel! Nicht ausschalten! Bitte nicht ausschalten!"

Er konnte doch unmöglich die eigene Tochter mit ihrer Familie in die Luft sprengen. Es blieb keine Zeit mehr und ohne weiter zu überlegen wählte er Andys Mobilfunknummer:

„Was ´n los?" hörte er seinen Komplizen fragen, der mit einer Spiegelreflexkamera gewissermaßen ‚Gewehr bei Fuß' stand, „du bist spät dran."

„Das Ding ist gestorben! Ich kann das nicht machen. Die vielen Leute, Andy – ich kann das echt nicht machen. Außerdem ist meine Tochter mit ihrer Familie da unten. Lass uns nochmal darüber red…" Plötzlich war die Verbindung weg. Andy hatte ganz offensichtlich das Gespräch beendet.

„Andy! Hallo Andy! – Mist!"

Vielleicht war der Empfang unterbrochen. Er drückte auf Wahlwiederholung und wartete.

„The person you have called is not available at present."

Der Mistkerl hatte das Handy abgeschaltet. Klaus überlegte nicht weiter und wählte weiter nachzudenken die Nummer der Polizei:

„Polizei Lönshausen, guten Abend. Mit wem möcht…"

„Bitte hören Sie mir genau zu. Ich werde mich nicht wiederholen. Sie müssen die Innenstadt evakuieren. Sofort! In allen drei Bühnen sind Bomben versteckt und…

„Sagen Sie mir, wer Sie sind?"

„Das spielt überhaupt keine Rolle! Hören Sie, da sind Bomben und es ist für die Leute da draußen sehr gefährlich. Sie müssen sich sehr beeilen!"

„Ich brauche ein bisschen mehr Informat…"

Klaus drückte die Ende-Taste und schaltete das Handy aus. Er würde es nachher, während der Heimfahrt, auf der Oehrebrücke entsorgen. Er packte Kamera und Stativ zusammen und schaute nochmals auf die Menschenmenge hinüber. Wie konnte er sich nur auf so etwas einlassen? Seine Augen scannten den Bereich ab, an dem er vorhin Melanie, Markus und die Kinder gesehen hatte. Er würde jetzt zu ihnen hinunterlaufen und sie da wegholen.

Sosehr er sich auch anstrengte, er konnte seine Tochter, in dem heillosen Durcheinander, nicht mehr entdecken und als sein Gehirn das realisierte, holte es erneut die Bilder aus der Vergangenheit hervor, die – scheinbar in Sekundenschnelle – wie ein Film vor seinem inneren Auge abliefen…

Schleyer im Möbelwagen

Deutlich sah er Melanies Kindergesicht vor sich. Sie mochte damals vielleicht 5 Jahre alt gewesen sein und sie schien ihn anzulachen. Dieses wunderbare, unschuldige Lachen, mit dem sie jeden – und ganz besonders ihn – um den kleinen Finger wickeln konnte. Sie war immer sein Sonnenschein gewesen. Irgendwie fühlte er immer eine besondere Verbindung zu ihr. Wahrscheinlich lag es daran, dass sie ein ausgesprochen fröhliches Kind war und sehr hübsch obendrein. Das bedeutete natürlich nicht, dass er seine beiden anderen Kinder weniger liebte – nein, nein! Doch Melanie war trotzdem irgendwie etwas Besonderes. Sie war das Nesthäkchen – halt ‚die Kleine'. Sein kleiner, süßer Schatz! Klaus lächelte, als er daran dachte, wie dieses ‚Kind der Liebe' entstanden war…

***

Er war damals, im Jahr 1977, gerade 25 Jahre alt geworden und hatte seinen vierjährigen Militärdienst bereits hinter sich. Was keiner wusste war, dass es für Deutschland gesellschaftspolitisch ein ziemlich heißes

Jahr werden sollte. Im April entführten und ermordeten die Terroristen der RAF[100] Generalbundesanwalt Siegfried Bubak, doch niemand ahnte in diesen Tagen, dass dies erst der Anfang einer ganzen Reihe von Terroranschlägen sein sollte, die dann im Herbst in die schwerste Krise in der Geschichte der Bundesrepublik führen sollte. Maßgeblich verantwortlich dafür waren schließlich Ereignisse, wie die Ermordung des Vorstandssprechers der Dresdner Bank, Jürgen Ponto und des Arbeitgeberpräsidenten Hanns Martin Schleyer durch die Killerkommandos der RAF. Auch die Entführung des Flugzeugs ‚Landshut'[101] nach Mogadischu, inklusive der Befreiung durch die GSG9 und die Selbstmorde der RAF-Häuptlinge im Hochsicherheitsgefängnis von Stuttgart-Stammheim trugen dazu bei. Genau in diesen aufregenden Zeiten beschlossen Klaus und Irene, ein drittes Kind in diese verrückt gewordene Welt zu setzten.

Ihre Ehe funktionierte wirklich gut – er war Irene ein treusorgender Ehemann und bemühte sich, den beiden Kindern ein guter Vater zu sein. All das, was er in seiner Kindheit vermisst hatte, wollten Irene und er den beiden Kleinen geben. Die ‚Große', wie sie ihre dreijährige

---

[100] Die Rote Armee Fraktion **(RAF)** war eine linksextremistische terroristische Vereinigung in der Bundesrepublik Deutschland. Sie war verantwortlich für 34 Morde, mehrere Entführungen und zahlreiche Banküberfälle und Sprengstoffattentate mit einer Vielzahl von Verletzten und erheblichen Sachschäden.

[101] Die Entführung des Flugzeugs **Landshut** (Boeing 737-200 der Lufthansa) durch vier palästinensische Terroristen am 13. Oktober 1977 und die erfolgreiche Befreiung der Geiseln durch die GSG-9 am 18. Oktober 1977 waren Teil des „Deutschen Herbstes". Das Ereignis stand in engem Zusammenhang mit der Schleyer-Entführung in der Bundesrepublik Deutschland durch die Rote Armee Fraktion (RAF), mit der inhaftierte RAF-Terroristen freigepresst werden sollten. Die Geiselbefreiung in Mogadischu gilt als das auslösende Moment für die Todesnacht von Stammheim, die wiederum die Ermordung Hanns Martin Schleyers zur Folge hatte.

Tochter Julia nannten, hatte sich prächtig entwickelt und der einjährige Sebastian fing gerade an zu laufen. Ihr Wunsch nach einem dritten Kind war in den vergangenen Wochen immer größer geworden und sie waren sich einig, dass nur ein Jahr zwischen ihrem Jüngsten und dem geplanten Baby liegen sollte. Der ‚Neuzugang' wurde dann tatsächlich neun Monate später geboren: Melanie! Ein Baby, bei dem sich der liebe Gott bezüglich Schönheit und Vollkommenheit besonders angestrengt zu haben schien. Klaus war überglücklich, als die Geburt ohne Komplikationen verlaufen war und er Mutter und Kind aus der Klinik nach Hause holen konnte.

***

Doch der Reihe nach: Es war am Mittag des 6. September – gerade ein Tag, nachdem ein RAF-Kommando den Arbeitgeberpräsidenten Schleier entführt hatte – als Klaus mit seinem englischen Freund Mikle, auf der Kanalfähre von Felixstowe in England, im belgischen Zebrugge eintraf. Er half seinem Kumpel bei dessen Umzug, von York im Norden Englands, nach Kassel, wo Mikle eine neue Arbeitsstelle antreten sollte. Sie hatten mit ihrem Möbeltransporter gerade die Fähre verlassen, als Klaus, der den LKW fuhr, nach einer Telefonzelle[102] Ausschau zu halten begann. Tja, damals gab es noch keine Handys wie heute – damals telefonierte man von unterwegs tatsächlich noch aus sogenannten Telefonzellen.

[102] Eine **Telefonzelle**, fachlich auch als *Telefonhäuschen* (TelH) bezeichnet, ist ein kleines Häuschen mit einer Grundfläche von etwa einem Quadratmeter, an dessen innerer Rückwand ein Telefonapparat angebracht ist. Die Gebühren des Telefonats werden je nach Eingabeausrüstung mit Münzgeld, einer Telefon-, Kredit- oder Geldkarte bezahlt.

Er wollte nur kurz bei Irene anrufen, um ihr mitzuteilen, dass er und Mikle gut angekommen waren. Er wusste, dass sie sich sonst wegen der Fahrt mit dem Schiff sorgte. Nur wenige Minuten später hatten sie ein Telefonhäuschen entdeckt. Klaus stoppte den LKW, ging hinein, wählte und freute sich, ihre liebevolle Stimme zu hören:

„Weynreich - ja bitte?“

„Hallo, mein Engel, ich bin ´s! Wir sind jetzt wieder auf festem Boden. Es hat alles gut geklappt bisher. Wir haben auf der Fähre was gegessen und werden uns nun direkt auf den Weg nach Kassel machen. Ich melde mich dann morgen, wenn wir ausgeschlafen haben, wieder bei dir, ok?“

„Sag mal, wenn ihr den Umzug fertig macht, wann kommst du dann wieder nach Hause?“ fragte seine Frau.

„Na ja – nach Kassel sind es ungefähr 490 km – wir können mit dem vollen Wagen nicht so schnell fahren – es ist jetzt 13 Uhr, dann sind wir – mit Pause – wohl so in sieben Stunden in Kassel. Natürlich laden wir den LKW erst morgen ab, wenn wir ausgeschlafen haben. Ich denke, wir werden den ganzen Tag bis zum Abend brauchen. Danach wollen wir noch ´n schönes Bierchen trinken gehen. Am nächsten Morgen komme ich dann heim. Wie geht es den beiden Kurzen?“

„Es geht ihnen gut. Die Große ist bei ihrer Freundin nebenan und der Lütje schläft.“

„Ok, mein Schatz, ich hab´ dich lieb! Wir sehen uns dann übermorgen. Ich rufe dich heute Abend nochmal an, wenn wir in Kassel angekommen sind. Also, Tschüss mein Scha…“

„Warte, warte, warte! Nicht so schnell. Ich hab´ da noch was“, unterbrach ihn Irene, bevor er auflegen konnte.

„Was ist denn los?“ fragte er neugierig.

„Na ja – wie soll ich ´s sagen? Also – wenn du gern im nächsten Jahr einen kleinen Maikäfer haben möchtest, dann sollten wir ihn heute Abend bestellen. Heute Abend wäre ein sehr guter – ein idealer Zeitpunkt für solch eine Bestellung.“

Er hörte Irene am anderen Ende der Leitung kichern.

„Was für ein Maikäfer? Was für eine Bestellung?“ fragte er irritiert.

„Mensch Klaus! Wir wollen doch noch ein Baby und wenn es, wie geplant, im nächsten Mai kommen soll, dann sollte heute Abend ein gewisser Kerl in meinem Bett sein. Comprende Amigo?“

Er grinste genüsslich und musste nicht lange überlegen, um ihr zu antworten:

„Ich denke, wir werden nach Lönshausen gut sieben, vielleicht siebeneinhalb Stunden brauchen. Das heißt, dass wir so gegen 20-, oder 20 Uhr 30 bei dir sein werden. Kauf´ bitte ´ne Kiste Bier, denn wie du weißt, bringe ich einen trinkfesten Briten mit.“

Er schaute zum LKW hinüber, aus dem Mikle ihm

Zeichen machte, dass er sich beeilen solle. Klaus lachte und fuhr fort:

„Den füllen wir dann so richtig ab und wenn er pennt, werden wir beide die Bestellung aufgeben. Freu´ mich schon darauf! Bis nachher, Schatzilein."

Klaus strahlte übers ganze Gesicht und begann – ohne darüber nachzudenken „What can you do with the drunken sailor" zu pfeifen, während er die Telefonzelle verließ und wieder zu Mikle in den LKW kletterte.

„Hey Brother, what´s the matter? Sag´, was ist passiert?" wollte der neugierig gewordene Freund wissen.

„Wir disponieren um und werd…"

„What is ‚disponieren'?" unterbrach ihn sein britischer Begleiter fragend.

„Wir machen einen neuen Plan, Mikle. Wir fahren jetzt nicht nach Kassel, sondern zuerst nach Lönshausen. Dort wartet eine Kiste Bier und was Leckeres zu essen auf uns. Morgen früh fahren wir dann die paar Kilometer nach Kassel und packen deine Klamotten aus. Ist das so ok für dich?"

„You are the Boss. Wenn you sagst ‚first Lönshausen', then ‚first Lönshausen'. Let's do it!" erwiderte Mikle in seinem witzigen deutsch-englisch-Kauderwelsch.

Sie hatten bereits vor einiger Zeit die Grenze bei Venlo passiert und es war auf der Höhe von Duisburg, als sich plötzlich ein Polizeiwagen direkt vor sie setzte und ihnen Zeichen gab, auf den nächsten Rastplatz herauszufahren. Im Rückspiegel entdeckte Klaus noch weitere Polizeifahrzeuge. Ein kurzer kontrollierender Blick auf den Tacho – sie waren mit knapp 90 Sachen unterwegs. Das konnte es also nicht sein. Er hatte ein komisches Gefühl, war sich aber keinerlei Schuld bewusst. Nach ungefähr 500 Metern bog er, hinter dem Einsatzfahrzeug herfahrend, auf einen Autobahnparkplatz ab und stoppte. Wie aus dem Nichts waren sie plötzlich von mindestens 20 schwerbewaffneten Polizisten einer Spezialeinheit umstellt, die mit ihren Maschinenpistolen im Anschlag auf sie zielten. Mikle rief besorgt:

„What´s that, Klaus – what´s that? What wollen the fucking guys from us?"

„Keine Ahnung – vielleicht wegen der Entführung, von der sie vorhin im Radio erzählt haben. Das war doch in Köln, gar nicht weit von hier. Mach´ jetzt bloß kein Scheiß, Mikle! Bleib ganz ruhig und bitte – shut up! Ich spreche mit denen und werde sie fragen, was los ist!"

Tatsächlich handelte es sich um eine der Fahndungsmaßnahmen, die wegen der Entführung des Arbeitgeberpräsidenten Schleyer durchgeführt wurden. Der war am Vortag in Köln von einer Bande, die sich ‚RAF-Kommando Siegfried Hauser' nannte, in Wild-West-Manier entführt worden. Es hatte wohl eine wilde Schießerei gegeben und mehrere seiner Leibwächter waren dabei ums Leben gekommen. Nun suchten sie den Entführten fieberhaft und ein privater Möbeltransporter schien ihnen nicht ganz unverdächtig zu sein. Vielleicht war der Gekidnappte ja da hinten drin…

Nachdem sich Klaus und Mikle ausgewiesen- und den Polizisten ihre Geschichte mit dem Umzug erzählt hatten, durften sie ein gutes Drittel der Möbel ausladen – immer unter den wachsamen Blicken der Polizisten und dem seltsamen Gefühl im Hinterkopf, dass mehrere entsicherte Maschinenpistolen auf sie gerichtet waren. Selbstverständlich fanden die Sheriffs weder Herrn Schleyer, noch sonst irgendjemanden zwischen dem restlichen, im Fahrzeug verbliebenen Umzugskram. Als auch die Überprüfung ihrer Papiere keinerlei Verbindungen zu irgendwelchen Terrornetzwerken vermuten ließ, durften sie den ganzen Krempel wieder aufladen. Bis sie schließlich erneut auf die Autobahn auffuhren, hatte sie die ganze Aktion letztendlich 30 wertvolle Minuten gekostet.

Geschafft, aber glücklich konnte Klaus dann kurz vor 21 Uhr seine Irene in die Arme schließen. Als Mikle, nach der sechsten Flasche Bier und etlichen Schlucken aus einer Jim Beam-Flasche, bereits die Augen zufielen, meinte Klaus – der den ganzen Abend nur eine Flasche Bier getrunken hatte – in Richtung seines englischen Freundes, dass es wohl an der Zeit wäre, zu Bett zu gehen.

„Yesss Sirrr and good night“ lallte Mikle und kippte nach links auf die Couch weg.

Als sie dann kurz darauf den Betrunkenen, aus dem Wohnzimmer, zufrieden schnarchen hörten, wurde nebenan die ‚Bestellung‘ für ein zauberhaftes, kleines Mädchen aufgegeben.

***

Die 380 km Umweg von Zeebrugge, über Lönshausen, nach Kassel hatte er auch später niemals bereut und als gerade ein zufriedenes Lächeln seinen Mund umspielen wollte, wurde er jäh – durch den Lärm der schnell näherkommenden Martinshörner mehrerer Polizeiwagen – in die Gegenwart zurückgerissen…

Das Inferno

Er musste hier weg. Eilig warf er noch einen Blick hinunter auf die Straße, wo gerade die ersten Streifenwagen eintrafen. Melanie und ihre Familie waren nirgends zu entdecken. Wahrscheinlich hielten sie sich im Bereich der Hauptbühne auf, von wo die kleineren Kinder einen besonders guten Blick auf die Großbildleinwand hatten. Dort sah man, dass die Musikkapelle, die in der Halbzeitpause die Fans unterhalten hatte, den Innenraum des Stadions verließ. In wenigen Augenblicken würden nun die beiden Mannschaften zur zweiten Halbzeit auf ´s Spielfeld zurückkehren.

„Jetzt bloß schnell da runter und Melanie suchen", dachte Klaus und war bereits auf dem Weg zum Treppenaufgang, als ihn die mächtige Druckwelle der ersten Detonation wie eine Spielzeugpuppe auf die Motorhaube eines der parkenden Fahrzeuge schleuderte. In sehr kurzen Abständen folgten zwei weitere Explosionen, die Lönshausens Innenstadt augenblicklich in ein gewaltiges, infernalisches Chaos verwandelten. Schlagartig lag eine riesige Wolke aus Asche, Staub und Rauch über den Gebäuden, die größtenteils sofort in Flammen standen.

„Melaniiieee!" schrie Klaus, als er sich wieder aufrappelte und taumelnd zurück zur Brüstung lief. Ihm bot sich ein Bild des Grauens. Er sah zerfetzte Menschen und abgerissene Körperteile; er sah Männer, Frauen und Kinder wie lebende Fackeln umherirren. Da versuchte sich jemand schreiend aus einem Berg von Trümmern und entsetzlich entstellter Leichen zu befreien; da wälzten sich Leute mit abgerissenen Gliedmaßen stöhnend zwischen den bereits Toten…

Er konnte nicht fassen, was er dort unten sah. Vom großen Triumphbogen ragten nur noch Teile der beiden ehemals tragenden Säulen gespenstisch-ruinenhaft in den Abendhimmel und von der mit Menschen voll besetzten VIP-Lounge war nichts mehr übrig geblieben. Ein Mann, der völlig apathisch den Torso eines Kindes hinter sich herzog, wurde plötzlich unter den Trümmern einer einstürzenden Hausfassade begraben. Das Geräusch des prasselnden Feuers vermischte sich apokalyptisch mit den Schmerzensschreien der vielen Schwerst-Verletzten, mit dem Wimmern und Stöhnen der Sterbenden und dem hysterischen Schreinen von Müttern und Vätern, deren Kinder von der Explosion vor ihren Augen zerrissen wurden.

Melanie war mit ihrem Mann und seinem Enkelsohn Benjamin dort unten gewesen. Entsetzt schrie er wie von Sinnen nach der geliebten Tochter:

„Melaniiieee! - Melaniiieee!"

Tränen vermischten sich mit Schweiß und Dreck aus

der Aschewolke, die inzwischen zu ihm heraufgezogen kam. Es stank fürchterlich. Er wischte sich mit der Hand übers Gesicht und versuchte, seine Gedanken zu sortieren.

„Wieso", fragte er sich, „wieso war die Explosion ausgelöst worden? Er hatte das nicht getan. Er nicht!"

Es verging eine gefühlte Ewigkeit, bis er seine Augen vom infernalischen Geschehen dort unten losreißen konnte und wieder in der Lage war, einigermaßen klare Gedanken zu fassen. Inzwischen trafen die ersten Rettungswagen ein und halfen einigen der Unglücklichen so gut sie konnten. Wie in Trance hob Klaus die, von der Druckwelle umgeworfene, Kamera auf und verstaute sie in der Tasche, um sich danach auf direktem Weg zu seinem Auto zu begeben. Unzählige Polizei- und Rettungsfahrzeuge kamen ihm auf der Fahrt entgegen und als er auf der Oehrebrücke kurz stoppte, waren die Straßen in diesem Teil der Stadt menschenleer. Er nahm die Prepaid-Karte aus dem Handy, öffnete das Beifahrerfenster und warf es in den Fluss. Dann fuhr er auf direktem Weg nach Hause, um aus den völlig durchgeschwitzten, mit Ruß und Dreck verklebten Klamotten heraus zu kommen.

***

Das Wasser der Dusche rann an seinen nackten Körper herunter, ohne dass er es bewusst wahrnahm. In seinem Kopf schienen unzählige Gedanken miteinander um das Vorrecht zu kämpfen, zu Ende gedacht zu werden.

Er griff sich das Badetuch, wickelte es um die Hüfte, löschte das Licht und ging ins dunkle Wohnzimmer hinüber. In was – um alles in der Welt – war er da nur hineingeraten? Klaus trat ans Fenster, um es zu öffnen und in die Nacht hinaus zu starren. Aus dem Nebenzimmer drang, diese unangenehm aufdringlich quäkende, arabische Musik an seine Ohren, die sich seine Frau Ayana praktisch den ganzen Tag antat. Mit Vorliebe hörte sie die Sendungen von ‚Radio Islam', einem iranischen Internetsender, der die deutschen Glaubensgeschwister unter anderem mit aktuellen deutschsprachigen Predigten versorgt. Die Silhouetten der Häuser hoben sich dabei im Schein des in der Innenstadt tobenden Großfeuers gespenstisch vom Nachthimmel ab. Im durchgängigen Lärmteppich der Sirenen von Polizei, Krankenwagen und Feuerwehr, der sich unter das Gequake aus dem Nebenzimmer mischte, hörte man die typischen Geräusche unzähliger heran-, oder davonfliegender Helikopter.

Noch immer wirbelten Unmengen unterschiedlichster Gedanken in seinem Kopf herum und jeder von ihnen versuchte sich festzukrallen – festzukrallen, um ihn zu überwältigen: Melanie, sein Kind…; – brennende Menschen, die schreiend über Schutt und Leichen stolperten…; – Andy, der begeistert in diesem Tohuwabohu seine Fotos machte…; – Irene, die ihn weinend ansah…; – die Alte, die ihn mit hassverzerrtem Gesicht anschrie. Dazwischen schien ihm jemand, immer wieder leise, aber unüberhörbar „Versager, Versager…" zuzurufen! Tränen rannen ihm übers Gesicht. Er wischte sie mit der Außenseite der Hand weg und in einer Mischung von Trauer und Wut gelang es ihm tatsächlich, einen dieser Gedanken festzuhalten: Andy!

Andy - ihm hatte er die Nummer zum Auslösen des Infernos gegeben! Andy, der nun wahrscheinlich begeistert über Leichenberge kletterte und seine Fotos machte. Es gab keinerlei Zweifel, dieser fanatische Idiot musste das Inferno ausgelöst haben. Außer Klaus selbst kannte nur er die Nummer, mit der die Sprengsätze gezündet werden konnten. Er schloss das Fenster, ließ den Rollladen herunter, ging zur Sitzecke hinüber und ließ sich in den Sessel fallen. Fast automatisch suchten seine Hände die Fernbedienung des Fernsehers und schalteten das Gerät ein. Noch lief die zweite Halbzeit des Länderspiels, doch sie blendeten bereits einen ‚Breaking-News-Lauftext' am unteren Bildrand ein:

„Breaking News: Schwere Explosionen in Lönshausen – Viele Tote bei Public Viewing Deutschland England – Sondersendung im Anschluss an die Fußballübertragung."

Klaus nahm das Telefon und wählte Andys Handynummer:

„The person you've called is temporarely not available."

Er zappte nach ‚n-tv' und sah dort die ersten Livebilder vom Ort des Geschehens. Per Split-Screen erschien ein Nachrichtensprecher, der die Bilder zu moderieren versuchte. Er war offensichtlich tief bewegt und sprach davon, dass man von einem Terroranschlag ausgehe und leider auch damit rechnen müsse, dass es mehrere dutzend Tote und Verletzte gegeben habe. Klaus zappte weiter durch die Programme. Inzwischen liefen auf fast allen Kanälen die Schreckensbilder aus Lönshausen. Als er zum Nachrichtensender ‚n-tv' zurückschaltete hielt er inne. Dort zeigten sie gerade das Bekennervideo:

„…strebender Mudschahid in die Höhle der Teufel eingedrungen und habe mir einen Platz im Paradies gesichert, indem ich für Allah – gepriesen und erhaben ist er – und alle Muslime der Welt einen neuen Feiertag geschaffen habe."

Was, wenn auch seine beiden anderen Kinder Sebastian und Julia mit ihren Familien auf der Veranstaltung gewesen waren? Was, wenn auch Irene dort war? Ihm wurde übel und er stürzte zur Toilette, um sich über dem WC-Becken zu übergeben. Noch mit dem Kopf über der Toilette hängend entschloss er sich sofort bei Melanie anzurufen. Vielleicht hatten sie überlebt und waren längst daheim. Mehr torkelnd, als gehend erreichte er das Wohnzimmer und versuchte nacheinander die beiden Kinder zu erreichen: Nichts! Niemand meldete sich. Er tippte mit leicht zittrigen Fingern Irenes Nummer in die Tastatur des Telefons. Tüüüt, tüüüt, tüüüt – dann meldete sich eine verschlafen klingende, angenehm warme Frauenstimme:

„Irene Weynreich. Ja bitte?"

Gott sei Dank – sie lebte. Ohne ein Wort zu sagen legte er den Hörer auf. Erneut wählte er die Nummer seines Sohnes Sebastian. Was, wenn auch er mit seiner

Frau zum Public Viewing gegangen war? Vielleicht wollte sich Melanie mit ihren Geschwistern dort treffen, um gemeinsam einen schönen Abend zu verbringen? Er würde sich das nie verzeihen, wenn seine Kinder… Plötzlich meldete sich eine Frauenstimme am anderen Ende der Leitung:

„Anja Kampla bei Weynreich, hallo…“

„Nelm, guten Abend. Ich möchte mit meinem Sohn Sebastian sprechen.“

„Die sind nicht zu Hause. Ich passe hier auf die Kinder auf. Sie wollen so gegen Mitternacht zurückkommen. Soll ich ihnen was ausrichten?“

„Ja, Anja! Sie möchten mich bitte sofort anrufen, wenn sie zurück sind. Egal wie spät es ist.“

„Ok, ich werde es ihnen sagen. Wer sind sie nochmal?“

„Ich bin Sebastians Vater. Danke!“

Sie sind tot, schoss es ihm durch den Kopf. Sie sind ganz bestimmt alle umgekommen! Klaus versuchte erneut, Julia zu erreichen.

„Weynreich! Hallo?“

Erleichtert hörte er die Stimme seiner ältesten Tochter.

„Ich bin `s, Papa. Wollte nur mal hören, wie es euch so geht…“

„Und das nachts um 23 Uhr 10? Papa! Wir schlafen!

Was ist denn los? Was willst du wirklich?“

„Habt ihr denn kein Fernsehen geguckt? Ich hab´ mir halt Sorgen gemacht…“

„Nein, wieso – was ist denn los?“

Er hörte, wie Julia das TV-Gerät einschaltete. Dann war einen Augenblick lang Ruhe. Er registrierte, wie seine Tochter den Telefonhörer auf den Tisch legte und aus dem Zimmer lief. Im Hintergrund vernahm er Augenblicke später das Rufen, mit dem sie ihren Mann weckte:

„Stefan! Los, wach schon auf! Es ist was passiert! Komm schnell!“

Klaus hörte die beiden ins Wohnzimmer zurückkommen. Dass der Vater noch am Telefon wartete, hatte Julia längst vergessen, als sie aufgeregt zu ihrem Mann sagte:

„Melanie und Markus wollten doch mit dem Jungen dahin gehen. Um Gottes Willen, hoffentlich ist ihnen nichts passiert. Lieber Gott, mach, dass sie leben…“

Im nächsten Moment hörte er schon das Wählgeräusch im Telefonhörer, als Julia bei laufender Verbindung versuchte, ihre Schwester zu erreichen.

Klaus legte den Hörer auf und lehnte sich zurück. Er streckte die Beine weit aus und schloss die Augen. Viel anders konnte sich der Tod auch nicht anfühlen. Wenigstes Julia und ihre Familie lebten. Wenigstens das war klar…

Unmengen unterschiedlichster Empfindungen begannen seinen Körper zu überfluten und er hatte heute nicht zum ersten Mal das Gefühl, dass unzählige Gedankenfetzen seinen Schädel zerplatzen lassen wollten. Plötzlich wurde er von Ayanas Stimme aus dem quälenden Gedankenchaos herausgerissen:

„Friede sei mit dir, Abdullah. Ich habe dir etwas zu essen gemacht."

Sie stellte einen Teller mit Menemen, einem Gericht aus Eiern, Tomaten, Paprika und einigen anderen Zutaten auf den Tisch und schob ihn zu ihm hinüber. Zusammen mit einem Glas Tee brachte sie auf einem zweiten Teller Gurken, Tomaten, Schafskäse, Oliven und Brot. Erst jetzt bemerkte Klaus ein ziemlich starkes Hungergefühl, denn er hatte seit dem Vormittag nichts mehr gegessen. Nachdem er ein Stück vom Fladenbrot abgerissen- und geistesabwesend in den Mund geschoben hatte, sagte er leise, wie zu sich selbst:

„Ich war ´s nicht."

Während seine Hände, wie von einer unsichtbaren Kraft gelenkt, ein Stück vom Schafskäse abschnitten, blickte er mit leeren Augen Richtung Ayana und wiederholte leise:

„Ich nicht. Ich war das nicht, " um dann sehr bestimmt und mit plötzlich wachem Blick fortzufahren, „es war Andy. Es war dieser verfluchte Hurensohn Andy."

Ayana legte ihre Hand sachte auf seine Schulter, doch er wehrte ihre beruhigende Geste ab, indem der sich ruckartig wegdrehte.

„Abdullah, mein lieber Mann – du musst nicht traurig sein. Du weißt, dass du alles richtig gemacht hast. Und glaube mir, es ist für Allah – Friede und Segen auf ihm - völlig gleichgültig, ob du, Djalil, oder irgendein anderer es getan hat. Es sind Ungläubige, hörst du? Es sind alles Ungläubige, die den Tod verdient haben. Du musst dir keine Gedanken deswegen machen. Bei Allah – Friede und Segen auf ihm -, du bist ein echter Glaubenskrieger – ein echter Mudschahid! Die Brüder und Schwestern auf der ganzen Welt werden dich verehren…“

Die Worte seiner Frau erreichten ihn zwar, doch je länger er sie hörte, je fremder, abstoßender und unmenschlicher kam ihm das Gelaber über Ungläubige, Glaubenskrieger und Menschen, die den Tod verdient hätten, vor. Langsam aber unaufhaltsam begann er innerlich zu kochen. Wenn sie nicht sehr bald mit diesem dämlichen Gequatsche aufhören würde, könnte er für nichts garantieren.

Ayana bemerkte zwar, dass die Erregung ihres Mannes zuzunehmen schien, doch weil sie den Grund dafür nicht bei sich selbst vermutete, fuhr sie fort:

„…und höre, was der heilige Koran dazu sagt.“

Sie hatte das dicke grüne Buch aus dem Koranhalter – einem zweiteiligen, intarsiertem Klappult aus dunklem Ebenholz – herausgenommen, suchte flink eine bestimmte Stelle heraus und sprach weiter:

„Hier, in Sure 2, Vers 216 steht geschrieben: *Euch ist vorgeschrieben, gegen die Ungläubigen zu kämpfen, obwohl es euch zuwider ist. Aber vielleicht ist euch etwas zuwider, während es gut für euch ist, und vielleicht liebt ihr etwas, während es schlecht für euch ist. Allah weiß Bescheid, ihr aber…*"

Klaus sprang auf, schlug ihr mit einer heftigen Bewegung das Buch aus der Hand und hatte bereits zum Schlag gegen ihr Gesicht ausgeholt, als ein Gedanke an früher ihn in seinem Vorhaben abrupt bremste: Wie demütigend war es damals jedes Mal für ihn gewesen, wenn die Alte ihn ins Gesicht geschlagen hatte…

Augenblicklich wandte sich seine gesamte Wut gegen dieses Buch, das die Menschen in Gläubige und Ungläubige, in Gute und Böse einteilte. Wie von Sinnen stürzte er sich darauf und riss die Seiten Bündelweise heraus, um sie dann in Richtung Ayana zu werfen. Wie übergroßes Konfetti füllten sie den Raum, während er außer sich vor Wut brüllte:

„Ich will mit dieser Scheiße nichts mehr zu tun haben! Ich will diesen Dreck nicht mehr in meiner Wohnung haben! Ich will, dass du deine Klappe hältst! Ich will, dass du deine Klamotten packst und verschwindest! Ich will, dass du sofort verschwindest! Hörst du? Hau ab! Hau endlich ab!"

„Fürchte Allah – Friede und Segen auf ihm!" schrie Ayana ihn an. „Du hast den heiligen Koran geschändet! Du bist ein dummer Mann und ich flehe Allah – gepriesen und erhaben ist er – um Vergebung an! Sie werden dich dafür bestrafen, Abdullah! Sie werden dich ganz sicher dafür bestrafen Abdu…!"

„Nenn´ mich nie wieder Abdullah, du blöde Kuh! Ich heiße Klaus! Hörst du? Klaus Nelm!“

Völlig außer sich stürzte er hinaus auf den Balkon. Er wollte ihr religiöses Gesülze nicht länger ertragen. Es widerte ihn einfach nur noch an. In tiefen Zügen sog er die Nachtluft ein und versuchte, sich zu beruhigen, doch das war keine frische Luft. Sie roch ekelerregend, denn der Gestank von verbranntem Holz und verkohlten Menschen hatte inzwischen auch die Außenbezirke von Lönshausen erreicht. Seine Augen begannen zu brennen und er musste husten. Schnell ging er wieder hinein und schloss die Balkontür. Er war allein, denn Ayana hatte die Wohnung inzwischen mit unbekanntem Ziel verlassen.

***

Es war genau 10 nach 11, als die Linienmaschine der ‚Deutschen Condor‘ vom Rollfeld in Hamburg-Fuhlsbüttel abhob und wenige Minuten später eine sonore Männerstimme aus dem Bordlautsprecher verkündete:

Meine Damen und Herren, wir haben soeben unsere Reiseflughöhe erreicht und der Kapitän hat die Anschnallzeichen ausgeschaltet. Sie können sich nun frei im Flugzeug bewegen. Wie immer empfehlen wir Ihnen aber während des gesamten Fluges angeschnallt sitzen zu bleiben. Sie können nun auch Ihre eigenen elektronischen Geräte benutzen. Wir werden in Kürze mit dem Bordservice beginnen.

Klaus öffnete seinen Sicherheitsgurt, stellte die Rückenlehne ein wenig zurück und begann die Zeitungen zu überfliegen, die er beim Boarding mit zu seinem Platz genommen hatte. Alle titelten in riesigen Lettern über das Attentat in Lönshausen:

Der Tod kam beim Fußball! - 1782 Opfer bei Terroranschlag im niedersächsischen Lönshausen! - Ministerpräsident Benjamin Gordon unter den Opfern eines feigen Terrorangriffs! – Islamische Extremisten übernehmen in Bekennervideo Verantwortung für Attentat in Lönshausen! – Der Generalbundesanwalt hat die Ermittlungen aufgenommen!

Er legte die Zeitung beiseite, lehnte sich zurück und schaute aus dem Fernster. 1782 Menschen. 1782 ausgelöschte Leben. Sein Blick verlor sich in der unendlich scheinenden Ferne da draußen, während der Gedanke an die vielen Toten in der strahlenden, hellblauen Unendlichkeit des Himmels zu ertrinken schien, um ihn erneut in die tiefen Abgründe seiner traumatischen Vergangenheit zu stürzen…

Disco ´79

Es war im Sommer 1979. Die Bürger Großbritanniens hatten mit Margaret Thatcher gerade die erste Frau ins Amt des Premierministers gewählt und ‚Polen-Paule' – wie damals viele den polnischen Papst Johannes Paul II nannten – war gerade in seine Heimat gereist. Er hatte auf dem Warschauer Siegesplatz zum Thema Menschenwürde recht deutliche Worte gefunden und damit starkes Missfallen bei den kommunistischen Machthabern erregt. Andererseits hatte Elton John vor einem Monat als erster westlicher Popstar sehr erfolgreich mehrere Konzerte in der damals noch bestehenden Sowjetunion gegeben.

Klaus erinnerte sich genau an die Situation, als Irene ihm während eines sonntäglichen Frühstücks eröffnet, dass – trotz angeblich verhütender Kupferspirale – zum vierten Mal neues Leben in ihrem Bauch zu wachsen begonnen hatte:

„Was meinst du, Schatz, haben wir noch Platz für einen Esser mehr am Tisch?"

„Wie bitte?"

„Na ja, was wäre, wenn wir noch ein Kind bekämen?“

„Du machst Witze. Sag bitte, dass du Witze machst!“

„Ich glaube, der Schwangerschaftstest sagt, dass es kein Witz ist. Die Ärztin sagt, dass ich im zweiten Monat bin.“

„Das geht doch gar nicht! Du hast doch diese Spirale…“

„Ich weiß, aber die Ärztin hat mir die Schwangerschaft eindeutig bestätigt. Keine Ahnung wie das passieren konnte.“

Klaus grinste süffisant und antwortete mit sarkastischem Unterton:

„Du hast also keine Ahnung, wie das passieren konnte? Du erinnerst dich nicht? Die Biene und das Blümchen…“

Irene zeigte ein gequältes Lächeln und erwiderte: „Und nun? Was machen wir nun?“

„Wie – *was machen wir nun?* Eines steht doch wohl ganz klar fest: Wir können uns auf gar keinen Fall ein viertes Kind leisten! Wir kommen finanziell ja jetzt schon nicht mehr richtig klar. Was soll da noch ein zusätzliches Kind? Genau aus diesem Grunde hast du doch diese blöde Spirale bekommen.“

„Ich weiß, ich weiß! Aber nun ist es halt passiert und ob wir nun zu fünft sind, oder zu sechst – das spielt doch nun wirklich keine Rolle…“

Klaus explodierte förmlich und entgegnete aufgebracht:

„Keine Rolle? Du überblickst wohl unsere Situation nicht richtig? Soll ich dir mal den Stapel mit den unbezahlten Rechnungen zeigen? Ein zusätzliches Kind? Das schaffen wir auf gar keinen Fall, selbst wenn wir…"

„Ist ja schon gut! Ich kann ja mal meine Ärztin fragen, welche Möglichkeiten es da so gibt…"

Klaus wusste genau, was Irene mit „Möglichkeiten" meinte. Es war absolut in seinem Sinne, dass sie dieses Kind nicht bekämen und so entschieden sich die beiden denn für einen Schwangerschaftsabbruch. Damals war er tatsächlich fest davon überzeugt, dass ein weiteres Familienmitglied finanziell nicht verkraftbar sei. Irene beugte sich schweren Herzens den Argumenten ihres Mannes und so wurde die sogenannte Notlagenindikation, nach den gesetzlich vorgeschriebenen Beratungen, bewilligt. Nur zwei Wochen später war das kleine Lebewesen in Irenes Bauch von den Ärzten einer Fachklinik getötet und entfernt worden.

***

Gelegentlich – und in der jüngsten Vergangenheit zunehmend häufiger – hatte Klaus an diesen kleinen Menschen, dem er das Recht auf Leben abgesprochen hatte, denken müssen. Heute wäre dieses Kind bereits erwachsen und es war ihm völlig klar, dass sie selbstverständlich auch dieses vierte Kind durchgebracht hätten. Es war jedes Mal ein Gefühl zorniger Traurigkeit, das ihn überkam, wenn er daran denken musste, dass er sich damals so selbstsüchtig – fast schon arrogant – gegen dieses Leben entschieden hatte. Irene hätte es gewollt, dieses kleine Menschlein. Sie hatte sich nur seinen, scheinbar so überzeugenden, Argumenten gebeugt. Vielleicht wäre ja tatsächlich alles ganz anders gekommen, wenn – ja, wenn er nicht immer seinen Willen durchgesetzt- und mehr auf seine Irene gehört hätte. Schließlich hatte sie ihn damals auch vor diesem Friedrich Neumann, alias Hakim Halil, seinem islamischen Arbeitskollegen gewarnt. Leider hatte er ihre Bedenken nicht ernst genommen, denn er glaubte damals wirklich, dass ein Mann stark und durchsetzungsfähig sein müsse. Dass ein Mann lösungsorientiert denkt und dass er entscheiden und bestimmen muss, um von seiner Umwelt den gewünschten Respekt zu bekommen. Wahrscheinlich wäre wirklich alles ganz anders gekommen, wenn er damals auf seine Ehefrau gehört hätte…

***

Wie gesagt, es war im Sommer 1979 und Klaus hatte seine Irene in eine dieser Kliniken gebracht, die sich auf Schwangerschaftsabbrüche spezialisiert hatten. Der Eingriff wurde am Mittwochvormittag durchgeführt und er besuchte seine Frau täglich – auch an jenem Freitagmittag. Die Ärzte hatten festgelegt, dass Irene über ´s Wochenende zur Beobachtung im Krankenhaus bleiben sollte und – falls es keine Komplikationen geben würde – dann am kommenden Montagnachmittag nach Hause dürfte. Klaus hatte allerdings seine eigene Planung fürs bevorstehende Weekend. Die dauernde Fahrerei ins

Krankenhaus nervte ihn gewaltig. Er meinte ohnehin, dass es den Ärzten mit dieser Entscheidung nicht um das Wohl ihrer Patientin ginge, sondern nur darum, das Krankenhausbett ein paar Tage länger belegt zu halten. So sagte er zu Irene:

„Die wollen dich doch nur für ein paar Tage mehr bei der Krankenkasse abrechnen. Im Bett liegen kannst du doch auch genauso gut zu Hause."

Durch dieses verantwortungslose Drängen genötigt, unterschrieb Irene schließlich eine Erklärung, dass sie auf eigenen Wunsch und auf eigene Verantwortung bereits am Samstagvormittag nach Hause entlassen werden wollte. Das war eine Entscheidung, die sie einige Stunden später beinahe das Leben gekostet hätte, denn bereits am Nachmittag desselben Tages begannen sie zunehmend heftige Unterleibsschmerzen zu plagen.

Sie lag im Wohnzimmer auf der Couch und im Nachmittagsprogramm des ZDF lief die Sendung ‚Disco´79' mit Ilja Richter. Klaus hatte sich ein Bier eingeschenkt, um gemeinsam mit seiner Frau die, bei jungen Leuten beliebte, Musiksendung anzuschauen. Die Jungs von ‚Supertramp'[103] präsentierten gerade ihren Megahit ‚The Logical Song', als Irene die Schmerzen kaum noch ertragen konnte und stöhnte:

„Das tut so wehhh…"

Klaus reagierte zuerst überhaupt nicht darauf. Die Si-

[103] **Supertramp** ist eine britische Pop-/Rockband, die in den 1970er- und Anfang der 1980er-Jahre ihre größten Erfolge hatte. Der typische „Supertramp-Sound" definiert sich hauptsächlich durch das synkopische Spiel auf einem Wurlitzer A-200 (elektrisches Klavier) und Falsettgesang.

tuation erinnerte ihn zu stark an vergleichbare Szenen, die er mit seiner Mutter erlebte: Zu oft hatte er in seiner Kindheit bei der Alten beobachtet, dass die ihre Schmerzen nur vorgab, um sich von Klaus und den Geschwistern bedienen zu lassen. Seit dieser Zeit hatte er echte Probleme, die Leiden anderer ernst zu nehmen, besonders solange kein Blut floss. Als Irenes Schmerzen immer heftiger wurden und ihr Wehklagen deutlich zunahm, weckte das in ihm kein Mitgefühl, sondern es begann ihn beim Fernsehen zu stören, so dass er mürrisch zu ihr sagte:

„Nun sei doch bitte nicht so laut, Schatz. Ich möchte die Musik hören. Es ist doch klar, dass du ein paar Schmerzen hast – immerhin hat man dir im Bauch herumgeschnippelt. Da kann es auch mal vorkommen, dass es ein bisschen wehtut."

Klaus mochte heute kaum glauben, was für ein selbstsüchtiges Arschloch er damals gewesen war. Er ließ seine Irene mit ihrem Schmerz allein, um in aller Ruhe irgendwelche Pop-Heinis zu hören. Als es dann auch noch an der Tür klingelt und er deshalb aufstehen musste, war er fast sauer. Es war Yogi, ein Freund, der zufällig vorbeikam und nur kurz „Hallo" sagen wollte:

„War gerade in der Gegend. Haste ´n Bier?"

„Klar! Im Kühlschrank. Komm rein. Da läuft gerade Supertramp", antwortete Klaus und flitzte schnell ins Wohnzimmer zurück, um nicht zu viel von der Musik zu verpassen. Yogi hatte seine Jacke im Flur an die Garderobe gehängt, holte sich aus dem Kühlschrank in der Küche ein Bier und kam Augenblicke später ebenfalls ins Wohnzimmer. Erschreckt sah er die leidende Irene auf der Couch liegen:

„Was ist denn mit dir los? Geht es dir nicht gut?“

Irene kam nicht zu Wort, weil Klaus für sie antwortete:

„Sie hat ein bisschen Bauchweh, weil sie doch am Mittwoch operiert worden ist. Das wird schon wieder.“

„Das sieht aber gar nicht aus, wie ein bisschen Bauchweh.“ Er wandte sich erneut Irene zu und fuhr fort:

„Sag du mal – was ist los? Du siehst echt schlecht aus.“

Sie stöhnte:

„Ich habe unheimliche Unterleibsschmerzen. Ich halte das nicht mehr aus. Ich glaube, ich werde gleich ohnmächtig…“

Nun wandte sich Yogi wieder an Klaus:

„Ruf den Notarzt an und ´nen Krankenwagen!“

„Du spinnst doch! Die ist operiert worden und das tut halt noch ein bisschen weh.“

„Mensch Klaus! Laber nicht so ´ne gequirlte Scheiße – siehst du denn nicht, dass es was Ernstes ist? Deiner Irene geht es sauschlecht!“

„Bleib ruhig, Junge! Wie ich dir schon sagte – sie ist vor ein paar Tagen operiert worden. Das ist doch völlig normal, dass es da mal ein bisschen wehtut."

„Ehrlich – du Pfeife kriegst doch die Einschläge nicht mehr mit! Also – wenn du jetzt nicht sofort den Notarzt anrufst, dann tue ich es!"

So telefonierte Klaus widerwillig und nur, weil Yogi so einen Alarm machte. Er begriff die Gefahr, in der Irene schwebte, noch immer nicht. Der nach wenigen Minuten, mit laufender Sirene, eingetroffene Notarzt untersuchte Irene und ließ sie, von dem inzwischen angekommenen Krankenwagen, umgehend ins nächste Krankenhaus schaffen. Erst, als er in seinem alten Audi dem, mit Blaulicht und Martinshorn abfahrenden, Rettungsfahrzeug folgte, begann er langsam zu begreifen, dass es wohl doch mehr war, als nur postoperativer Schmerz, der seine Frau seit Stunden quälte.

In der Klinik ging dann alles sehr schnell. Man brachte Irene auf direktem Wege in den OP und im wirklich allerletzten Moment konnten dann, durch eine Notoperation, die heftigen inneren Blutungen im Bauch seiner Frau gestoppt werden. Bereits eine halbe Stunde später hätte es keine Rettung mehr für sie gegeben.

***

Klaus dachte gerade darüber nach, was für ein Riesenrindvieh er doch damals gewesen war, als eine Durchsage des Flugkapitäns ihn plötzlich aus seinen Gedanken riss und ins Hier und Jetzt zurückholte…

Die Umkehr

„Meine Damen und Herren, in wenigen Minuten beginnen wir mit unseren Landeanflug auf den Atatürk International Airport in Istanbul. Wir bitten Sie, sich nun wieder hinzusetzen und anzuschnallen. Bitte schalten Sie nun auch ihre eigenen elektronischen Geräte aus. Vielen Dank!“

Nach gut drei Stunden – es war inzwischen kurz nach 15 Uhr – verließ die Maschine, wie angekündigt, ihre Reiseflughöhe. Wenig später konnte man bereits das Häusermeer Istanbuls erkennen, das sich an die Küste des herrlich blauen Marmara Meeres zu schmiegen schien. Als sich die Maschine nach einer steilen Linkskurve wieder waagerecht stellte, tauchten auf der rechten Seite die beiden Brücken über dem Bosporus auf, die Europa und Asien verbinden.

Klaus nahm das alles nur unterbewusst wahr und als die Maschine planmäßig auf der Rollbahn aufsetzte, war er sich nicht mehr sicher, ob er tatsächlich – wie geplant – nach Damaskus fliehen sollte. Da waren plötzlich Gedanken in seinem Kopf, die das Geschehene und auch seine Schuld daran, zu relativieren versuchten. Schließlich hatte er den Anschlag sogar noch verhindern wollen. Nicht er – Klaus – sondern dieser ‚Muster-Muslim' Andy hatte die Explosionen ausgelöst, die über 1700 Menschen das Leben kosteten. Dieser Dreckskerl hatte auch die Flugtickets besorgt und ihm gesagt, dass die Glaubensbrüder aus Pakistan alles Notwendige für seine Flucht arrangiert hätten – auf ‚die' könne er sich bedenkenlos verlassen. In Damaskus würde man ihn bereits erwarten und sicherlich als großen Mudschaheddin empfangen.

Während er seine Reisetasche aus dem Gepäckfach nahm und die Maschine Richtung Flughafengebäude verließ, überlegte er angestrengt: War nicht eine heimliche Rückkehr nach Deutschland und das freiwillige Stellen bei der Polizei seine einzige Chance auf ein einigermaßen normales Leben, ohne Zwangsbeten und Todesdrohungen? Er wollte darüber in Ruhe nachdenken. Wichtige Entscheidungen – hatte er bei der Bundeswehr gelernt – sollte man sowieso frühestens nach Ablauf einer Nacht treffen. Morgenfrüh würde ihm sicherlich leichter fallen, die Situation halbwegs rational zu beurteilen.

***

Am nächsten Morgen war es wohl kurz nach fünf, als Klaus, durch den Ruf des Muezzins, aus dem Schlaf gerissen wurde. Vielstimmig quäkend und fremdartig – irgendwie feindselig klingend – plärrte es aus unzähligen Lautsprechern der noch schlafenden Millionenstadt. Er wischte sich den Schlaf aus den Augen und ging hinüber zum Fenster. Die Silhouetten der Blauen Moschee[104] und der Hagia Sophia[105] mit ihren Minaretten hoben sich vom, durch den Sonnenaufgang, orangerot gefärbten Himmel deutlich ab. Auf der gegenüberliegenden Straßenseite lief ein traditionell gekleideter Türke am Hotel vorbei, dem im gebührenden Abstand vier tief verschleierte Frauen folgten. Weiter links standen einige vollbärtige junge Männer beisammen und schienen eine erregte Diskussion zu führen, während auf dem Parkplatz, direkt unter seinem Fenster, ein älterer Mann seinen Gebetsteppich ausgerollt hatte und `gen Mekka zu beten begann. In Damaskus würde es bestimmt noch deutlich orientalischer aussehen, als hier, im europäischen Teil Istanbuls. Das war also die Welt, in der er fortan leben – nein – in der er sich künftig verstecken sollte! Klaus versuchte sich zu konzentrieren. Heute Morgen würde er zu einer Entscheidung kommen, die starken Einfluss darauf haben würde, wie und wo sein zukünftiges Leben verlaufen sollte.

Was war also zu tun? Wenn er, wie geplant, nach Damaskus fliegen würde, wäre er für die Menschen dort ein Held. Man hatte ihm zugesichert, dass er ein Haus, ein Auto und eine monatliche Apanage erhalten würde. In Syrien, einem streng islamischen Land, in dem die Scharia gilt, gab es allerdings für ihn – der sich innerlich

[104] Die Sultan-Ahmed-Moschee in Istanbul wurde 1609 von Sultan Ahmed I. in Auftrag gegeben und bis 1616, ein Jahr vor dem Tod des Sultans, vom Sinan-Schüler Mehmet Ağa erbaut. In Europa kennt man sie als **Blaue Moschee** wegen ihres Reichtums an blau-weißen Fliesen, die die Kuppel und den oberen Teil der Mauern zieren, aber jünger als der Bau selbst sind.

[105] Die **Hagia Sophia** oder *Sophienkirche* ist eine ehemalige byzantinische Kirche, spätere Moschee und heutiges Museum (*Ayasofya Camii Müzesi*, „Hagia-Sophia-Moschee-Museum") in Eminönü, einem Stadtteil im europäischen Teil Istanbuls.

längst von dieser menschenverachtenden Religion verabschiedet hatte – keinerlei persönliche Rückzugsmöglichkeiten mehr, so wie er sie bisher in Deutschland hatte. Er würde eben nicht mal – ohne dass es die anderen bemerkten – in eine Kneipe, oder ein Kino gehen können. Er würde nicht mal eben ein Bierchen zischen- oder sich mit Ungläubigen anfreunden können. Außerdem würden die deutschen Behörden dann natürlich erst recht annehmen, dass er das Inferno in Lönshausen ausgelöst hatte. Keiner würde je erfahren und glauben, dass er noch kurz vorher die Polizei informiert hatte, um das ganze Desaster zu verhindern. Was wäre, wenn sie ihn zwingen würden, weitere, vielleicht noch viel schlimmere Attentate auszuführen?

Und in Deutschland? Was erwartete ihn zu Hause? Sie würden ihn gewiss ins Gefängnis stecken. Er konnte ihnen natürlich erklären, dass er in diesen ganzen Islam-Sumpf nur zufällig reingerutscht war, doch das würde die Richter sicherlich nicht überzeugen. Dann schon eher, dass er die Polizei angerufen und gewarnt hatte. Außerdem wusste er, wer die Explosionen ausgelöst hatte: Andreas Seppmann! Und er konnte ihnen sagen, wo sie den Strolch finden würden. Außerdem verfügte er noch über allerlei gute Informationen bezüglich der Leute im Hintergrund, die ihm sicherlich während eines Prozesses nützlich sein konnten. Selbst wenn er für zehn Jahre hinter Gitter musste, wäre er noch vor seinem Siebzigsten wieder ein freier Mann.

Die Argumente für eine Rückkehr nach Deutschland

schienen zu überwiegen und Klaus war fast froh, als er sich anzog, um zum Frühstück zu gehen. Bei einer Tasse Kaffee würde er gleich eine endgültige Entscheidung treffen. Er ging die schmale Treppe am Ende des dunklen Hotelflurs hinunter in Richtung Speisesaal und noch bevor er unten angekommen war, stand sein Entschluss bereits fest: Er würde auf jeden Fall nach Deutschland zurückkehren und reinen Tisch machen! Er würde ohne Rücksicht auf die persönlichen Konsequenzen dafür sorgen, dass man die Verantwortlichen zur Rechenschaft zieht, denn der Gedanke, das restliche Leben immer in der Angst verbringen zu müssen, entdeckt zu werden, schien ihm wenig attraktiv. Er war richtig glücklich, sich zu einem ‚Schlussstrich' entschlossen zu haben. Immer wieder redete er sich ein, dass er ja doch eigentlich ein ganz guter Kerl sei, der ja schließlich das Inferno in Lönshausen nicht ausgelöst hatte – letztendlich wollte er es sogar noch verhindern. Er war es, der die Polizei angerufen und einen Hinweis gegeben hatte. Das würden die doch bestimmt berücksichtigen, wenn er sich stellte. Ja, er würde sich nicht mehr verstecken müssen. Sollten sie ihn doch ruhig ins Gefängnis stecken. Komisch – ein bundesdeutsches Gefängnis schien ihm plötzlich ein sehr erstrebenswertes Reiseziel zu sein.

Die beiden Männer – ganz offensichtlich arabischen Ursprungs – die bereits im Frühstückssaal saßen und wegen des Ramadan noch vor Sonnenaufgang gegessen hatten, musterten Klaus mehr oder weniger unauffällig, als dieser den Raum betrat. Er bediente sich am Frühstücksbuffet, während die beiden sehr leise miteinander sprachen und dabei immer wieder kurz zu ihm herüber sahen. Klaus wurde auf sie aufmerksam, als plötzlich ein orientalischer Handy-Klingelton seinen Kopf in ihre Richtung herumschnellen ließ und die beiden, wie zwei ertappte Diebe, ihre Blicke von Klaus abwendeten.

Der mit dem Handy nahm den Anruf entgegen und sprach einige Sätze auf Arabisch, die Klaus nicht verstehen konnte. Dann gab er das Handy an den anderen weiter, der ebenfalls kurz mit dem Anrufer sprach. Als sie das Telefonat beendet hatten, standen die Männr auf und verließen den Frühstückssaal.

Klaus, der inzwischen an einem der Tische am Fenster Platz genommen hatte, blickte den zwei Fremden hinterher und war ein wenig verunsichert. Hatten die ihn wirklich beobachtet, oder bildete er sich das nur ein? Inzwischen dürften tatsächlich einige Leute in heller Aufregung sein, denn die Maschine, mit der er gestern nach Damaskus weiterfliegen sollte, war dort ohne ihn gelandet. Vermutlich hatte man ihm deshalb nun diese beiden arabischen Aufpasser geschickt. Noch könnten die durchaus denken, dass er nur müde gewesen sei und deshalb – um mal richtig auszuschlafen – seinen Flug in Istanbul unterbrochen hatte. Klaus entschloss sich so zu tun, als ob er wirklich mit dem Flugzeug nach Damaskus weiterreisen würde. Es musste ihm allerdings noch etwas Gutes einfallen, um unbemerkt nach Deutschland zurück zu kehren. Das wollte er auf keinen Fall mit dem Flieger tun, denn wenn ihn seine islamischen Verfolger dabei erwischten, wär das wahrscheinlich sein Ende. Plötzlich hatte er die Idee, in einem Bus in die Heimat zurückzukehren. In einem Bus würde ihn bestimmt niemand von denen vermuten, da er ja – nach deren Logik vernünftigerweise – den Ort des Verbrechens meiden müsste. So holte er sein iPhone hervor und suchte im Internet nach einer Busverbindung von Istanbul nach Deutschland, bevor er sich auf den Weg zum Flughafen machte.

***

Als er am Airport aus dem Taxi stieg, vermied er jeden misstrauisch-suchenden Blick nach etwaigen Verfolgern und begab sich direkt zum Schalter der Türkisch-Airlines. Dort löste er ein neues Ticket: Einfacher Flug von Istanbul nach Damaskus. Als er sich anschließend einige Schritte weiter an der großen Infotafel informierte, wann und wo sein Flieger starten würde, sah er tatsächlich die beiden Typen aus dem Hotel, wie sie mit der Frau am Türkisch-Airlines-Schalter sprachen. Anschließend hatten sie ihn in einigem Abstand, quer durch das belebte Flughafengebäude, bis zur Sicherheitskontrolle am Damaskus-Terminal verfolgt.

Klaus stellte seine kleine Reisetasche aufs Förderband der Röntgenanlage, legte Armbanduhr, Schlüsselbund und das Portmonee mit dem Hartgeld in die dafür vorgesehene Schale und ließ sich mit dem Metalldetektor untersuchen. Seine beiden ‚arabischen Schatten' beobachteten ihn dabei aus sicherer Entfernung. Sie wollten sich wohl davon vergewissern, dass er wirklich in Richtung Damaskus weiterfliegen würde.

Den vielen Menschen nach zu urteilen, die sich bereits im Wartebereich aufhielten, schien die Maschine in die syrische Hauptstadt gut belegt zu sein. Vorsichtig und so unauffällig wie möglich musterte Klaus jeden, der ihm irgendwie verdächtig vorkam. Hier, jenseits der Sicherheitskontrolle konnte er allerdings nichts Auffälliges entdecken. Niemand schien sich hier für ihn zu interessieren. Er dachte nach. Sollten die, inzwischen in Deutschland begonnenen, Ermittlungen auf seine Spur führen, musste es so aussehen, als ob er tatsächlich nach Syrien geflohen und dort untergetaucht sei. Nur so – dachte er – könne er die Möglichkeit offen halten, sich daheim selbst den Behörden zu stellen. Das sollte auf jeden Fall einen besseren Eindruck machen, als wenn er irgendwo im Ausland verhaftet würde.

Für seine islamischen Fluchthelfer galt im Prinzip das Gleiche. Sie würden allerdings spätestens dann bemerken, dass irgendetwas nicht stimmte, wenn er auch heute in Damaskus nicht aus der Maschine stieg. Es blieb ihm also nur wenig Zeit, seine Rückreise nach Deutschland unbemerkt zu beginnen. Zuerst mussten diese Heinis da draußen jedoch glauben, dass er tatsächlich in der Maschine nach Damaskus sitzt.

Airport Control

Normalerweise begrüßt ein Flugbegleiter die Passagiere beim Betreten der Maschine, stellt die Gesamtzahl der Mitreisenden fest und vergleicht sie mit der offiziellen Boarding-Liste. Klaus wusste aus eigener Erfahrung, dass es einige der südosteuropäischen Fluglinien mit dieser Vorschrift nicht allzu genau nehmen. Falls also am Eingang des Flugzeuges kein Steward zu sehen war, würde er seine praxis-erprobte ‚Security-Nummer' abziehen, bei der er sich als Mitarbeiter des Sicherheitsdienstes ausgab. Das funktionierte in der Vergangenheit, bei den unterschiedlichsten Gelegenheiten, eigentlich immer und er hoffte, so den Transitbereich unerkannt und vor allen Dingen auch unbehelligt verlassen zu können. Er öffnete seine Umhängetasche und vergewisserte sich, ob er den täuschend echt wirkenden Securityausweis auch wirklich dabei hatte. Ja, da war er! Mit Passbild und in einer Cliphülle, die man am Revers befestigen konnte. Das letzte Mal hatte er sich mit dem guten Stück vor einigen Monaten Zutritt zu den Garderoben der HSV-Fußballprofis verschafft. Er lächelte, als er daran dachte, dass er damals mit Hamburgs Stürmerstar Milan Patic´ – nach einem unglaublichen 4:0 Sieg über Bayern München – gemeinsam eine Flasche Sekt leerte; ein Vergnügen, dass Normalsterblichen in der Regel verwehrt blieb. Auf einem Flughafen hatte er diese Nummer allerdings noch nie abgezogen. Na ja, irgendwie würde es schon klappen.

Plötzlich riss ihn eine Lautsprecherdurchsage aus seinen Gedanken. Es war der Aufruf an die Passagiere der hinteren Sitzreihen, sich zum Gate zu begeben. Das Boarding begann und es verlief ruhig und professionell. Die kleine Warteschlange löste sich sehr schnell auf und schon wurden die Passagiere der Mittelplätze aufgerufen, zu denen auch Klaus gehörte. Bereits nach wenigen Minuten erreichte er den Gate-Schalter und gab dem Mitarbeiter der Airline seinen Reisepass und die Bordkarte. Nach dem obligatorischen Abgleich der Daten mit der Passagierliste erhielt er Pass und Kontrollabriss zurück und begab sich mit den anderen Passagieren in die Fluggastbrücke, die zum Eingang der Maschine hinüber führte.

Tatsächlich – so ein Glück – an der Flugzeugtür war weit und breit kein Flugbegleiter zu sehen. Offensichtlich prüfte niemand den Kontrollabriss, oder zählte die einsteigenden Passagiere. Das war genau die Gelegenheit die er brauchte und Klaus schaltete blitzartig. Er stoppte, hockte sich hin und tat so, als ob er seinen Schuh zubinden würde, während die anderen Fluggäste aus seiner Gruppe an ihm vorbei, in die Maschine gingen. Als der letzte verschwunden war, lief er ein paar Schritte zurück bis zu der Stelle, wo die Fluggastbrücke einen leichten

Knick nach rechts machte. Von hier konnte er weder von der Flugzeugtür aus gesehen werden, noch vom Gate in der Abflughalle. Gleich würde die Gruppe der Passagiere kommen, die für den vorderen Bereich des Flugzeugs vorgesehen waren. Es blieben ihm also nur Augenblicke, sich in einen Security-Mitarbeiter des Istanbuler Airports zu verwandeln. Wenn es gelänge, würde niemandem auffallen, dass Passagier Klaus Nelm den Flieger nach Damaskus niemals betreten hatte.

Blitzschnell setzte er seine Sonnenbrille auf, holte den selbst gemachten Securityausweis aus der Tasche und heftete ihn gut sichtbar ans Revers seiner Jacke. Er baute sich mit dem Rücken zur Wand auf, die Beine leicht gespreizt und die Hände hinter dem Rücken zusammenhaltend, in typischer Pose eines Sicherheitsbeamten. Als die Passagiere der vorderen Sitzreihen an ihm vorüber gingen, tat er so, als ob er sie genau mustern und zählen würde. Gelegentlich machte er sogar eine kleine Geste mit der Hand, die den Leuten bedeutete, dass sie zügig weitergehen sollten. Dann hatte er endlich ‚sein Opfer' gefunden: Ein junger Araber, knapp an die zwanzig Jahre alt, der auf Klaus wenig selbstsicher wirkte. Den würde er jetzt, wegen eines angeblichen Problems mit seinem Pass, zum Gate zurückbringen und sich so die Möglichkeit verschaffen, unerkannt den Sicherheitsbereich zu verlassen. Er trat vor, stellte sich dem jungen Mann in den Weg und sprach ihn mit fester Stimme an:

„Excuse me Sir, please follow me shortly. We need to check your passport again."

Der Araber stoppte irritiert und fragte in gebrochenem Englisch:

„What you want from me?"

"We need to check your passport again. It won´t take long. We don´t want any trouble."

Daraufhin ließ sich der Mann widerstandslos vom falschen Security-Mitarbeiter zurück zum Controller am Gate bringen.

„Airport-Security! Please check his passport again", forderte er den Airline-Mitarbeiter sehr bestimmt auf. Dabei sondierte er unauffällig den Bereich jenseits der Sicherheitskontrollstation, in dem er seine beiden arabischen Verfolger zuletzt gesehen hatte. Klaus konnte sie nicht mehr entdecken, drehte sich um und verschwand zügigen Schrittes im Gewühl der Abflughalle. Er atmete tief durch. Es hatte tatsächlich geklappt. Er war nun offiziell ein Passagier des Fluges IST 35289 der Türkisch Airlines. Er lächelte. Eigentlich saß er in diesem Moment in einer Maschine, die in wenigen Minuten nach Damaskus abheben würde.

***

Klaus wusste aus dem Internet, dass sich der Busbahnhof Harem Otogari, auf der asiatischen Seite der Stadt befand, direkt an der Küstenstraße Üsküdar Harem Sahil Yolu. Das war ungefähr 45 Kilometer vom Flughafen entfernt und man musste auf jeden Fall über eine der sehr belebten Bosporus-Brücken, um dorthin zu gelangen. Inzwischen hatte er den Hauptausgang des Flughafengebäudes erreicht und sah bereits durch das riesige, gläserne Eingangsportal eine endlos wirkende Schlange orangefarbener Taxen, die sich von Zeit zu Zeit um eine Wagenlänge vorwärts bewegte. Augenblicke später hatte er den ihm am nächsten stehenden Wagen erreicht, stieg ein und wollte gerade sein Fahrziel nennen, als die anderen, wartenden Taxi-Chauffeure lautstark zu protestieren begannen. In heller Aufregung stürzten sie aus allen Richtungen herbei und nötigten Klaus, wild gestikulierend, in das vorderste Fahrzeug der wartenden Taxen umzusteigen. Der plötzliche Tumult erregte natürlich allgemeine Aufmerksamkeit und einige Passanten beobachteten die Situation mehr oder weniger interessiert. Zu ihnen gehörten auch zwei bärtige Männer, die schräg gegenüber in einer schwarzen Mercedes-S-Klasse-Limousine saßen und telefonierten. Klaus war gerade auf dem Weg zum ersten Fahrzeug in der Taxenschlage, als sich sein Blick mit dem der beiden Männer traf: Es waren seine beiden arabischen Verfolger und sie hatten ihn entdeckt!

Während Klaus inzwischen die vordere Taxe erreicht hatte, stürzten die zwei Kerle aus dem Mercedes und rannten einige Meter auf ihn zu – soweit, bis sie bemerkten, dass sie ihn hier am Flughafen nicht mehr erwischen würden. Also spurteten sie wieder zurück zu ihrem Auto, um die Verfolgung der inzwischen losgefahrenen Taxe aufzunehmen, in der Klaus saß. Der war Augenblicke zuvor in eben dieses Fahrzeug gesprungen und hatte dem Fahrer einen 100-Euro-Schein unter die Nase gehalten, während er ihn anschrie:

„Go! Go!“

Der Mann hatte sich den Geldschein reflexartig gegriffen, den Gang eingelegt und war mit quietschenden Reifen losgerast. Es war ein glücklicher Zufall, dass genau dieser Taxifahrer viele Jahre in Duisburg gelebt hatte und deshalb einigermaßen gut Deutsch sprach.

„Du Probleme? Du kommen aus Alamanya? Wohin fahren?“ fragte er mit einem freundlichen Lächeln.

Klaus schob ihm einen 100 Euroschein zu und fragte:

„Sie können mich gut verstehen?

„Ja, ja, ich gut verstehen alles. Nix so gut sprechen, aber alles wunderbar verstehen. Bei 200 Euro mein Verstehen besonders gut“, strahlte er Klaus an.

„Fein! Die 200 Euro können Sie behalten und ich zahle Ihnen nochmal 200 Euro, wenn Sie die beiden Kerle in dem Mercedes hinter uns abschütteln und mich anschließend zum Busterminal Harem Otogari bringen. Kriegen Sie das hin?“

„Nix Problema! Meine erste Name ist Mustafa Akay. Meine zweite Name ist Bond – James Bond“, sagte er mit einem breiten Grinsen, während er Klaus mit dem linken Auge zuzwinkerte.

„Du anschnallen. Und bitte – du nix Angst. Mustafa Akay geboren in Istanbul und zwanzig Jahre Taxi gefahrt in meine Stadt. Mustafa kennen jeden Klecks hier.“

‚Mustafa Bond' hatte inzwischen den Flughafenbereich verlassen und sie bogen in eine der großen, mehrspurigen Hauptstraßen Istanbuls ein. Er raste nicht, fuhr allerdings sehr zügig und bog mal rechts ab – mal links und so weiter. Dabei beobachtete er den schwarzen Benz im Rückspiegel, der tatsächlich immer in Sichtweite hinter ihnen war. Wieder kamen sie an eine große Kreuzung und mussten bei Rot halten. Ihre Verfolger waren vier, oder fünf Fahrzeuge hinter ihnen zum Stehen gekommen, sprangen sofort aus dem Auto und versuchten Klaus´ Taxi zu erreichen. Als sie auf halber Strecke die Ampel auf Grün umspringen sahen, drehten sie jedoch schnell wieder um, liefen zu ihrem Benz zurück, um die Verfolgung fortzusetzen. Mustafa blieb allerdings – trotz der grünen Ampel – einfach stehen. Augenblicklich begann ein lärmendes Hupkonzert hinter ihnen. Der Taxifahrer öffnete das Seitenfenster, steckte seinen Kopf hinaus und schrie etwas auf Türkisch in Richtung der hinter ihm stehenden Autos, während die Fahrzeuge in den anderen Spuren rechts und links, mit wild gestikulierenden Fahren, an ihnen vorbei huschten. Dann zog er seinen Kopf wieder herein und während er das Seitenfenster schloss, sagte er zum auf der Rückbank sitzenden Klaus:

„Du nix erschrecken. Jetzt geht's gleich los. Du wissen schon – Bond!"

Genau, als die Ampel wieder auf Rot umsprang und sich der Querverkehr in Bewegung zu setzen begann, gab Mustafa Vollgas. Er passierte die Kreuzung mit quietschenden Reifen und nur um Haaresbreite entgingen sie einem Zusammenstoß mit den von rechts und links in die Kreuzung einfahrenden Fahrzeugen. In rasantem Tempo entfernten sie sich von dort und Klaus blickte erstaunt-neugierig durch das Rückfenster nach hinten. Der schwarze Mercedes war tatsächlich nicht mehr hinter ihnen. Er stand noch immer auf der anderen Kreuzungsseite und musste nun erst mal den Querverkehr passieren lassen.

„Das war gar nicht so übel“, sagte Klaus anerkennend, als sein Chauffeur plötzlich scharf nach links in eine Nebenstraße abbog und er durch die Fliehkräfte nach rechts gegen die hintere Wagentür geschleudert wurde.

„So, die Gangsters sind wir los. Nun machen wir noch für die Sicherheit ein oder zwei Biegen durch andere Straßen und dann fahren ich dir zum Busterminal. Du alles zufrieden?“

„Ja, ja – ich bin sehr zufrieden“, antwortete Klaus, der sich inzwischen wieder richtig hingesetzt hatte und die Stelle des Kopfes rieb, an der er sich soeben gestoßen hatte, „du fährst ja tatsächlich wie James Bond.“

Mustafa Akay strahlte nach solch anerkennenden Worten übers ganze Gesicht und als sein Taxi dann nach einer fast sechzigminütigen, halsbrecherischen Fahrt durch Istanbuls Straßen endlich am Busterminal stoppte, hatte Klaus ihm bereits die zusätzlich versprochenen 200 Euro zugesteckt.

Er war hinten bereits ausgestiegen, als er sich vorne nochmal zu Mustafa hineinbeugte und ihm einen weiteren 200-Euro-Schein hinhielt.

„Falls irgendjemand fragen sollte, wohin Sie mich gebracht haben – zum amerikanischen Konsulat! Verstanden?

„Na klar! Mann von Alamanya wollte unbedingt zu amerikanisch Freunde. Nix Problem! Mustafa nix verraten! Mustafa geschweigt wie Grab!"

Klaus verließ das Taxi und verschwand nur Augenblicke später in einer riesigen Menschenmasse, die in ihrem unglaublich bunten Gewusel, Gerenne und Getöse den Vergleich mit einem Ameisenhaufen nicht scheuen musste.

Unter den zwanzig, meist zweispurig-überdachten Bussteigen strömten unzählige Menschen von den nahegelegenen Fährstationen des Marmara-Meeres zu den Bussen und umgekehrt. Es dauerte einige Minuten, bis Klaus in dem heillos scheinenden Durcheinander schließlich den komfortablen Euro-Tours-Fernreisebus entdeckte, auf dessen Hinweistafeln die Namen einiger deutscher Städte standen. Nachdem er an der Servicestation für 150 Euro ein Ticket nach Ulm gelöst hatte, bestieg er den Bus an der vorderen Eingangstür. Er suchte sich einen freien Platz im hinteren Bereich und musterte auf dem Weg dorthin alle, die bereits Platz genommen hatten, sehr aufmerksam. Hier drin schien alles in Ordnung zu sein. Er ließ sich in den bequemen Sitz am Fenster fallen und begann sofort, durch das verspiegelte Panoramafenster das Treiben draußen zu beobachten. Angestrengt scannte er sein Sichtfeld immer wieder nach Auffälligkeiten ab, konnte aber nichts entdecken.

Es war kurz nach 11 Uhr, als sich der Bus endlich in Bewegung setzte und die Rückreise über Griechenland, Italien und Österreich, zurück in eine ungewisse Zukunft begann. Er würde 36 Stunden unterwegs sein. Genügend Zeit, um nochmal über alles nachzudenken.

Im Namen des Volkes

Der Prozess, der unter allerhöchsten Sicherheitsmaßnahmen vor dem Staatsschutzsenat des Oberlandesgerichtes in Celle stattfand, war ein Medienereignis ersten Ranges. Man hatte 25 Sitzungstermine anberaumt und die aus acht Berufsrichtern bestehende Besetzung des Gerichtes rechnete mit einer Prozessdauer von sechs Monaten. Klaus hatte bereits vier Monate Untersuchungshaft hinter sich, als er das erste Mal – an Händen und Füßen gefesselt – von zwei Justizbeamten in den Gerichtssaal geführt wurde. Als er eintrat brach ein wahres Blitzlichtgewitter der Fotografen los und aus dem Publikum hörte man Rufe wie „Mörder!" und „Hängt das Schwein auf!". Als daraufhin der vorsitzende Richter mit der sofortigen Räumung des Saales drohte, kehrte sehr schnell Ruhe ein und noch bevor Klaus, flankiert von den beiden Justizbeamten, auf der Anklagebank Platz nehmen konnte, blieb sein Blick auf einem Mann hängen, der hinter der Absperrung, in der ersten Zuschauerreihe, saß und ihn unentwegt anstarrte.

Er war sich sicher, dass er dieses Gesicht irgendwo schon einmal gesehen hatte und überlegte fieberhaft, denn dieser Kerl schien ihm heimlich ein Zeichen zu geben. Er hatte sein Ellenbogengelenk auf der Brüstung vor seinem Platz aufgestützt, den Daumen unter seinem Kinn, wie jemand, der den Kopf in dieser Haltung abstützt, doch sein Zeigefinger lag dabei quer über seinem Mund und bewegte sich in tippender Bewegung auf und ab. Danach strich er sich mit demselben Finger wie zufällig über die Kehle, so, als ob er signalisieren wollte:

„Wenn du etwas verrätst, wirst du sterben.“

Plötzlich wusste er, wer dieser Mann war. Es war einer der beiden Araber, die ihm in Istanbul im Hotel aufgefallen waren und die ihn verfolgt hatten, als er mit dem Taxi zum Busterminal fuhr. Damals trug dieser Kerl allerdings noch einen üppigen schwarzen Vollbart, während er heute glatt rasiert und westlich gekleidet war. Klaus hatte sofort ein mulmiges Gefühl, doch er wollte sich um keinen Preis der Welt erneut von diesen Leuten einschüchtern lassen. Letztendlich war sein Leben sowieso ‚im Arsch‘: Seine geliebte Irene hatte er für immer verloren; Tochter Melanie und ihre Familie waren bei dem Anschlag zu Tode gekommen; die beiden anderen Kinder hatten sich von ihm losgesagt und er würde bis ins hohe Alter im Knast sitzen – was konnten also diese blöden Penner noch von ihm wollen?

Na ja – wenn er so darüber nachdachte, dann war irgendwie schon klar, was sie noch von ihm wollten: Sie wollten ihn endgültig zum Schweigen bringen! Sie würden ihn auf der Grundlage ihres Korans und irgendwelcher Hadithe umbringen, denn für seine muslimischen

Ex-Brüder war er durch Apostasie – also durch seinen Abfall vom Islam – ein Abtrünniger, ein sogenannter Murtadd geworden. Klaus wusste sehr genau, was sie von ihm wollten.

Er wusste ebenfalls, dass für diese Leute der Koran und die dazugehörenden Schriften über jedem anderen, von Menschen gemachten, Gesetz stehen – also natürlich auch über dem Deutschen Grundgesetz und dem Deutschen Strafgesetzbuch! Dass ein Murtadd wie er dann auch noch – durch gemeinen Verrat – einige der ihren an die ungläubigen Vertreter der deutschen Behörden ausgeliefert hatte, würden die Mullahs nicht unbedingt als Pluspunkt für ihn verbuchen.

Das ‚Sahnehäubchen' war allerdings die Schändung des Heiligen Koran, den er neulich zerrissen- und seiner Ayana um die Ohren gehauen hatte. Die war damals natürlich – nachdem er sie zu Hause rausgeschmissen hatte – als 150prozentige Muslima umgehend in die Moschee gelaufen, um diesen Frevel dem Imam zu melden. Und nun saß da dieser Kerl, um ihm zu signalisieren:

„Wir sind da! Wir wissen wo du steckst und wir werden dich kriegen!"

Der Auftritt des Typen bewirkte bei Klaus allerdings genau das Gegenteil, denn in seiner derzeitigen Situation und nachdem, was bereits alles passiert war, wollte er sich von so einer ‚Knalltüte' nicht mehr einschüchtern lassen. Diese islamischen Spinner sollten doch machen, was sie wollten – ihn würden sie nie wieder zu irgendetwas zwingen! Sein Entschluss, während dieser Verhandlung ‚reinen Tisch' zu machen, wurde dadurch höchstens noch verstärkt.

Er beugte sich zu einem der beiden, ihm vom Gericht beigeordneten, Pflichtverteidiger hinüber und informierte ihn flüsternd und hinter vorgehaltener Hand über seine Beobachtungen. Ohne erkennbare Veränderung des Gesichtsausdrucks hörte der Jurist ihm aufmerksam zu und schrieb etwas auf einen Zettel, den er dann seinem Kollegen zusteckte, während er weiter den Ausführungen des Staatsanwaltes zu folgen schien. Als die Anklageschrift verlesen war, bat der Verteidiger den Vorsitzenden, an den Richtertisch treten zu dürfen. Nachdem man auch den Staatsanwalt dazu gebeten hatte, informierte der Anwalt die Männer über die Beobachtung seines Mandanten. Der Vorsitzende Richter unterbrach daraufhin die Verhandlung für zwei Stunden und wollte den Verdächtigen von der Polizei überprüfen lassen. Der war allerdings längst verschwunden…

***

Klaus hatte nach Verlesung der Anklageschrift, bereits während der ersten Verhandlungstage, ein umfassendes Geständnis abgelegt und alles ausgesagt was er wusste. Er hatte – gemäß seinem Vorsatz – wirklich ‚Tabula rasa'[106] gemacht, was in der Folge dazu führte, dass Andreas Seppmann, alias Djalil Adi Haidar, kurze Zeit später von einer Spezialeinheit in Rumänien festgenommen

[106] **Tabula rasa machen** - *bildungssprachlich:* reinen Tisch machen; energisch, rücksichtslos und unbeirrt Ordnung, klare Verhältnisse schaffen oder Klarheit herbeiführen. (Quelle: Wiktionary)

werden konnte und im anschließenden Prozess zu einer lebenslangen Freiheitsstrafe verurteilt wurde. Man hatte ihm zweifelsfrei nachgewiesen, dass er an jenem Abend die Explosionen mit seinem Handy auslöste, die 1782 Menschen das Leben kosteten. Weitere Helfer und Hintermänner aus der islamischen Szene von damals wurden zu Strafen zwischen sechs und fünfzehn Jahren verurteilt. Die Drahtzieher aus Pakistan, die sich immer im Hintergrund hielten, wurden seit einigen Wochen verstärkt von den Amerikanern gejagt. Dann war es soweit und der vorsitzende Richter verkündete das Urteil:

„Im Namen des Volkes ergeht folgendes Urteil: Der Angeklagte Klaus Nelm, geborener Weynreich wird gemäß Paragraf 129 StGB wegen Bildens oder Unterstützens einer terroristischen Vereinigung, sowie nach Paragraf 89a StGB, Vorbereitung einer terroristischen Gewalttat, zu einer Gesamtfreiheitsstrafe von acht Jahren und zwei Monaten verurteilt…"

Seine Anwälte hatten ihm anschließend gesagt, dass er bei guter Führung auf jeden Fall mit einer Entlassung nach Verbüßung von zwei Dritteln seiner Strafe rechnen könne. Das bedeutete für ihn, dass er bei seiner Haftentlassung 64-, vielleicht 65 Jahre alt sein würde. Fünfundsechzig – mit ein bisschen Glück blieben ihm dann sogar noch ein paar Jahre Leben…

Lebensretter Udo Jürgens

„Morgen Vormittag werden Sie in die JVA[107] Lönshausen verlegt, Nelm! Der Gefangenentransporter kommt gegen 10 Uhr. Sehen Sie zu, dass Sie dann startklar sind. Verstanden?"

Der Justizbeamte löste seine Hand- und Fußfesseln und schob ihn mit sanfter Gewalt in die Zelle des Untersuchungsgefängnisses, die in den vergangenen vier Monaten sein Zuhause gewesen war. Klaus schaltete das kleine Radio ein, suchte einen Sender mit Musik und machte sich einen Instantkaffee. Als er später an diesem Abend auf dem Zellenbett lag, wurde er depressiv und ohne dass er es beeinflussen konnte, kullerten die Tränen aus seinen Augenwinkeln aufs Kopfkissen. Plötzlich schien ihm alles völlig sinnlos zu sein und er begann darüber nachzudenken, ob sich ein Weiterleben für ihn überhaupt lohnen würde. Warum sollte er nicht einfach Schluss machen? Es gab ohnehin keinen, der ihm eine

[107] Als Justizvollzugsanstalt (**JVA**) wird in Deutschland eine Strafvollzugsbehörde bezeichnet, deren Aufgabe es ist, Verurteilungen zu einer Freiheits- bzw. Jugendstrafe oder Untersuchungshaft zu vollziehen. Mit dem Begriff Justizvollzugsanstalt wird zugleich auch die Gesamtheit der Gebäude an einem Standort als solche bezeichnet.

Träne nachweinen würde. Da war niemand mehr, der nach seiner Haftentlassung auf ihn wartete. So wie es aussah, würde er in den nächsten Jahren auch keinerlei Besuch erhalten. Kein Mensch vermisste ihn. Niemand brauchte ihn. Er war allein! Scheiße, Scheiße, Scheiße!

Klaus überlegte, wie er sich denn wohl am elegantesten aus dieser Welt verabschieden könnte. Es kamen eigentlich nur zwei Möglichkeiten infrage: Mit seinem Gürtel an den Gitterstäben strangulieren, oder sich ins Bett legen und die Pulsadern öffnen. Es klingt vielleicht albern, aber genau in diesem Moment, als er sehr ernsthaft darüber nachdachte, seinem Leben ein Ende zu setzen, spielten sie im Radio einen Evergreen von Udo Jürgens aus dem Jahr 1977:

„Mit sechsundsechzig Jahren, da fängt das Leben an…"

Obwohl seine Augen von den Tränen des Selbstmitleids überliefen, musste er plötzlich laut lachen. Er war jetzt ein 59jähriger Knacki, der darauf hoffen durfte, als Rentner wieder ein freier Mann zu sein. War da wirklich was dran, wenn Udo Jürgens sang, dass „mit 66 noch lang noch nicht Schluss" sei? Machte es ernsthaft Sinn, sich auf die Zeit nach der Haft vorzubereiten? Gab es für ihn überhaupt einen Grund, sich darauf zu freuen?

***

Es war am nächsten Morgen kurz vor 10 Uhr, als er Schritte auf dem Flur seiner Zelle näherkommen hörte. Der Schlüssel wurde ins Schloss gesteckt, die Tür flog auf und ein jüngerer Justizbeamter forderte ihn in unpersönlichem Kommandoton auf:

„Nelm, nehmen Sie ihre Klamotten und kommen Sie mit. Sie machen heute die große Niedersachsenrundfahrt mit unserem komfortablen Heideexpress. Ein bisschen Tempo, wenn ich bitten darf!“

Klaus konnte darüber nicht lachen, denn er hatte bereits von einigen Mitgefangenen gehört, dass die Fahrt mit diesem sogenannten ‚Heideexpress‘ – einem großen Gefangenentransportbus – nicht das war, was man sich gemeinhin unter einer angenehmen Busreise vorstellt. Das Fahrzeug fuhr regelmäßig und nach einem bestimmten Fahrplan alle niedersächsischen Justizvollzugsanstalten an, um Gefangene möglichst sicher und von der Öffentlichkeit abgeschirmt von Anstalt A nach Anstalt B zu bringen. In den, ungefähr ein Quadratmeter kleinen, sehr engen Einzel-Sitz-Zellen des Gefährts, konnte man lediglich durch ein ziemlich schmales Fenster – eigentlich nur ein Sehschlitz – nach draußen schauen. Draußen – ja, draußen – das würde es für Klaus die nächsten gut fünf Jahre allerdings nicht mehr geben.

So fuhren sie vom Untersuchungsgefängnis Celle zur JVA Hannover und von dort über Oldenburg zum Lönshausener Knast. Als sie am späten Nachmittag seine Heimatstadt erreichten, musste der Gefangenentransporter, auf seinem Weg zu der etwas abseits gelegenen Strafanstalt, auch durch die Innenstadt fahren. Die Fahrtroute führte auch am Lessingplatz vorbei. Klaus verspürte in diesem Augenblick allerdings nicht das Bedürfnis hinauszuschauen und obwohl er in seiner kleinen Zellenkabine allein war, kam so etwas wie Scham in ihm hoch. So sah er denn auch nicht, dass die Aufräumungsarbeiten am Ort des Anschlags fast abgeschlossen waren und man bereits mit der Sanierung der meisten Häuser begonnen hatte. Nur der ehemalige große Triumphbogen lag noch immer, wie ein Mahnmal, als riesiger Steinhaufen in der Mitte des Platzes.

Es war ziemlich genau 16 Uhr 30, als der Gefangenentransporter die Fahrzeugschleuse der Außenpforte der JVA Lönshausen passierte und im Innenhof, vor der grünen Stahltür eines fast fensterlosen Gebäudes, stoppte.

„So, meine Herren, wir sind da! Bitte ein bisschen Tempo, wir haben nicht den ganzen Tag Zeit! Wer mal pinkeln muss, geht da vorne durch die grüne Tür und dann links! Für Nelm und Krämer ist die Reise hier zu Ende. Sie sind in Ihrem neuen Zuhause angekommen und gehen bitte mit dem Kollegen da vorne rechts mit!"

Der Begleitbeamte aus dem Transportbus deutete auf einen, vielleicht 35jährigen, Justizvollzugsbeamten, dem er soeben die Gefangenenpersonalakten übergeben hatte und der rechts neben der ‚Pinkeltür' stand. Als der den Namen ‚Klaus Nelm' auf dem einen Aktendeckel las, fragte er:

„Welcher von euch beiden ist denn der Nelm?"

„Ich bin Herr Nelm", antwortete Klaus, indem er das Wort ‚Herr' extra betonte, weil der Beamte diese Anrede wohl ganz bewusst weggelassen hatte.

„Sie sind also der berühmte Scheich, der hier alles platt gemacht hat. ‚Salem aleikum' kann ich da nur sagen und – freuen Sie sich auf einen angenehmen Aufenthalt in unserem Fünf-Sterne-Haus."

Nachdem auf der sogenannten Vollzugsgeschäftsstelle die erforderlichen Formalitäten geregelt waren und er in der Kleiderkammer Anstaltskleidung, sowie Bettwäsche und Besteck empfangen hatte, wurde er über schier endlos lang erscheinende Flure, durch mehrere Sicherheitsschleusen und über alarmgesicherte Treppenhäuser in den hinteren Teil der Anstalt, in die sogenannte Aufnahmeabteilung, gebracht. Dort verbrachten alle ‚Neuen' die ersten Monate ihrer Haftzeit. Während dieses Zeitraumes fanden regelmäßig Einzelgespräche mit Abteilungsleiter und Vollzugsleiter statt; es gab mehrere Sitzungen mit einem Psychologen und der Sozialarbeiterin; Gruppengespräche- und Treffen mit dem Oberlehrer, sowie – auf Wunsch – auch mit einem Anstaltspfarrer. Über all diese Veranstaltungen, Gespräche und Treffen wurden schriftliche Protokolle und Notizen verfasst. Selbst die einfachen Stationsbeamten fertigten solche schriftlichen Vermerke an, in denen sie über das Verhalten des Gefangenen, während des normalen Knast-Alltags in der Aufnahmeabteilung, berichteten.

All diese Aufzeichnungen wurden, am Ende der Aufnahmephase, dazu verwendet, einen sogenannten Vollzugsplan zu erstellen, in dem geregelt war, wie die kommenden zwei Jahre der zu verbüßenden Strafe ausgestaltet werden sollten. Das heißt, es wurde festgelegt, ob der betreffende Gefangene in einem der anstaltseigenen Betriebe zur Arbeit eingesetzt werden konnte; ob er an Gemeinschaftsveranstaltungen wie Sport und Kino teilnehmen durfte; ob er langfristig in einer Einzel- oder Gemeinschaftszelle unterzubringen sei; ob irgendwelche Gefahren von ihm ausgehen könnten und ob es in absehbarer Zeit irgendwelche Vollzugslockerungen geben konnte. Alle zwei Jahre war solch ein Vollzugsplan zu überprüfen und zu aktualisieren.

Unter Mannis Schutz

Neuzugänge – und hier im Besonderen die Erstvollzügler[108]– legte man seit einigen Jahren für die ersten Nächte in eine Gemeinschaftszelle. Dadurch sollten Suizide während des Nachtverschlusses in den Einzelzellen verhindert werden. So fand sich auch Klaus am Ende des Tages in einer Dreimannzelle wieder, die bereits mit zwei anderen Häftlingen belegt war.

Der eine von den beiden, Wolfgang Gritschko – von allen nur Wolle genannt – war ein übler Schläger mit durchtrainierter Bodybuilder-Figur, der wegen mehrfacher Vergewaltigung und gefährlicher Körperverletzung zwölf Jahre Gesamtfreiheitsstrafe abzusitzen hatte. Der andere – Sven Buttscher – war ein, recht knabenhaft wirkender, Junge Mitte zwanzig. Er war zu sieben Jahren und sechs Monaten verurteilt worden, weil er sich an zwei kleinen Mädchen vergangen hatte. Kinderschänder, wie er, rangieren in der Knast-Hierarchie ganz unten und so war ihm ganz offensichtlich die Rolle des persönli-

[108] Ein Strafgefangener, der vor seiner aktuellen Inhaftierung noch keine oder nur einmal weniger als drei Monate Freiheitsstrafe verbüßt hat, befindet sich im sogenannten **Erstvollzug**; alle anderen Gefangenen im Regelvollzug.

chen Buttlers für das Muskelpaket ‚Wolle' zugewiesen worden.

Gritschko stand in der Hierarchie der Anstalts-Subkultur ziemlich weit oben. Ganz bewusst hatte er die Position des Hausarbeiters – auch Kalfaktor[109] genannt – in der Aufnahmeabteilung angestrebt, da dort fast immer 94 ‚neue' Gefangenen untergebracht waren, von denen es immer wieder mal etwas zu holen gab: Dem Einen wurde beim Kartenspiel der goldene Ehering abgenommen, dem Anderen die Armbanduhr und dem Nächsten das von den Angehörigen geschickte Päckchen mit Kaffee und Zigaretten. Wer nicht spurte, lief am nächsten Morgen schon mal mit zerbeultem Gesicht herum.

„In der Dusche ausgerutscht" hieß es dann meistens.

Zusätzliche Macht erhielt dieser brutale Kerl dadurch, dass er mit einigen weiteren Helfern die täglichen Mahlzeiten austeilte. Das bedeutete in der Praxis, dass er bestimmte, ob die Kelle mit der Suppe voll war, die einer erhielt, oder ob ein kleines- beziehungsweise ein großes Stück Fleisch auf dem betreffenden Teller landete. Er entschied auch beim wöchentlichen Wäschetausch, ob man einigermaßen vernünftige Klamotten bekam, oder die geflickten und ausgeleierten.

Für die Vollzugsbeamten war Gritschko als Kalfaktor immer erster Ansprechpartner, wenn es um praktische Dinge ging, die alle Gefangenen der Aufnahmeabteilung betrafen. Er hatte ganz ohne Zweifel unter seinen Mitge-

[109] **Kalfaktor** - ein Gefangener, der Hilfsdienste für die Vollzugsbeamten und die Verwaltung in einem Gefängnis leistet. (Quelle: Wiktionary)

fangenen ‚das Sagen'. Nichts ging ohne sein ‚ok' und niemand kam daran vorbei, Schutzgeld, in Form von Tabak, Nescafé oder Drogen – die über vielfältige Kanäle in die JVA gelangten – an ihn zu bezahlen. Verweigerer wurden in der Regel brutal zusammengeschlagen und vergewaltigt.

Weitere gern – von diesem Teufel in Menschengestalt – eingesetzte Methoden der Einschüchterung waren Folterungen mit brennenden Zigaretten, oder das heftige Quetschen der Hoden seiner Opfer. Wenn das alles nicht die von ihm gewünschte Wirkung erzielte, schickte der Strolch, als unterstützende Maßnahme, einige seiner in Freiheit befindlichen Kumpane zu den Ehefrauen oder Kindern der Erpressten…

Die Vollzugsbeamten wussten zwar von all diesen Dingen, konnten aber in der Regel nicht einschreiten, weil es nie echte Beweise oder Zeugen gab, denn in aller Regel wagte es keiner der Gequälten, sich an offizieller Stelle zu offenbaren. Gritschko blickte Klaus provozierend an und sagte zu seinem ‚Butler' Sven:

„Schau, schau – wir bekommen Frischfleisch. Hat ja ´nen süßen Arsch, der alte Mann!"

„Ja, Wolle, da hast du wohl recht."

Gritschko sprang mit Schwung von seinem Bett hoch, ging die zwei Schritte zum Tisch hinüber, der in der Mitte der Zelle stand und schob einen Stuhl in Richtung Klaus:

„Setz dich, Neuer."

„Gleich. Ich räume erst mal meine Klamotten in den Spint und…“

„Ich sagte setz dich! Die Klamotten kannst du einräumen, wenn ich es dir sage.“

Gritschko baute sich drohend vor Klaus auf, der daraufhin die Wäsche, die er in der Hand hatte aufs Bett warf und antwortete:

„Ok – ich sehe dass es tatsächlich besser ist, wenn wir zuerst reden.“

„Ja natürlich! - Sag ich doch. Warum nicht gleich so? Also quatsch nicht blöd´ rum und setz dich endlich hin, Süßer.“

Klaus bemühte sich, keinerlei Gefühlsregungen zu zeigen. Er spürte sofort, dass er genau jetzt in einer ziemlich entscheidenden Situation war. Eine Situation, die über seine zukünftige Stellung in der Knasthierarchie entscheiden- und die auf sein Wohlergehen in den kommenden Jahren großen Einfluss haben würde. Ohne große Eile ging er zum Tisch, setzte sich allerdings ganz bewusst nicht auf den Stuhl, den ihm der Schwarzenegger-Verschnitt entgegenschob, sondern auf einen anderen. Er schaute Gritschko fest in die Augen und sagte in ruhigem, aber festem Ton:

„Du scheinst ja hier ein ganz Wichtiger zu sein. Also höre mir genau zu, mein Freund. Mein Name ist Klaus Nelm. Es gibt draußen allerdings einige Leute, für die bin ich Scheich Abdullah Azmi Walid. Was ich aber ganz sicher nicht bin, ist – wie sagtest du gerade? Frischfleisch? Also Frischfleisch bin ich ganz sicher nicht. Auch dein ‚Süßer' bin ich nicht! Falls du dennoch vorhaben solltest, mich in irgendeiner Form zu belästigen, merke dir bitte Folgendes: Ich bin zwar nicht stolz darauf, doch ich habe 1782 Menschenleben ausgelöscht und es kommt mir wahrlich auf eines mehr, oder weniger nicht an. Du magst mir zwar körperlich überlegen sein, doch irgendwann wirst auch du so müde, dass du schlafen musst. Darauf werde ich geduldig warten, denn dann, mein Freund, werde ich hellwach sein und dir mindestens deine Eier abschneiden. Ich hoffe, ich konnte mich für dich verständlich machen?"

Während er innerlich darauf vorbereitet war, jeden Moment von seinem Gegenüber körperlich angegriffen zu werden, stand er ohne Eile- und ohne irgendeine Gefühlsregung zu zeigen wieder auf. Klaus begann erneut seinen Spind einzuräumen, beobachtete Gritschkos Reaktion allerdings aus dem Augenwinkel. Sein Auftritt verfehlte bei dem intellektuell recht einfach strukturierten Muskelmann die Wirkung nicht. Der hatte ziemlich genau verstanden, was Klaus ihm sagen wollte und herrschte ein wenig irritiert seinen jungen Mitgefangenen an:

„Koch Kaffee Sven – ich und der Scheich wollen Kaffee trinken!"

Bereits am nächsten Vormittag verbreitete sich die Nachricht wie ein Lauffeuer im Knast, dass Manni, der Kalfaktor aus der ‚Frischfleischabteilung', einen neuen Freund habe, der ‚Scheich' genannt wurde und der ab sofort unter Mannis persönlichem Schutz stehen würde.

Das konnten tatsächlich nicht viele von sich behaupten…

Tötet die Götzendiener

Einige Monate nach diesem Vorfall wurde Klaus die Leitung der Gefangenenbücherei übertragen. Einmal pro Woche durften die Inhaftierten dort Bücher ausleihen, bzw. tauschen. An den anderen Tagen war er dort meist allein. Er genoss diese Zeiten, da er dann immer viel Ruhe zum Lesen fand. Natürlich gab es auch genug zu tun: Da wurde die gesamte Lektüre nach Themen sortiert, katalogisiert und im Bestand erfasst. Gelegentlich erhielt er von einigen Verlagen sogar kostenlose Exemplare aktueller Neuerscheinungen, doch meistens waren es Kartons mit alten Büchern, die irgendjemand nicht mehr brauchte und der Anstaltsbücherei überließ. Klaus sortierte gerade einige der stark abgegriffenen Titel aus, als Heinz Neumann, ein älterer Vollzugbeamter, hereinkam. Zwischen den beiden hatte sich in den vergangenen Wochen ein vertrauensvolles Verhältnis entwickelt. Seit einiger Zeit duzten sie sich sogar und der Beamte brachte an diesem Vormittag ein Paket, mit einer Lieferung neuer Bücher, herein:

„Hier Klaus, Nachschub vom Lönshausener Gefangenenhilfeverein! Sonst alles klar soweit?“

„Ja Heinz, alles in Ordnung! Danke der Nachfrage. Und bei dir? Was macht dein Rücken?“

„Hab´ nächsten Mittwoch ´nen Termin beim Orthopäden. Da gibt ´s dann ein paar Spritzen und schon ist wieder alles gut. Ach übrigens – bevor ich es vergesse – da hat sich Besuch für dich angemeldet.“

„Besuch? Für mich? Wer sollte mich denn um Gottes Willen hier besuchen?“

Seine Überraschung war echt, denn er hatte seit Monaten keinerlei Kontakt ‚nach draußen‘ und es fiel ihm absolut niemand ein, der ihn besuchen könnte.

„Ein Norbert Weynreich! Ich gehe mal davon aus, dass du ihn kennst, oder?“ Heinz Neumann zwinkerte ihn wohlmeinend an und lächelte, als er fortfuhr:

„Er kommt übermorgen zur offiziellen Besuchszeit. Nun freu´ dich schon! Wenigstens ein kleines bisschen!“

Der Vollzugsbeamte verließ rücksichtsvoll den Raum, als er bemerkte, dass Klaus eine Träne über die Wange rollte. Das war eine überraschende- und wirklich gute Nachricht! Sein kleiner Bruder Norbert hatte sich tatsächlich zum Besuch angemeldet. Während er das Bücherpaket zu öffnen begann, freute er sich auf diesen Besuch, wie ein kleiner Junge auf den Besuch vom Weihnachtsmann. Er holte ein Buch nach dem anderen aus dem Karton. Einige waren neu und noch in Folie eingeschweißt, die meisten waren allerdings gebraucht, aber noch in gutem, lesbarem Zustand. Sachbücher, Romane, Bildbände, Science-Fiction, Klassiker – es war alles dabei. Er blätterte jedes einzelne Buch durch, um zu prüfen, ob es lose Seiten hatte, oder ob eventuell einige Seiten verklebt waren. Das kam bei den gebrauchten Büchern hin und wieder vor.

Als er abermals in den Karton griff, hielt er plötzlich ein dickes Taschenbuch mit grün-gemustertem Einband in der Hand:

„Der Heilige KORAN – vollständige Ausgabe"

Er wollte das Buch gerade in die Kiste mit den aussortierten, zu entsorgenden Büchern werfen, als er den kleinen Zettel entdeckte, der vielleicht einen Zentimeter oben aus dem Buch herausragte und auf dem sein Name stand. Klaus schlug das Buch auf und las die dort mit gelbem Marker angestrichene Stelle des 5. Verses, der Sure 9:

„tötet die Götzendiener wo ihr sie trefft, und ergreift sie, und belagert sie, und lauert ihnen auf in jedem Hinterhalt"

Er hatte verstanden! Plötzlich war die Freude auf den Besuch des kleinen Bruders einer undefinierbaren Verunsicherung gewichen. Es war kein Angstgefühl, doch eine innere Stimme sagte ihm, dass er auf der Hut sein musste…

***

Zwei Tage später saßen sich die beiden Brüder im Besuchsraum der JVA Lönshausen gegenüber. Es fiel kein Wort über den Anschlag. Sie unterhielten sich eigentlich nur über Belanglosigkeiten, doch Klaus war absolut glücklich, als der Besuchsbeamte sie nach 60 Minuten aufforderte:

„Kommen Sie bitte langsam zum Ende.“

Norbert besuchte ihn nun regelmäßig und diese Besuche waren jedes Mal ein echtes Highlight im täglichen Vollzugstrott. Blut war eben doch dicker als Wasser und Klaus war echt dankbar, dass der kleine Bruder ihn nicht pauschal verurteilte, sondern sehr wohl registriert hatte, dass er damals von seinem schrecklichen Vorhaben zurücktreten wollte. Sogar die Polizei habe er – Klaus – noch kurz vorher gewarnt.

Bei seinem letzten Besuch erzählte Norbert ihm, dass sich Irene bei ihm über den Ex-Mann erkundigt hatte. Norbert und sie hatten sich – scheinbar zufällig – in der Stadt getroffen und dabei hatte Irene ganz beiläufig gefragt, wie es denn ‚dem Klaus‘ so ginge. Diese gute Nachricht hatte ihn augenblicklich in eine euphorische Hochstimmung versetzt.

Er fühlte sich leicht und beschwingt, wie ein frisch verliebter Jüngling, als er an diesem Nachmittag von den Beamten zum Hofgang, zu den anderen Gefangenen, herausgelassen wurde. Im hinteren Bereich des großen, durch hohe Mauern mit Stacheldrahtrollen gesicherten, Freigeländes spielten einige der Gefangenen Fußball. Manche saßen auf dem Rasen und ließen sich von der Sonne bescheinen, andere betrieben Kraftsport, machten exzessiv Liegestütze und wieder andere gingen in kleineren Gruppen auf dem Spazierweg, der im Schatten der hohen Außenmauern im Kreis herumführte.

Auf diesem Weg begann Klaus nun ebenfalls ‚seine Runden' zu ‚drehen' – allein – mit seinen Gedanken bei dem, was er gerade von seinem Bruder Norbert erfahren hatte: Irene erkundigte sich nach ihm! So registrierte er auch nicht, dass ihm eine kleine Gruppe junger, südländisch aussehender, Gefangener entgegenkam. Die beobachteten ihn bereits, seit er den Innenhof betreten hatte. Sie schienen intensiv in ihre Unterhaltung vertieft zu sein und Klaus nur zufällig zu touchieren, als sie an ihm vorbeigingen. Doch einer von ihnen flüsterte:

„*Allahu akbar*", während er, dem in Gedanken versunkenen, Klaus dabei die Klinge eines selbstgemachten Messers in den Unterleib rammte und weiterging, als ob nichts geschehen wäre.

Der Angriff hatte ihn völlig überrascht. Er blieb stehen, fasste sich an die Stelle, von wo dieser fürchterliche Schmerz ausging, der plötzlich von seinem Gehirn registriert wurde und ihn bereits nach wenigen, kurzen Schritten in die Knie zwang. Unglaublich viel Blut rann durch seine Finger und wenige Augenblicke später wurde alles schwarz um ihn herum. Die aufgeregten Stimmen der Mitgefangenen und der herbeigeeilten Vollzugsbeamten hörte er nur noch wie durch einen dichten Schleier, aus ganz weiter Ferne, bevor er ohnmächtig nach vorn überkippte…

Ein unerwarteter Anruf

Sechs Wochen später wurde Klaus aus dem Anstaltskrankenhaus Lingen zurückverlegt, in den Sanitätsbereich der JVA Lönshausen. Es war mehr als ein glücklicher Zufall, dass am Tag der Messerattacke der ihm wohlgesonnene Vollzugsbeamte Heinz Neumann die Hofaufsicht führte, denn nur durch sein schnelles und umsichtiges Eingreifen hatte Klaus überlebt. Dieser Angriff war für ihn ein überdeutliches Zeichen, dass seine islamischen Ex-Brüder sehr nachtragend waren und ihn mit ihren Drohungen und Anschlägen sogar bis in den bundesdeutschen Strafvollzug hinein verfolgten. Wenn er überleben wollte, musste er in Zukunft noch vorsichtiger sein.

Der Sanitätsbeamte kam ins Krankenzimmer, um den Wundverband seines Patienten zu erneuern und grüßte freundlich:

„Hi, Herr Nelm! Wie ist denn so das werte Befinden? Alles im grünen Bereich?“

„Hallo Herr Niemeier! Na ja – geht so. Wenn ich bedenke, dass ich bereits tot sein könnte, dann geht es mir allerdings ziemlich gut.“

„Na, dann schauen wir uns das doch mal an.“

Er schlug die Zudecke zurück und entfernte den Verband, mit dem die Wunde großflächig abgeklebt war.

„Das wird schon wieder“, meinte der Beamte, während er sich die allmählich verheilende Narbe ansah. „Sie werden sehen, in zwei-, drei Wochen ist wieder alles in bester Ordnung. Übrigens – ich hab´ da noch Post für Sie.“

Er holte einen Brief aus der Innentasche seiner weißen Dienstjacke hervor und übergab ihn an Klaus. Es handelte sich um ein Schreiben der Staatsanwaltschaft, die wegen des versuchten Mordes an ihm die Ermittlungen aufgenommen hatte und um seine schriftliche Aussage bat.

„Übrigens, da war vorhin ein Anruf für Sie. Eine Frau. Ich habe ihr gesagt, sie soll zwischen 18 und 20 Uhr, während der normalen Telefonzeit, anrufen.“

„Eine Frau?“

„Ja, ja. Es war eine Frau. Eine etwas ältere-, nicht unsympathische Stimme.“

Neugierig geworden wollte Klaus wissen, Ob sie denn ihren Namen genannt hatte.

„Ja, hat sie. Rettig oder so ähnlich“

Klaus wusste sofort, dass es Irene war, von der gesprochen wurde. Sie hatte damals, nach seiner Verurteilung, wieder ihren Mädchennamen ‚Nettig' angenommen. Er konnte ihr das nicht verdenken. Wer wollte in Lönshausen schon wie ein Massenmörder heißen? Nachdem Norbert ihm neulich erzählt hatte, dass sie sich nach ihm erkundigte, war das eine Entwicklung, von der er noch nicht einmal zu träumen gewagt hätte. Seine Irene würde ihn – trotz allem – heute Abend anrufen. Er war wieder einmal in euphorischer Hochstimmung – wie damals, kurz bevor er das Messer in den Bauch gerammt bekam. Heute war allerdings weit und breit kein islamischer Gotteskrieger in Sicht. In der Sicherheit des Einzelzimmers, hier im Sanitätsbereich der JVA, konnte er sich ganz seiner Vorfreude auf das abendliche Telefonat hingeben…

***

Um 18 Uhr 20 brachte der Sanitätsbeamte Niemeier das Telefon in die Krankenzelle. Mit einem Augenzwinkern gab er es ihm und flüsterte:

„Das isse. Viel Erfolg."

Klaus´ Hände waren schweißnass, als er den Hörer zum Ohr führte:

„Hallo?"

„Hallo Klaus."

„Hallo Irene! Ich freue mich wirklich von ganzem Herzen, dass Du dich meldest."

„Ich bin mir gar nicht so sicher, ob das wirklich so eine gute Idee von mir war? Wir werden sehen."

Die beiden unterhielten sich an diesem Abend fast zwei Stunden lang, weil der Sanitätsbeamte, vorschriftswidrig, ein Auge zudrückte und die Telefonzeit nicht nach den vorgeschriebenen 20 Minuten beendete.

Während sich in den folgenden Wochen der Kontakt zu Irene festigte, erhielt der Vollzugsleiter der JVA Lönshausen, in einem internen Sicherheitshinweis aus dem Niedersächsischen Justizministerium, folgende Anweisung:

„Ein Zusammentreffen des Strafgefangenen Klaus Nelm, geborener Weynreich, mit Gefangenen, die der islamischen Religionsgemeinschaft zuzurechnen sind, ist unbedingt zu vermeiden.“

Des Weiteren sollte in Zukunft jede diesbezügliche Auffälligkeit unverzüglich dem Herrn Staatssekretär Gruner, im Justizministerium, schriftlich mitgeteilt werden. Zusätzlich wurde angeordnet, dass Pakete und Briefe besonders aufmerksam zu kontrollieren seien. Bezüglich der sonst üblichen Vollzugslockerungen zur Vorbereitung der Entlassung solle man Möglichkeiten finden, sie dem Gefangenen zu verwehren. Seitens des Ministeriums befürchte man, dass dem Strafgefangenen Nelm, aus gewissen islamischen Kreisen, auch weiterhin nach dem Leben getrachtet würde. Es kämen in diesem Zusammenhang ausschließlich Ausführungen, in Begleitung zweier Justizvollzugsbeamten, in Betracht, wobei der Gefangene mittels Handschelle an den einen Kollegen anzuschließen sei, während der andere eine Schusswaffe mitzuführen habe.

Dass er für den Rest seiner zu verbüßenden Strafe nur durch diese ministerielle Verfügung vor weiteren unliebsamen Nachstellungen geschützt wurde, wusste Klaus nicht. Der trügerische Friede führte allerdings dazu, dass er, nach und nach, das Gefühl für die Gefahr verlor, die von seinen ehemaligen Glaubensbrüdern ausging.

Das finale Kopf-Kino

Es war ein herrlicher Spätsommertag, an dem sich die Türen der Justizvollzugsanstalt Lönshausen für Klaus öffneten. Er war inzwischen 65 Jahre alt und obwohl er vor den Trümmern seiner bisherigen Existenz stand, freute er sich auf das letzte bisschen Leben, das im Nebel einer ungewissen Zukunft vor ihm lag. In den ihm nun noch verbleibenden Jahren würde er alles anders-, alles viel besser machen, als bisher. Er ahnte nicht, dass man ihn bereits seit Stunden erwartete.

In seiner Reisetasche lagen die alten Klamotten aus dem Jahr, in dem er sich gestellt hatte und die er eigentlich direkt in die Altkleidersammlung geben könnte. Neben einigen Büchern und der kleinen Kulturtasche, in der sich Zahnbürste und Rasierapparat befanden, hatte Klaus die 1.900 Euro Überbrückungsgeld, die er während seiner Haftzeit angespart hatte, dort versteckt. Dieses Geld sollte ihm jetzt – nach der Entlassung – dabei helfen, wieder ‚Fuß zu fassen'. Dass es nicht einfach werden würde, war ihm schon klar. Er hatte vom Sozialarbeiter der JVA, außer einigen gut gemeinten Ratschlägen, auch einen Freifahrtschein für die Bahn nach Hannover bekommen: In Lönshausen konnte und wollte er – nachdem was hier vor fünf Jahren, auch durch seine Schuld, geschehen war – nicht bleiben.

So hatte er sich Hannover für den Neubeginn ausgesucht und wollte für die erste Zeit bei Norbert unterkriechen. Ja, Norbert, der hatte die ganzen Jahre treu zu ihm gestanden. Er hatte ihm Tabak, Zeitungen und Kuchen in den Knast geschickt. Außerdem hatte er Klaus Monat für Monat regelmäßig besucht. Schließlich hatte er ihm dann, bei seinem letzten Besuch, überraschenderweise das Angebot gemacht, die ersten Wochen nach seiner Haftentlassung bei ihm in Hannover zu wohnen. Nur zu gerne hatte Klaus diese Einladung angenommen und war dem kleinen Bruder von Herzen dankbar dafür. Zwar hoffte er, mit Irene wieder zusammenzukommen, aber sie war sich noch nicht sicher, ob es für die beiden nochmal eine gemeinsame Zukunft geben könnte. Er hatte sich vorgenommen, sie nicht zu drängen. Sie waren sich, nach dem Mordanschlag im Knast, den er vor drei Jahren nur knapp überlebte, wieder näher gekommen. Seit dieser Zeit telefonierten sie regelmäßig miteinander und hatten irgendwann damit begonnen, sich gegenseitig lange und sehr gefühlvolle Briefe zu schreiben. In den letzten Wochen hatte sie ihn sogar zweimal in der JVA besucht. Natürlich liebte er diese Frau noch – das war gar keine Frage! Gerade deshalb hatte er es ganz bewusst vermieden, eine unmittelbare Rückkehr zu ihr zu thematisieren. Er wollte ihr und sich selbst einfach Zeit geben. Mehr Zeit. Zeit heilt viele Wunden, sagt man.

Er schlenderte ohne Eile die schmale Straße entlang, die vom Knast wegführte. Ohne sich noch einmal umzuschauen bog er in die Limesstraße ein, die durch die Fußgängerzone der Innenstadt zum Lönshausener Hauptbahnhof führte. Bloß nicht nochmal zum Knast zurückschauen – das bringt Unglück und man kommt dann irgendwann wieder zurück, hatten ihm seine Mitgefangenen eingeschärft. Er glaubte zwar nicht an solchen Quatsch, doch es gab ja auch keinen wirklichen Grund, sich noch einmal dorthin umzuschauen. So kam er, nach einigen Minuten Fußweg, an eine Stelle, die schlagartig Erinnerungen in seinem Kopf freisetzte.

Er blieb stehen und sah sich um. Ja – da drüben – oben auf dem Parkdeck hatte er sich damals aufgehalten, als hier unten auf dem Lessingplatz und in den Nebenstraßen buchstäblich die Hölle losbrach. Genau hier unten, in diesem Bereich hatte er seine geliebte Tochter Melanie, mit ihrem Ehemann Markus und mit dem Enkelsohn Benjamin, das letzte Mal lebend gesehen. Deutlich hatte er ihr Gesicht vor Augen – ihr Lachen, ihre ansteckende Fröhlichkeit. Ohne dass er es bemerkte, kullerten Tränen über seine Wangen und die Nase begann zu laufen. Er stellte die Reisetasche ab und fingerte ein Taschentuch aus der Hosentasche, um sich zu schnäuzen und die Tränen abzuwischen. Innerlich aufgewühlt schaute er an den Hausfassaden entlang. Es waren keinerlei Spuren der Katastrophe mehr erkennbar. Nichts, außer einer Messingtafel mit den Namen der 1782 Opfer an der Rathauswand, erinnerte an den blutigen- und völlig sinnlosen Anschlag.

Sein Blick wanderte weiter, zum großen Triumphbogen, der damals durch die Wucht der Explosionen im VIP-Zelt und der Hauptbühne fast vollständig zerstört worden war. Auch ihn hatte man originalgetreu wieder aufgebaut. Gerade, als er weitergehen wollte und sich zu seiner Reisetasche bückte, wurde sein Blick von den Augen einer Frau eingefangen, die in vielleicht dreißig Meter Entfernung, links neben dem Triumphbogen, stand und ihn ganz offensichtlich anlachte. Sie trug ein grüngemustertes Kopftuch und – obwohl es wirklich nicht kalt war – einen langen schwarzen Mantel. Sie machte nichts – stand nur regungslos da, sah zu ihm herüber und lachte.

„Ayana?" entfuhr es ihm fragend.

Kein Zweifel, dort drüben stand Ayana, seine zweite-, seine ehemalige, muslimische Ehefrau. Obwohl er sie damals verstoßen[110] hatte, freute er sich doch, nach so langer Zeit ein vertrautes Gesicht zu entdecken. Er winkte ihr zu und wollte gerade zu ihr hinübergehen, als er hinter sich eine Männerstimme „Allahu akbar" rufen hörte und die 30 cm lange Stahlklinge das erste Mal mit Wucht in seinen Brustkorb eindrang. Er wollte fliehen, doch bereits nach einem Schritt versagten seine Beine ihren Dienst. Während er zusammensackte, drang die

[110] Die **Verstoßung** ist eine im islamischen Recht allein vom Mann auszusprechende Scheidungserklärung gegenüber seiner Frau mit sofortiger Wirkung. Die Verstoßung ist nach dem Koran, der Überlieferung (hadith) und einhelliger Meinung der Rechtsgelehrten (faqihs) eine allein dem Ehemann obliegende Entscheidung, sie bedarf keiner Begründung oder Rechtfertigung und nach klassischer Lehre muss der Mann nicht einmal seine Frau in Kenntnis setzen.

scharfe Klinge erneut in seinen Körper ein.

Einige Passanten, die sich in unmittelbarer Nähe des Geschehens aufhielten, brachten sich schreiend in Sicherheit, während andere, die etwas weiter entfernt standen, mit ihren Handys nach der Polizei telefonierten und dann auch sehr schnell in irgendwelchen Hauseingängen, oder Geschäften verschwanden.

Sein erlöschender Blick fand die immer noch lachend zu ihm herüberschauende Ayana, während sein Mörder fortwährend „Allahu akbar" schrie und wieder und wieder auf seinen sterbenden Körper einstach. Die Beschimpfungen „Murtadd!"[111] und „Dschahannam!"[112], die der Killer seinem Opfer entgegenbrüllte, erreichten Klaus schon nicht mehr. Bei ihm hatte bereits das ‚finale Kopf-Kino' begonnen – ein Schnelldurchlauf des gesamten Lebens vor dem inneren Auge eines Sterbenden. Dass der Angreifer ihm kurz darauf, mit einem gekonnten Schächtungsschnitt[113], die Kehle durchtrennte, spürte Klaus bereits nicht mehr...

ENDE

---

[111] **Murtadd** den vom Islam Abtrünnigen

[112] **Dschahannam** bezeichnet im Islam die Hölle.

[113] Schächten ist das rituelle Schlachten von Tieren im Islam. Die Tiere werden mit einem speziellen Messer, mit einem einzigen großen Schnitt (**Schächtungsschnitt**) quer durch die Halsunterseite, in dessen Folge die großen Blutgefäße sowie Luft- und Speiseröhre durchtrennt werden, getötet.

Fatwa, wie der Islam die Ungläubigen ansieht

Der Islam ist die überlegene Religion

Vom prominenten saudischen Rechtsgutachter und Verkündiger des Islam Muhammad Salih al-Munajjid Rechtsgutachten-Nr.: 13759 (Institut für Islamfragen, dh, 31.08.2010)

Frage:" Wie sieht der Islam die Ungläubigen?"

Antwort: "...Der Islam hat uns [Muslimen] befohlen, gegeneinander barmherzig zu sein. Den Ungläubigen gegenüber müssen wir herablassend und hart sein. Allah beschrieb die Weggefährten Seines Propheten – Allahs Segen und Heil seien auf ihm – folgendermaßen: 'Muhammad ist der Gesandte Allahs. Und die, die mit ihm sind, sind hart gegen die Ungläubigen, doch barmherzig gegeneinander.' (Sure 48, 29) Der Islam erlaubt uns [Muslimen], die Frauen der Juden und Christen zu heiraten. Diese dürfen jedoch unsere Frauen nicht heiraten, denn die Juden und Christen sind uns unterlegen, unsere Frauen sind ihnen überlegen. Der Niedrige darf nicht über dem Hohen stehen. Der Islam ist überlegen. Nichts darf dem Islam überlegen sein. Wir glauben an ihre Propheten, sie glauben aber nicht an unsere Propheten. Der Islam hat uns befohlen, die Juden und Christen von der Arabischen Halbinsel zu vertreiben. Sie dürfen dort nicht bleiben, denn die Arabische Halbinsel ist das Land der Botschaft [des Islam]. Deshalb dürfen wir das Land nicht mit den unreinen Juden und Christen verschmutzen. Allahs Prophet – Allahs Segen und Heil seien auf ihm – sagte: 'Vertreibt die Polytheisten von der Arabischen Halbinsel' (Sahih al-Bukhari 2932 und Sahih Muslim 3089). Der Islam hat uns verboten, von dem Geschirr der Juden und Christen zu essen, es sei denn, es besteht ein Zwang, das zu tun. In diesem Fall müssen wir zuerst das Geschirr gründlich abwaschen. Als Allahs Prophet – Segen und Heil seien auf ihm – nach dem Essen über das Geschirr der Juden und Christen befragt wurde, antwortete er: 'Falls ihr [Muslime] anderes Geschirr [als das von Juden oder Christen] findet, benutzt es. Falls ihr nichts anderes findet, dann eßt davon, aber wascht es zuerst gründlich.' (al-Bukhari 5056 und Muslim 3567). Der Islam hat uns verboten, uns ähnlich wie die Ungläubigen zu kleiden oder ähnlich wie sie zu essen und zu trinken. Denn wir sind die Überlegenen und die Ungläubigen sind die Unterlegenden. Der Überlegene ahmt nicht den Unterlegenen nach. Allahs Prophet, Allahs Segen und Heil seien auf ihm, hat demjenigen, der die Ungläubigen nachahmt, die Hölle versprochen: 'Wer ein Volk nachahmt, wird einer von ihnen.' Diese [Aussage Muhammads] wurde von Abu Dawud (3412) überliefert. Al-Albani stufte diese Überlieferung als authentisch ein [also als hadith sahih]. Die Überlieferung kann (unter Sahih Abu Dawud. 3401) aufgefunden werden. Unser Prophet [Muhammad] hat uns befohlen, gegen die Ungläubigen zu kämpfen, wenn wir in der Lage sind, sie in ihren Ländern zu erobern und sie vor die Wahl zu stellen, bevor wir ihre Länder erobern:

Zum Islam überzutreten. In diesem Fall werden sie [die Ungläubigen] wie wir betrachtet, sie haben unsere Pflichten und Rechte;

Tribut [an Muslime] im erniedrigten Zustand zu zahlen;

Sich für den Krieg [gegen uns Muslime] zu entscheiden. In diesem Fall werden uns [im Falle unseres Sieges] ihr Eigentum, ihre Frauen, Kinder und Ländereien gehören. Sie gelten den Muslimen als Kriegsbeute.

Buchtipps

Auch als E-BOOK
ISBN 978-3-944584-27-0

Benjamin Paul Iddings

Toby Thorsen und Lules Ende

Ein phantastisches Krimi-Abenteuer

MENANDER Verlag
Romanzyklus Band 1
4. Auflage, 424 Seiten,
ISBN 978-3-944584-00-3
Preis: € 15,90

Keine ‚Fantasy-Geschichte' im herkömmlichen Sinne. Es geht nicht um Magie, Märchen und Übernatürliches. Allerdings verfügt Toby Thorsen über technische Möglichkeiten aus der Zukunft und erkennt Dinge, von denen wir alle irgendwie wissen oder vermuten, dass es sie tatsächlich gibt. Er ist ein Junge, dem mit vierzehn schon sehr große Verantwortung übertragen wird. Immer wieder muss er sich entscheiden, immer wieder wählen, zwischen Gut und Böse, zwischen richtig und falsch…

Dieses Buch raubt einem den Atem. Spitzenunterhaltung!

www.menander-verlag.de

Benjamin Paul Iddings

Endlich dünn!

Abschied von 75 ungeliebten Kilos

Auch als E-BOOK
ISBN 978-3-944584-26-3

MENANDER Verlag
Ratgeber
160 Seiten,
ISBN 978-3-944584-02-7
Preis: € 10,95

Wie viel Rezepte gegen das Übergewicht mag es inzwischen geben? Das Ergebnis fast aller dieser Rezepte führt zum Jo-Jo- Effekt, das wissen wir alle, die es schon versucht haben: Mit großer Disziplin nimmt man ab, um wenig später umso mehr wieder zuzunehmen.

Umso eindrucksvoller ist es, wenn es Menschen gelingt, nicht nur ein paar Pfunde loszuwerden, sondern gleich anderthalb Zentner. Und zwar dauerhaft. Der Autor dieses Buches hat das geschafft. Die Schilderung seines Kampfes gegen das Fett hält den Leser regelrecht in Atem: Schafft er es? Schafft er es nicht? Und diesen Kampf nahezu minutiös zu verfolgen liest sich spannend wie ein Krimi.

www.menander-verlag.de

Über den Autor

Benjamin Paul Iddings wurde 1952 in Niedersachsen geboren, ist seit 1973 verheiratet und Vater von zwei erwachsenen Kindern.

Er ist begeisterter Großvater und lebt seit 1989 mit seiner Ehefrau in Braunschweig, das zu seiner Wahl-Heimatstadt wurde.

Der Autor hat neben diversen Essays, Drehbüchern und biographischen Aufzeichnungen das Ratgeber-Buch ‚Endlich dünn! – Abschied von 75 ungeliebten Kilos', sowie den Jugend-Roman ‚Toby Thorsen und Lules Ende' veröffentlicht.

Mit ‚Jenseits des Zorns'. legt Iddings nun einen dramatischen und spannungsgeladenen Roman zu einem der brisantesten Themen unserer Tage vor.

www.iddings.de

benjamin.paul@iddings.de